■天道与超越性：当代儒学前沿问题研究丛书▌

赵法生　李洪卫　主　编

天道与政教

TIANDAO YU ZHENGJIAO

先秦儒家天道观与政治思想

XIANQIN RUJIA TIANDAOGUAN YU ZHENGZHI SIXIANG

赵法生◎著

河北出版传媒集团
河北人民出版社
石家庄

图书在版编目（CIP）数据

天道与政教 ：先秦儒家天道观与政治思想 / 赵法生著. -- 石家庄 ：河北人民出版社，2022.12

（天道与超越性 ：当代儒学前沿问题研究丛书 / 赵法生，李洪卫主编）

ISBN 978-7-202-15958-3

Ⅰ. ①天… Ⅱ. ①赵… Ⅲ. ①儒家－哲学思想－研究－中国－先秦时代 Ⅳ. ①B222.05

中国版本图书馆CIP数据核字(2022)第183674号

丛 书 名 **天道与超越性：当代儒学前沿问题研究丛书**
丛书主编 赵法生　李洪卫
书　　名 **天道与政教——先秦儒家天道观与政治思想**
著　　者 赵法生

策划编辑　王斌贤　李成轩
责任编辑　甄　洁
美术编辑　王　婧
责任校对　付敬华

出版发行　河北出版传媒集团　河北人民出版社
（石家庄市友谊北大街 330 号）
印　　刷　河北新华第一印刷有限责任公司
开　　本　787 毫米×1092 毫米　1/16
印　　张　17.25
字　　数　235 000
版　　次　2022 年 12 月第 1 版　　2022 年 12 月第 1 次印刷
书　　号　ISBN 978-7-202-15958-3
定　　价　43.00 元

总序

"周虽旧邦，其命惟新"，这句话依然适合于2500多年的儒学的当下命运。而新旧古今之间，也依然是当代儒学发展所要面对的主要课题。

儒学在20世纪经历过两次历史风雨的洗礼，甚至遭遇过严厉的批判，人们对儒家的态度也经历了"过山车式"的变化，我们这代人的儒学理解似乎就在两极轮转中沉浮出没。儒家构成了传统价值观的底色，传统社会的几乎所有方面，都无一例外地浸透着浓郁的儒家色彩。儒学不仅是传统知识分子的人生信仰，更是普罗大众日常的生活方式，它也比其他所有的传统思想更深地卷入了古典政治，毫无争议地成为传统文化的主体，以至于传统社会不同行业的人格理想之前，统统会加上一个儒字：儒生、儒商、儒将、儒医等，而通过科举考试晋身的儒家士大夫，早已经成为古代官员的代名词。所以，每当大历史转折到来之际，儒家必然首当其冲，无可选择地被卷入历史漩涡的中心，经受近代理性的严厉审视与考问。这种冲击不仅仅是思想性的，更是现实性的。当儒学的命运否极泰来并再度受到社会尊重之时，极目望去，数千年间累积起来的儒家教化的民间载体，已成过眼烟云。

孔子逝世于公元前479年，他并非此后2500多年历史的参与者，也无法对于这一漫长的历史负责，作为思想家他甚至无法主宰其思想的后世命运。但是，既然儒学已经成为传统文化的主流，有关传统文化的一切反思性批判最终便统统落到他的头上，孔家店成为反动落后的代名词，甚至连他的墓地也被毁弃。如果孔子还活着，我们问他此刻的感想，他大抵会用《论语》中的一句话作答："求仁而得仁，又何怨？"但是儒家思想终于不可能被完全打倒，因为孔子确立了中华民族最早的人道法则与人文精神，这些人道法则又是基于深远的天道。孔子生前已经清楚地意识到，这些法则"虽之夷狄，不可弃也"。社会可能在某一段时期里步入反人道与人性的曲折，但这种状况终究无法长期持续。孔子说过："鸟兽不可与同群。"人类社会终究要行走于人道和仁道之路上，这是儒家对于历史中某些无道时刻的深刻警示，人类应当避免这样的前途。

儒家思想的当代复兴并非偶然，它具有文明史的必然性。但是，这并不意味着传统儒家的思想可以毫无保留地适用于今天。对此，孔子当年已经以损益与常变的哲学予以提醒。作为第一个完成从卜筮《易经》到《易传》哲学典范转移的哲人，与时俱进的易的观念早已深植于孔子思想深处，而民国一代学人有关古今之变和体用哲学的讨论，也已经为儒学的现代转型提供了重要的思想参照。能否在汲取儒家基本价值观念的同时，建立起与现代社会相适应的思想理论与教化形态，决定着儒学的当代命运。儒学史的发展证明儒家思想具有这种应时通变的潜质，但现代转型必然是一个长期和艰难的妊娠孕育过程，我们将有幸成为这一历史的见证者。

儒学发展面临的前所未有的现代挑战，促其产生了归根复命的内在思想冲动。作为华夏文明轴心期最重要的思想成果，儒学被赋予了恒久的价值，它的力量源自那个伟大的古典时代，那是其生命力的源头所在。儒学史的创新需要一次又一次地返回到那个伟大的思想原点，将今天的问题意识与永恒的原点智慧打通，完成返本开新的现代涅槃。汉儒如此，宋明儒如此，现代新儒家同样如此，今天的儒学发展需要继续完成先贤未竟的事业。我们所期待的不仅仅是现代儒家哲学的诞生，更是新儒家教化体系的重构，完成这一轴心文明重要思想成果的现代重光。当然，许多学者对于儒家克服现代性危机寄予厚望，这样的想法无可非议。但前提是儒家需要重新恢复自身的生命力，完成在现代社会的灵根再植。当代儒学发展目前努力的重点依然是现代学术思想体系与教化体系的建构。“有诸己然后求诸人，无诸己然后非诸人”，儒学首先是为己之学，然后才能去谋求为人之道。

儒学从其学术脉络的展开来说，特别展现为思想与学问之间的统一性，展现为时代脉搏跳动的节律。对于儒学的时代价值及其局限性的考量，以及儒学与多学科之间的交叉构造，构成了当代中国思想和学术场域中色彩斑斓的画面。无论从批评还是深入阐发的不同角度说，当代儒学在某种程度上已经居于今天中国学术场域的中心位置，把握当代儒学发展的轨迹、动向和潮流趋势是今天中国思想学术发展的必然要求。曾几何时，“有思想的学问与有学问的思想”成为一个话题以回应两种重要的倾向，即偏重思想的阐发与偏重学问理路的展开。其实这两者在现实世界均不可偏废，各有自己的属地，在思想学术领域也各有自己的位置，它在不同历史时期的具体性一定是与那个时代的需求密切相关的。“天道与超越性：当代儒学前沿问题研究丛书”作为哲学维度的学术巡礼，基于近30年中国哲学发展的学术积累，同时又立足于当代学者对中国和人类社会未来可能性问题的研究，将深层次的学术研究与现实关怀统一起来，强调有思想、有关怀，同时又以扎实的学术品格为基础的呈现。以此，古代与现代、思想与学术之互相交错与融通，就成为这套丛书的主要选材维度。

本丛书是一项关于中国当代儒学最新研究成果的呈现。它的历史坐标是中国社会发展在融入世界40年后进入一个新的特殊历史阶段：世界现代化进程以全球化的面貌前进虽步履略有迟滞但仍在持续发展，且新的技术发展之速度不可预期或仍有加速度前进的趋势，同时人类在新的技术时代的前途命运也充溢着很多不确定性。从这些复杂性和多元性因素来思考中国的发展，是一个现实的实践问题，同时也是一个思想和学术问题，这是当代中国儒学发展的历史背景，也是对其后续发展的现实规定性和要求。面对这些历史境况作哲学层面的思想把握是“前沿”的面相之一；基于儒学自身学术理路中有争议和具有时代意义的学术课题的申发是“前沿”的面相之二；基于论证和说理将是中国学术逐步成熟的一个标志，对于儒学研究来说也是如此，此谓“前沿”的面相之三。“天道与超越性：当代儒学前沿问题研究丛书”是基于这样一个基本理念，构筑呈现当代儒学发展最新成果的一次努力和尝试。

导言

世界上最早的政治规范来源于宗教信仰，这在古代中国同样如此。傅斯年曾将西周视为中华历史人道主义的黎明期。在殷周之际，一种道德理性之光突然降临，照亮了早期历史的幽暗，空前地提升了人的地位，这就是殷周之际的天命观。王国维《殷周制度论》主旨论述殷周制度之变，却反复论及制度演变的精神之维，断言制度典礼不过是“道德之器”，制度只具有工具性意义。他所说的“道德”，自然并非孔孟之后儒家心性化的道德，而是一种宗教道德，它的基本精神是“曰命、曰天、曰民、曰德，四者一以贯之”，这正是周公所创立的周代伦理宗教的核心内涵。“四者”中没有“王”，它们全部是加之于王权之上的超越力量。其中的“德”并非后来儒家的“德性”，而是“德命”，是一种具有外在超越意义的宗教性道德。“民”则是天之代言者，所谓“天视自我民视，天听自我民听”。殷周之际的信仰革命将古代宗教从自然宗教推进到伦理宗教，彻底改变了政治意义与价值，为宗周礼乐文明提供了精神指导。从此以后，政治合法性将不得不取决于一种超越性的宗教价值，一家一姓的君王也丧失了对于公共权力的独占性可能，这就是周人所抱怨的“天命无常”，他们也由此而产生出对于上天战战兢兢、戒慎恐惧的心态。

对于天命的信仰与敬畏，给周人的政治观念带来巨变，也使得政治从单纯的暴力行为转变为对于伦理性至上主宰的畏惧和顺从，这是由宗教革命引发的政治观念的革命。王国维以此认为伦理宗教精神是周人“经纶天下之大法”，是这个存续了800余年的王朝长治久安之奥秘；傅斯年则从西周“亟畏上天，熟察人事”的天人观中，发现了周代开国者的非凡胸襟与兴国气象。周公等人所完成的宗教和制度革命，开创了古代文明宗教、政治与伦理三合一的格局，这一格局一直维系了2000多年。这也就是荀子以周公为大儒典范，而宋代以前周孔并称的原因所在。

周公的德源自天上，并未和人心打通，它是外在于人并超越于人之上的，这样的价值尽管高峻庄严、令人生畏，却无法开辟人的主体性。正是为了此一大事因缘，孔子诞生。孔子以仁为礼乐文明重新奠基，重新激活礼乐制度的内在活力。他为此而创办私学，阐述六经，周游列国，席不暇暖，开创了儒家文化的道统观念，并把西周只能落实到王公贵族的天命转变为每个人的天命，将西周的宗教性道德转变为以修身为基础的君子道德。孔子打开了礼乐文明的内在向度，赋予了它薪火相传的精神活力，成为中华文化的至圣先师。

但是，本书并不完全赞同现代新儒家的内在超越说，不赞成以之概括孔子的精神风范，也不同意将孔子作为天人合一的代表。《论语》中许多资料证明，孔子的天依然是一个令人敬畏的宇宙主宰，孔子每每于人生的紧急关头向天发出深沉的呼吁，并从这个至上主宰那里获得精神慰藉。孔子尊崇周礼，仰慕周公，也继承了周公主宰性的天命观，他依然保持着与那个至上道德主宰的心灵对话和精神联系。但是，孔子的天与周公的天并不完全相同，孔子不断地向天倾诉呼吁，天却不曾向孔子发表过训示，孔子的天有意志却无言语，这与诗书中的天有所不同，天的人格化程度已经进一步降低了。春秋以降，儒家天的人格化程度就处于持续的下降过程，战国以后的天道和理学家的天理概念中，天便实现了完全的理性化。《论语》中孔子本人没有使用过“天道”概念，他似乎与新兴的自然理性之天的概念刻意保持某种距离。但是，孔子晚而喜易的相关资料表明，他晚年对于这种理性化的天道观多有论述。因为《周易》通过六十四卦的象数系统推天道以明人事，天道正是《周易》的哲学基础，这表明孔子晚年很可能通过《周易》接受了理性化的天道观。于是，在孔子的形上思想中似乎出现了主宰性的天命观和理性化的天道观的矛盾，这与其说是矛盾，毋宁说反映了孔子形上思想的多面性，而多面性正是春秋时代的思想特征。

20世纪中国哲学史所刻画的作为人文主义思想家的孔子的形象，自有其依据，也具有相当的真实性。但是，孔子并不仅仅是一个现代意义上的哲学家，如同但丁在西方思想史的地位一样，孔子是跨越古代宗教与春秋人文主义两大时代之间的人物，他身处两大思潮的交汇点上，他的思想深处依然打上了西周伦理宗教的深刻烙印，他同时又是新兴人文主义的开拓者。他是在总结三代宗教的基础上开创仁学。就天人观而言，孔子并非天人合一而是天人之际。在孔子和天之间是有分际的，孔子以“畏天命”表达这一分际的客观实存性。但孔子的天与人之间，又不存在基督教式的那种完全相异性，以及由此而导致的对于人性自身的彻底否定。孔子首先确认了一个至上伦理主宰之天的权威，同时又肯定人心深处具有一种自律性的道德意志。孔子的“与命与仁”，肯定了道德在天命和人性中的双重根基，并将周公偏于外在信仰的道德发展为“合外内之道”。这就使他的超越与基督教偏于外在的超越具有了显著差异，也并不等同于现代新儒家所说的内在超越，笔者曾在另外的著作中称之为中道超越，兹不赘述。

在此基础上，孔子对于政治具有了全新的理解。孔子说：“《书》云：‘孝乎惟孝，友于兄弟，施于有政，是亦为政。’奚其为为政？”（《论语·为政》）修身即政治，而且是最根本的政治活动，修己才能安人，这是一种彻底儒家化的政治观，它将政治的核心关切由治人转向自治；政治即修身，这一转变彻底消解了作为暴力统治的政治活动的合理性与合法性，使得暴力在孔子的政治文明中只具有次要的意义，过分的强制是政治失败的标志。孔子将政治的焦点由施于外转向反求诸己，以正己化人作为政治的本质，这是修身为本思想的彻底贯彻，是政治理念的根本转变。与此相应，政治理想也就从“道之以政，齐之以刑”，演变为“道之以德，齐之以礼”（《论语·为政》）的教育实践，官员正身修己的道德示范，启发百姓的道德自觉，与一道同风的礼乐教化，就成为政治活动的主要内容。孔子的“政者正也”，是将权力运用的合法性归结为道德修养；孔子答鲁哀公问所说“人道，政为大”（《论语·哀公问》），则是欲以人道法则统率政治法则，人道才是最大的政治，一切反人道的政治必然是政治的变态和异化。孔子将人道主义作为政治的根本原则，是儒家对于古典政治思想的一大贡献。如果说周公给政治加上了外在宗教性道德的约束，孔子则又给予其内在道德法则的约束，由此将古代政治演变为“合外内之道”，决定了传统伦理政治的基本面貌。

尽管如此，我们不能将孔子说成是一个纯粹人文主义的政治思想家。赫伯特·芬格莱特将孔子的礼视为一种神圣礼仪秩序，这无疑是正确的。孔子以复兴周礼为己任，祭礼是礼的源头，更是周礼的核心部分，“国之大事，在祀与戎”（《左传》），依然是春秋时期的正统观念。孔子对于天命的敬畏，与礼的神圣性是互为表里的。仲弓问仁，孔子回答：“出门如见大宾，使民如承大祭。己所不欲，勿施于人。在邦无怨，在家无怨。”（《论语·颜渊》）这不仅反映了仁与礼的内在联系，而且透露出仁与礼背后是强大的天命信仰的精神力量。正依靠天命信仰，孔子力图将普通的政治生活提升为超越层次，而不是用天道来为现实的政治权力背书。

“孟子道性善，言必称尧舜”（《孟子·滕文公》），表明孟子的人性论本身是一种政治哲学，性善论旨在为仁政探索人性的依据，提供自由意志的基础。孟子主张仁义内在，性由心出，以道德本心作为性善的根据，并不意味着这是一种圆满自足和无待于外的善，而是一种内在的可能之善，所以他才说“君子所性，仁义礼智根于心”（《孟子·尽心上》），又说人皆有四端，需要自我反省，长养扩充，方能达之天下，就像是牛山之木需要雨露滋润和泥土的滋养一样。此善根天然具有善的倾向，按照孟子的说法，它一旦自觉，就如同火之始燃，泉之始达，以沛然莫之能御的势头实现自身，这本身又是个为善的过程，其最终目标便是将不忍人之心达之天下的仁政，这才是孟子道性善的落脚点。故性善是一个有待于在时间中展开的过程，是性善、向善、为善和至善的统一,四者的统一彰显了人性之“才”。孟子的才不同于理学被归于气质之性的才，而是彰显大体之才，是道德性的心、性、气、情合一之才，由此而证明人性之善。按照刘蕺山的说法，此“才”“属于性命边事”。孟子的发明本心、存养夜气、践形生色和浩然之气等，将伦理实践工夫化了，同时也将仁政工夫化，从而使得政治本身具有超越意义。

孔子以摄礼归仁而开创了儒门修身工夫，提倡忠恕之道，将政治解读为修己安人的工夫，孟子对此从三个方面给予重要推进：首先，孟子将仁义礼智收摄到人的先验道德本心，以心论性，以心善言性善，确立了道德实践的性善论根基。其次，孟子吸收战国气论思潮，以先验性的夜气作为本心的存在质料，为性善提供了气论的支撑与证明，孟子的道德本体因此而成为心气合一的本体，既存有且活动的工夫主体。再次，在心气合一的前提下，集义养气的工夫不但能够践形生色、睟面盎背、真积力久，还会产生美大圣神之效，以至于上下与天地同流。因此，尽心知性以知天就不仅是主观臆想，而是实有诸己的生命体验；道德实践所抵达的就不仅仅是人与人相亲相与的伦理境界，而且是万物皆备于我的天人合一境界。

孟子的性善论和养气说，是对于孔子思想的重大发展，皆有功于圣门。既然是发展，就未必雷同。就天人关系而言，孔子严守着天人之际，而孟子已经通过心性论和养气论而走向了天人合一。孔子肯定“为仁由己”，并未说仁就是人性，孟子则通过仁义内在和以心言性，断言仁义即人性，认为尽心知性即可知天。同时，气论的引入以及心性论和气论的结合，为天人合一提供了新的论证，孟子的天的主宰性进一步降低而更近于义理之天。于是，天人之际的边界模糊了，孟子从孔子的天人之际走向天人合一，由孔子的中道超越转为内向超越。

关于荀子思想，宋儒多批评其性恶论而现代学者多批评其尊君论。实际上，荀子的天人观、人性论、认识论、伦理观和政治思想是个有机整体。荀子主张明于天人之分，主张“大天而思之，孰与物畜而制之”(《荀子·天论》)，反对畏天，进而认为“唯圣人为不求知天”(《荀子·天论》)，这便将天物化，解构了作为儒家价值源头的天的神圣性，从而背离了儒学作为天人之学的本质，他的人文主义也因此成为没有超验价值支撑的寡头人文主义。荀子不是以情言性而是以欲论性，不合于孔子本仁以言礼的传统，也不同于七十子“因人之情而为之节文”的礼论，由此走向性恶论，也将礼由基于内在性情的道德实践，转变为外在强制性的规范，使得礼更近于法，并由此将孔子的“道之以德，齐之以礼”，异化为“道之以政，齐之以刑”，其尊君乃是必然。他进行了综合儒法的思想实验，显示出极高的综合力与创造力，也使得他的思想在一些基本原则上背离了孔孟原始儒家，萧公权因此称之为“变儒”。实际上，他的天人观、人性论和政治思想都更近于法家而非儒家。他在秦国统一的前夜，力图将儒家道德与法家政制相融合，以挽救秦制无儒之缺陷，也使得儒家思想得以延续，这使他成为儒表法里的社会模式的设计师，在秦以后2000多年的郡县制中发挥了极其重要的影响。

本书所要探索的，是中国古典政治的精神之维，儒家德治精神源于西周初年的伦理宗教，这也是周代的封建制不同于欧洲封建制，以及周代的王制不同于秦以后的帝制的重要原因。由西周天命观以及由此发展而来的天道观，为古代政治确立了一个更高层次的超越规范，类似于西方社会中的自然法，对于古代政治的理性化发挥了重要作用。这种作用的典范是周制，殷周之际是天命信仰的诞生期，西周也是伦理宗教驯化世俗权力最成功的时期。这并不是要主张回到政教合一的周代，更不是要在当代搞政教合一，周制再美好，也不属于现代政治文明的范畴，它只能在古典世界中熠熠生辉。

另外，结合王国维撰作《殷周制度论》的时代背景，我们或许可以从中体会到他的另一层忧思：即将到来的世俗化转型会给政治带来怎样的影响？政治是以暴力为基础的统治，如果政治完全丧失对于天命的信仰或对永恒的自然法的敬畏，沦为单纯的统治机器，而社会又无法建立有效的权力约束机制，政治本身将发生怎样的异变？这对于文明、社会和大众将意味着什么？历史学家王国维似乎在以其深重的忧患意识发出意味深长的警告。

这种警告并不仅仅适用于古典世界。在已经完成了现代转型的法治国家，政治就可以与神圣价值完全无关吗？完全与神圣价值脱节的现代政治将会走向何方？这已经成为现代性研究中的重要问题。实际上，政教分离是一种制度安排，政教在制度上的分离并不意味着精神上的隔绝。托克维尔认为，现代民主政治的有效运作必须以优良的道德为前提，而道德价值与道德教化在许多国家主要由信仰提供，政治行为是短期和变幻的，而宗教价值是稳定和持久的，恒常的道德价值就为变幻莫测的政治活动提供了稳定的价值指导，若失去了这种具有形上意义的恒常价值指导，现代政治运作不可能有效进行。抛开具体的背景差异，托克维尔的思考与王国维的忧患似乎有异曲同工之妙。

这也就是本书的探讨，何以要从殷周之际的信仰变革开始的原因。周公创立天命信仰，真正开启了华夏文明轴心突破的历史进程，是中华历史人道主义的黎明。但是，周公创立了古典中华伦理宗教，却没有在此基础上形成一套完备的伦理思想，这一问题直到孔子创立儒学才得以解决。儒学向来被称为天人之学，性与天道问题是儒学的核心关切，也是儒家政教活动的形而上基础。本书依次研究了西周、孔子、孟子和荀子的天命观与政治思想之关系，力图对于先秦儒家这一方面的思想演变，作出一个连贯和整体的呈现。中华传统政治文明的信仰奠基于殷周之际，虽有周秦之变，但其基本价值依然持续2000余年，直到戊戌变法才揭开了新时代的序幕。所以，本书以康有为的国教运动结尾，在改良派的努力失败后，一个更加剧烈动荡的时代开始了，中华政教与文明都将在其中得以涅槃重铸。

目录

第一章

殷周之际的宗教革命与人文精神

黑格尔曾经在《哲学史讲演录》中说："一提到希腊这个名字，在有教养的欧洲人心中，尤其在我们德国人心中，自然会引起一种家园之感。"① 对于华夏民族而言，我们永远的故园是宗周礼乐文明。站在殷周之际的角度眺望华夏文明史，所谓汉唐盛世，不过是礼乐文明历史长河中的两朵浪花儿而已。自从王国维《殷周制度论》面世，一直到现代港台新儒家，宗周文明的精神特质一直是学界挥之不去的热点，其间虽经众多学者的考证探研，但它依然如同那个难以捉摸的斯芬克斯一样，在幽暗的历史深处，谛听着后人的评说，并发出谜一般的微笑。西周文明的独特魅力，在于宗教信仰与人文精神的双重跃进与提升，如何解读二者之关系，实乃西周思想研究的关键。百余年来弥漫于中国思想界的反宗教思潮，使得学界着力开发西周文明中的人文和理性成分，而对于西周宗教的意义及其与西周人文精神的内在联系，未免有所忽视。鉴于宗教在西周文明的重要影响，忽视了这一面向，我们不但无法搞清楚其人文精神的由来，也无法把握西周文明的整体性格与精神特质。

一、殷周之际宗教变革的紧迫性

王国维指出："中国政治与文化之变革，莫剧于殷、周之际。"② "殷、周期间的大变革，自其表言之，不过一姓一家之兴亡与都邑之转移；自其里言之，则旧制度废而新制度兴，旧文化废而新文化兴。"③ 他还断言："周之制度、典礼，乃道德之器械，而尊尊、亲亲、贤贤、男女有别四者之结体也。"④ 他以《召诰》为例指出："《康诰》以下九篇，周之经纶天下之道胥在焉，其书皆以民为言。《召诰》一篇，

①［德］黑格尔著，贺麟、王太庆译：《哲学史讲演录》第一卷，商务印书馆，1997 年版，第 157 页。

② 王国维：《殷周制度论》，周锡山编校：《王国维集》第四册，中国社会科学出版社，2008 年版，第 124 页。

③ 同上书，第 125 页。

④ 同上书，第 135 页。

言之尤为反覆详尽，曰命、曰天、曰民、曰德，四者一以贯之。……且其所谓‘德’者，又非徒仁民之谓，必天子自纳于德而使民则之，……故知周之制度典礼，实皆为道德而设。”[①] 显然，他已经注意到了殷周制度变革与其宗教思想的内在联系。不过，由于本文是一篇史学论文，对西周的制度与其宗教精神之间的关系只是点到为止，尤其是命、天、德、民究竟如何一以贯之，并未揭示，然这却是西周思想的关键所在。郭沫若则对周人的宗教信仰提出怀疑：“周人根本在怀疑天，只是把天来利用着当成了一种工具”，“周人之继承殷人天的思想只是政策上的继承，他们是把宗教思想视为了愚民政策，自己尽管知道那是不可信的东西，但拿来统治素来信仰它的民族，却是很大的一个方便”[②]。前人对于郭沫若所谓周人对于天的怀疑问题已经多有辩证，指出那其实不过是“天命无常”的意思，即上天不会无条件地保佑某一家天下，这与殷商宗教相比实在是一大进步。另外，郭沫若并没有从宗教学意义上分清楚殷商宗教与西周宗教的基本差异。傅斯年的观点与郭沫若相反，他指出，周人认为“惟有修人事者方足以永天命，自足以证其智慧之开拓，却不足以证其信仰之坠落……敬畏上帝乃周人之基本思想……盖亟畏上天，熟察人事，两个因素化合而成如是之天人论，此诚兴国之气象”[③]。傅斯年之“亟畏上天，熟察人事”，抓住了西周思想的两个关键点，但并未对二者关系作出进一步说明。徐复观侧重于揭示西周文化所包含的人文精神，特别强调忧患意识和敬的观念，他说：“宗教的虔敬，是人把自己的主体性消解掉，将自己投掷于神的面前而彻底皈归于神的心理状态。周初所强调的敬，是人的精神，……凸显出自己主体的积极性与理性作用。”[④] 可是，将《尚书·周书》中关于敬的论述加以对照，就会发现，其中敬的对象绝大多数都

---

① 王国维：《殷周制度论》，周锡山编校：《王国维集》第四册，中国社会科学出版社，2008 年版，第 135 页。

② 郭沫若：《中国古代社会研究（外二种）》，河北教育出版社，2000 年版，第 320 页。

③ 傅斯年：《性命古训辨证》，刘梦溪主编：《中国现代学术经典·傅斯年卷》，河北教育出版社，1996 年版，第 96-97 页。

④ 徐复观：《中国人性论史（先秦篇）》，上海三联书店，2001 年版，第 20 页。

是天与命，周人的敬的意识其实是来自天命的激发，如果完全将其视为与宗教相对立的主体理性作用，从而忽视了西周人文精神与宗教变革之间的深层联系，所谓敬与忧患等思想本身就难以得到合理说明。

实际上，殷周之变包含着一场深刻的宗教革命，它的目标是：在既有传统宗教瓦解的情况下，探寻新的至上神，重建宗教权威和社会信仰，从而为正在发生的社会变革寻找精神动力。这场宗教革命在政治、文化、法律、道德领域引发了一系列深刻变革，对中国文化的品格与特性产生了决定性影响。某种意义上，新的宗教观是西周文明的普照之光，失去这道光，我们将无由窥见西周文明的全体大用，无法对西周文明乃至中华文明的精神品格做出深入的说明。

从《诗》《书》记载看，这场宗教革命的主导者无疑是周公，根据《尚书大传》："周公摄政，一年救乱，二年克殷，三年践奄，四年建侯卫，五年营成周，六年制礼作乐，七年致政成王。"处于天地巨变并日理万机的周公等人，为什么要急于创立一种新的宗教呢？他们从殷周之变中发现了什么？又是什么震撼了他们的心灵？

西周开国者们面临三大任务：重塑政治合法性，完成民族整合，重塑权力结构。这三项任务之完成都以宗教变革为前提，甚至可以说，这三项任务本身首先就是宗教问题。在当时，政治合法性首先基于宗教合法性，所谓"国之大事，在祀与戎"(《左传·成公十三年》)。祭祀甚至排在战争之前，这从《左传·襄公二十六年》所载"政由宁氏，祭则寡人"可见一斑。其次，民族整合首先要进行宗教的整合和至上神的重塑，部落战争首先是神灵之间的战争，如果不能以自己的最高神取代对方的最高神，则统一与整合遥不可及，战争与冲突永无宁日。由于有周本为殷商属国，一向尊崇殷商的至上神帝并祭祀殷商祖先，这使得宗教变革成为一项极其困难又急迫的任务。再次，重塑社会政治结构，同样急需一种新宗教的精神指引，以统一本民族的信仰与精神。西周政治变革之最大举措在于分封制，它是将周人成功的宗族治理经验与殷人的国家治理经验相结合，通过模拟宗法血缘关系以推扩地缘关系，进而形成继统、赐命、征伐、巡狩、封禅、刑法、朝贡、盟会等系列制度，这一套制度，如果没有精神信仰贯注于其间，就会沦落为一套纯粹虚文而迅速失效。所以，戎马匆匆中的周公等人之所以急于要完成一场宗教革命，是因为它在某种意义上决定着正在进行的社会与政治革命的成败。

此时此刻，殷商在经历着政治溃败的同时，也在经历着宗教崩溃，社会面临着巨大的信仰真空，从文献记载看，殷人在政治失败之前已经遭遇了自身的宗教失败。《礼记·表记》载孔子的话说："殷人尊神，率民以事神，先鬼而后礼。"殷人建立了包括帝、自然神和祖神在内的庞大的神灵系统，以及世界上最为复杂隆重的祖先祭祀制度，但是，在武王大兵压境，殷人的上帝与众神竟然沉默不语，甚至纣王派去抵御周人的部队阵前倒戈，使得自信"我生不有命在天"的纣王徒唤奈何，他已经被自己的上帝抛弃。实际上，此时的上帝与众神本身也处于自身难保的状态。《尚书·周书·泰誓》中周人中所宣布的伐纣理由，包括"弗敬上天""降灾下民""弗事上帝神祇""遗厥先宗庙弗祀""牺牲粢盛，既于凶盗"，罪责以宗教方面居多。连正常的宗庙祭祀都不能维持，连祭祀的牺牲都被老百姓偷窃，殷末宗教之衰败可见一斑。殷人的宗教已经与他们的政权一起走到了尽头。

殷人的宗教崩溃，引发了全面的信仰危机，也留下了巨大的信仰真空；小邦周推翻了大殷商，却面临着殷人的反叛和内部的分裂，所以，周公在平定管蔡之乱时发布的《大诰》开篇就说："天降割（害）于我家，不少延"，表明了周人严重的危机意识。没有巨大的压力，就没有伟大的宗教与哲学的诞生，神灵总是在人最为急迫和深切的吁求中降临。殷周之变震撼了周公等人的心灵，令他们重新思考终极世界的意义，探索改朝换代背后的决定力量以及社会治乱的根本原因，在他们的追问省察中，一个全新的至上神浮现出来：天。在周初所有诰辞中，周公以强烈的忧患与危机意识，反复阐述着天命、敬德与保民的主题，那正是殷周宗教革命的主旨。他时而引证古史，时而直指当下，时而循循劝导，时而大声疾呼，其恳切真诚，披肝沥胆之心态，跃然纸上，令人动容。与殷人的帝相比，周人的天是一个全然不同的至上神，因为二者根据不同的原则行事，在天的命令中，闪现着中华民族最早的道德理性精神的光芒。

二、西周伦理宗教的精神内涵

（一）中华民族道德性至上神的诞生：从帝到天

殷周之际的宗教变革，首先体现在至上神的转变上，即从帝到天的转变；如何处理帝与天的关系，则是这一个宗教变革的关键所在。帝是殷代神谱中神通最为广大的神，陈梦家从16个方面总结了帝的权能，包括令风、令雨、降馑、降祸、降食、降若、帝若、受佑、受年等，先王先公死后可以“宾于帝”，帝还拥有一个朝廷（“帝廷”），且有臣子供其驱使，卜辞中有帝之五工臣和帝使风之类的记载。甲骨卜辞内容显示，帝对于人的惩罚多于奖赏，赏罚也没有任何道德理性依据。作为殷商属国，周人不但因袭了殷商的文化，也因袭了殷商多神宗教体系，包括殷商宗教中的至上神“帝”[①]，《大诰》说：“予惟小子，不敢替上帝命。天休于宁王，兴我小邦周，宁王惟卜用，克绥受兹命。今天其相民，矧亦惟卜用。呜呼！天明畏，弼我丕丕基。”表明周人也尊崇帝，也通过龟卜探测帝的旨意以断定吉凶。《大诰》是周公平定三监叛乱前，对于诸侯国君及贵族的训辞，它开头说“天降威，用宁王遗我大宝龟，绍天明”，“明”是“命”之假借字，“绍天命”即是卜问天命[②]。用文王留下来的宝龟卜问天命，结果是“朕卜并吉”，这一结果成了周公说服列国贵族东征的主要理由：“宁王惟卜用”，文王惟根据龟卜指示行事；“矧亦惟卜用”，所以我们也要遵从龟卜结果行事。龟卜天命，下面又说“予惟小子，不敢替上帝命。天休于宁王，兴我小邦周”，显然，天命就是帝命。本篇中周公又说“亦惟十人迪知上帝命

① 傅斯年：《性命古训辨证》，刘梦溪主编：《中国现代学术经典·傅斯年卷》，河北教育出版社，1996年版，第81页。

② 顾颉刚、刘起釪：《尚书校释译论》第三册，中华书局，2005年版，第1267页。

越天棐忱”，越是“与”“及”的意思[①]。上帝与天并列，它们是两个还是一个呢？《多士》说：“惟天不畀允罔固乱，弼我，我其敢求位？惟帝不畀，惟我下民秉为，惟天明畏。”这里说明不是周人非要夺取殷商的天下，而是因为“惟天不畀”，即天不再降命于殷商，后半句接着又说“惟帝不畀”，可见帝与天所指实为同一对象，即最高的主宰神。《康诰》说：“惟时怙冒，闻于上帝，帝休，天乃大命文王。”文王的德行升闻于上帝，上帝高兴，天才降命于文王，同样说明上帝就是天。《召诰》称“皇天上帝，改厥元子”，便直接将皇天与上帝合一，说是皇天上帝改换了它的长子。既然二者所指为一，周人何以不干脆只称天而不称帝呢？这其中有着周公等人更为深远的用意与思虑，一方面通过帝的引入来强化天的权威，另一方面通过天与帝并称来改造帝的意涵。

《康诰》中 8 个天字，2 个帝字；《大诰》中 18 个天字，2 个帝字；《多方》中 20 个天字，4 个帝字（其中“帝乙”不指上帝）；《多士》中 17 个天字，11 个帝字（其中有“帝乙”）；《召诰》中 19 个天字，2 个帝字；《酒诰》中 7 个天字，一个帝为“帝乙”，非指上帝；《洛诰》中有 4 个天字，没有帝字。对比发现，周初诰辞中天字出现的次数要远远多于帝，表明“天”才是周人意欲突出强调的至上神。周人之所以将天与帝并称，意在通过这种异词同指的方式，让天继承帝作为至上神的权威，同时又通过对权威内涵的新解读，实现着至上神的创造性转换。在殷墟卜辞中，帝的权能以自然功能为主，从未显示出道德和价值理性，而《诗》《书》中的帝，通过与天同时并举，帝命被解读为天命，实际上已经“天”化了，成了一个具有道德意义的至上神。如果说，殷周之际的政治革命是在“血流漂杵”（《尚书·武成》）式的武力征讨中完成的，殷周之际的至上神的转换则和平有序，周人在不知不觉中完成了对传统至上神的解构，完成了中国宗教史上最具有革命意义的一次变革，即从自然宗教到伦理宗教[②]。经过此一变革，周人成

① 顾颉刚、刘起釪：《尚书校释译论》第三册，中华书局，2005 年版，第 1279 页。

② 恩斯特·卡西尔认为从自然宗教到伦理宗教是各国宗教发展的普遍规律，见［德］恩斯特·卡西尔著，甘阳译：《人论》，上海译文出版社，2004 年版，第 138–140 页。

功地将“帝”“天”化，并同时将“天”“帝”化了，从而产生了中华民族的伦理性至上神“皇天上帝”。

甲骨文中只发现了“天邑商”一个天字，尚未发现以天为至上神的思想，关于天的思想是继承于殷商还是自己的创造，学者有不同看法，陈梦家认为“商人称‘帝命’，无作天命者，天命乃周人的说法”①，郭沫若认为“关于天的思想周人也是因袭了殷人的”②，徐复观认为“周初天、帝、天命等观念，都是属于殷文化的系统”③，傅斯年则根据《召诰》中“皇天上帝，改厥元子，兹大国殷之命”，断定“人王以上天为父之思想，至迟在殷商已流行矣”④，后三家强调周文化与殷文化的联系，但似乎对天与殷商之帝在本质意义上的差异注意不够。断言周人天命观起源于殷商，目前不但缺乏必要文献证据，而且混淆了殷周宗教思想之本质不同。即使将来能够发现殷商有以天为至上神的文献资料，也未必说明殷商已经有了西周那种至上道德神的理念，后者显然是周公等人的创造。

另外，郭沫若认为，周人“凡是极端尊天的话都是对着殷人或殷的旧时的属国说的，而怀疑天的话则是对着自己说的……周人根本怀疑天”⑤，可是，通过上面对周初诰辞中天与帝字使用情况的分析，我们发现事实恰好相反。《多方》和《多士》是专门针对殷商遗民的训辞，帝字出现的次数最多，《多方》中 20 个天字、4 个帝字，是《周书》中天字出现次数最多的诰辞；《多士》中 17 个天字、11 个帝字。这两篇不仅天字出现多，帝字出现也多，显示了将天与帝沟通合一以说服殷人的意图。反过来，周人对于自己人的诰辞，则是多谈天而少谈帝，《康诰》《大诰》《召诰》只有 2 个帝字；《酒诰》没有上帝的意义上的帝字，《洛诰》则干脆没有帝字，说明周人对于本民族主要是谈天命而

① 陈梦家:《尚书通论》，中华书局，2005 年版，第 207 页。
② 郭沫若:《中国古代社会研究（外二种）》，河北教育出版社，2000 年版，第 318 页。
③ 徐复观:《中国人性论史（先秦篇）》，上海三联书店，2001 年版，第 17 页。
④ 傅斯年:《性命古训辨证》，刘梦溪主编:《中国现代学术经典 · 傅斯年卷》，河北教育出版社，1996 年版，第 81 页。
⑤ 郭沫若:《中国古代社会研究（外二种）》，河北教育出版社，2000 年版，第 320 页。

不是相反。另外，如前所述，周人以天为至上神，并赋予它新的意义，但并没有否定其人格性，天全面继承了帝的人格性与权能，陈梦家认为周之“配天”观念脱胎于殷人之“宾帝”[①]。虽然在殷周之际，天在改朝换代中的政治作用被充分强调，但它同样继承了殷商之帝降福降祸的功能，它也能够“命哲，命吉凶，命历年”(《召诰》),《大禹谟》说“小人在位，民弃不保，天降之灾”,《汤诰》言“降灾于夏，以彰厥罪”,《伊训》说“皇天降灾”“作不善降之百殃”,《大诰》言“天降割（害）于我家”,《酒诰》和《君奭》都说“天降丧于殷”，这类说法在周代铭文中也反复出现[②]。尤其是在西周末期的怨天思潮中,《诗经》中出现了不少关于“天降丧乱”的诗篇，所谓“天降丧乱，灭我立王”(《诗经·大雅·桑柔》)，并对天发出表达失望、怨恨、愤怒与哀告等种种情感，表达了此时人们的心声。如果他们果真不信天帝，这样的声音就不会出现。显然，周人的天是一个决定宇宙、社会、人生问题的主宰神，周人对它充满敬畏。《周书》和《诗经》中大多数作品，谈到天时都充满戒慎恐惧的敬畏感，感情色彩强烈，这在那个宗教主宰的时代也属于必然，所以周人不信天之说恐难成立。傅斯年收集了《诗经》中敬畏天帝的资料，认为:“周初人敬畏帝天，其情甚笃，已如上所证矣。其心中之上帝，无异人王，有喜悦，有暴怒，忽眷顾，忽遗弃，降灾降祸，命之讫之，此种‘人生化上帝观’本是一切早期宗教所具有。”[③] 此说甚是。

因此，西周的天不仅是个道德性的至上神，也是一个继承了殷商之帝的主宰权能的人格神，这两点对于我们判定天的属性以及殷周宗教革命的内涵与意义至为重要。由此而来的问题是，作为主宰者的天与帝的根本不同何在？西周的人文精神又是如何开出的？这与德和民的思想密切相关。

---

① 陈梦家:《殷墟卜辞综述》，中华书局，1988 年，第 573、581 页。

② 陈来:《古代宗教与伦理：儒家思想的根源》，生活·读书·新知三联书店，1996 年版，第 213 页。

③ 傅斯年:《性命古训辨证》，刘梦溪主编:《中国现代学术经典·傅斯年卷》，河北教育出版社，1996 年版，第 96 页。

（二）德：天命有德与以德配天

周代诸王中，对于西周立国贡献最大的是文王，他在世时已经三分天下有其二，以至于“大国畏其力，小国怀其德”(《尚书·武成》)。不仅如此，文王身上有一种与众不同的政治品德，给周公等人留下了难以磨灭的印象。所以，《诗》《书》反复叙说颂赞文王，试图通过他求解天命的秘密，结果便是“德”的发现。如果说民的发现找到了外在的天命，德的发现则是找到了周人自己身上的天命。

关于西周德字之训诂意义，学界有各种解释，徐中舒认为，甲骨文中“徝”字即是德之本字[①]。《说文》以“外得于人，内得于己，从直，从心”释德，恐怕属后来观念。其实，在《诗》《书》中，德所体现的上与下即天与人的含义更重，所谓内与外的意义倒是难觅踪迹。从《尚书·康诰》“朕心朕德，惟乃知”看，德字尚没有与心灵打通，没有内在德性的含义，它主要是德行，落在行为上，故《广韵·德韵》“德，德行，悳，古文”，较为贴近西周德字本义。即使甲骨文中已有德字之起源，也没有《诗》《书》中德的思想，德的思想之形成无疑应归于西周。德字在《诗》《书》中大量使用，含义和用法也颇为多样，它有时用作形容词，有时用作名词，《尚书·康诰》中的“绍闻衣德言”，《诗经·狼跋》中的“德音不瑕”等，德字表示美善之意。作为名词的德，又有两种不同的用法，有时表示无价值色彩的行为，《尚书·康诰》“用康乃心，顾乃德，远乃猷”，《尚书·酒诰》“越小大德，小子惟一”，以上德字，屈万里都解释为“行为”[②]。此种用法的德并没有价值意义，故常在前面可以加上定语予以界定，比如“作稽中德”(《尚书·酒诰》)、“酗于酒德哉”(《尚书·无逸》)、“尔尚不忌于凶德”(《尚书·多方》)、“桀德，惟乃弗作往任，是惟暴德”(《尚

① 徐中舒：《甲骨文字典》，参陈来：《古代宗教与伦理：儒家思想的根源》，生活·读书·新知三联书店，1996 年版，第 290 页。

② 参屈万里注释：《尚书今注今译》对两句话之释文，台湾商务印书馆，1978 年版，第 98、101、104、107 页。

书·立政》)、“醉而不出，是谓伐德”(《诗经·宾之初筵》)，这些德字的价值意义由前面的定语来规定。但是，构成西周思想核心的德，不是指这种无价值规定性的德，而是另一种德：文王之德。

分析文王所作所为，这一特指的德包括以下内容：(1)恭敬天命，昭事上帝：“维此文王，小心翼翼，昭事上帝。”(《诗经·大明》)“在昔上帝割申劝宁王之德，其集大命于厥躬。”(《尚书·君奭》)(2)惠保庶民，不侮鳏寡：“不敢侮鳏寡，庸庸，祇祇，威威，显民，用肇造我区夏。”(《尚书·康诰》)(3)勤勉政事，不遑暇食：“文王卑服，即康功田功。徽柔懿恭，怀保小民，惠鲜鳏寡。自朝至于日中昃，不遑暇食，用咸和万民。文王不敢盘于游田，以庶邦惟正之供。”(《尚书·无逸》)“王曰：而惟旧人，而丕克远省，而知宁王若勤。”(《尚书·大诰》)(4)明德慎罚，怀远柔近：“乃丕显考文王克明德慎罚”(《尚书·康诰》)，《左传·襄公三十一》年称“纣囚文王七年，诸侯皆从之囚，纣于是乎惧而归之，可谓爱之”。(5)礼贤下士，贤能归附：“礼下贤者，日中不暇食以待士，士以此多归之。”(《史记·周本记》)在今天看来，这些不过是普通勤政惠民的行为，但正是这些看似寻常的行为赢得了民心，导致了周朝的逐渐崛起并最终克殷。王国维说：“殷周之兴亡，乃有德无德之争”①，文王正是周德之典范。文王之德代表了一种新的精神力量。傅斯年认为，“周之代商，绝不代表物质文明之进展”，也“未必在宗法制度也”，那么其特征究竟何在？他认为在“人道主义之黎明”②。傅斯年评论说：“一切固保天命之方案，皆明言在人事之中……事事托命于天，而无一事舍人事而言天，‘祈天永命’，而以为‘惟德之用’，如是之天道即人道论，其周公所创耶？”③傅斯年以“天道即人道论”解说周公之天人论，这只是其中的一个方面；其实，周公的天人论还有另一个重要方面，即“人道即天道论”。在周公

① 王国维：《殷周制度论》，周锡山编校：《王国维集》第四册，中国社会科学出版社，2008年版，第136页。

② 傅斯年：《性命古训辨证》，刘梦溪主编：《中国现代学术经典·傅斯年卷》，河北教育出版社，1996年版，第89-90页。

③ 同上书，第88页。

那里，这两方面是相须为用、密不可分的。周公不仅“无一事舍人事而言天”，另一方面，他也是“无一事舍天而言人事”。以德为例，周初彝器《史墙盘》铭曰：“上帝降我懿德”，《左传·昭公八年》：“《夏书》曰：‘皋陶迈种德，德乃降。’”《尚书·大禹谟》也说：“皋陶迈种德，德乃降，黎民怀之。”可见，德乃天帝所降，所以周文王的政治行为，被说成是“天德”（《尚书·吕刑》：“惟克天德，自作元命，配享在下”），是有周受命的原因，周公告诫康叔：“惟乃丕显考文王，克明德慎罚……惟时怙冒，闻于上帝，帝休，天乃大命文王。”由于文王的德行上达天帝，天才授命于他。《周书》《左传》《国语》都谈到说德可以发出一种特殊香气：《尚书·酒诰》“弗惟德馨香，祀登闻于天”，《尚书·君陈》说“至治馨香，感于神明。黍稷非馨，明德惟馨尔”，《左传·僖公五年》说“黍稷非馨，明德惟馨香”，《国语·周语》载内史过的话：“国之将兴，其君齐明、衷正、精洁、惠和，其德足以昭其馨香，其惠足以同其民人，神飨而民听，民神无怨。”看来，德发出的香气可令民神无怨，并能上达天听，使天授命。《左传·桓公二年》：“夫德，俭而有度，登降有数。文物以纪之，声明以发之，以临照百官，百官于是乎戒惧，而不敢易纪律。”百官何以“不敢易纪律”？李泽厚认为：“德字有个大眼睛，令人想起三星堆出土的那个大眼睛的巫师巨人……这个‘德’具有足可戒惧的神圣性，其中有祖先神明的大眼睛在。”[①] 还说：德是“‘巫君合一’所拥有的神法魔力即巫术法力演变而来的具有神力的圣王的道德品格”[②]。周公目睹了周朝崛起的全过程，当他为此巨变寻找终极性解释时，却发现那导致巨变的源头其实就在他父亲的一言一行中，正是这种德赢得了人心。长久以来，人们一直是抬头来寻找和仰望天意，可是，周公发现，天意的体现者就在地上，天命与人事由此而打通了，这是中国精神史上最重要的变革。它不仅将天命引向了人事，开创出人文价值，同时也将人事提升至天命境界，

① 李泽厚：《由巫到礼 释礼归仁》，生活·读书·新知三联书店，2015 年版，第 56-57 页。

② 同上书，第 57 页。

获得了超越性意义。这是一个双向互动过程，所谓天人合一正是在这一双向互动过程中实现的。所以，周公不仅是华夏礼乐文明的奠基者，也是儒家天人之学的开创者。

《虞夏书》和《商书》中有许多关于政治德行的记载，比如《尧典》表彰帝尧“钦明文思安安，允恭克让，光被四表，格于上下。克明俊德，以亲九族。九族既睦，平章百姓。百姓昭明，协和万邦。黎民于变时雍”;《舜典》说舜“濬哲文明，温恭允塞，玄德升闻，乃命以位”，又有“直而温，宽而栗，刚而无虐，简而无傲”的德行要求；《皋陶谟》将《舜典》中的四德发展为九德:“宽而栗，柔而立，愿而恭，乱而敬，扰而毅，直而温，简而廉，刚而塞，强而义”;《洪范》提出敬用五事，“一曰貌，二曰言，三曰视，四曰听，五曰思。貌曰恭，言曰从，视曰明，听曰聪，思曰睿。恭作肃，从作乂，明作哲，聪作谋，睿作圣”，并将此五事与五休征相结合。上述德行内容与《周书》中的文王德行内容有相近之处，但是，对于二者的言说与诠释却大有不同,《周书》以前所记载的这类德行从未与帝意相联系，从未获得超越性意义，它们似乎只是人的行为，与天意无关。唯一有些例外的是《洪范》篇以五事配五休征，包含着德行可获吉佑的观念，但是，五事仅仅是对于人言行的规范要求，与爱人惠人意义上的德行尚不能等同，所以还难以与以德配天的成熟思想相提并论。周公曾经在《多方》和《多士》等诰辞中反复讲解了夏朝和殷商如何以德受命和失德坠命的过程，这已经是用他自己的天命观诠释历史。而夏商两代的价值观念，与此具有本质性不同，直到殷周革命之前，人的行为本身是不具备神圣意义的，圣与俗被划分为两个互不关联的世界。这意味着真正意义上的道德观念尚未产生。在中国思想中，道德并不能简单地等同于善行，此种善行必须有天命或者天道的超越性意义，所谓的德，必须是得之于道，方可称之为道德。如此说来，真正意义的中华道德意识，的确是在《诗》《书》时期才得以诞生，在此之前，上帝的意志与社会伦理规范并没有直接联系。然后，随着自然性上帝到伦理性天帝的转变，随着德与民本思想的出现，天意不但与民意打通，与德行也打通了。天命获得了人文价值的规定，而人文与道德获得了天命的意义，神圣与世俗的隔离墙，终于通过一次伟大的宗教革命被打穿了。

这场宗教革命是一场真正的精神革命，对西周的政治、文化与社会生活普遍带来了巨大影响。对于政治领域而言，德以天命的形式赋予了政治以新的合法性基础。对于殷人而言，政治合法性的意识是不存在的，仿佛帝和众神就是他们家族的，为上帝保佑的殷商统治也是永恒的，这自然是由于长期垄断教权所产生的幻觉。"'帝'（殷商）在意识形态中的地位在周初被结合天意与人事的'德'所取代"[①]后，周人意识到政治的合法性是有条件的，天的授命也是有条件的，这就是德。所以，政权本身无法为自己提供合法性证明，更无法确定自己受命的时限，他们的王朝不过是天命借以显现作用的一种工具而已，也就是说，天下是天下人的天下，而非一家一姓之天下，更非少数人可以把持的天下，这使得周公等人在家天下时代具有了超越于家族之上的天下观，并从根本上改变了周人对天帝、政治与自身的看法。因此，周人从天命观中，产生出一种前所未有的谦卑恭敬，产生了一种强烈的必须自我约束的内在冲动，由此才有了王国维所称赞的西周开国者们的胸襟气度以及傅斯年所肯定的西周思想中的兴国气象。当周公等人进行殷周之际的制度典礼设计时，此一理念必定在他们心中占据了举足轻重的地位，在制度典礼中践行德的理念以永葆天命，于是如王国维所言："制度典礼者，道德之器也。"[②]这就意味着政治不是目的而是手段，权力只有工具价值而不具有终极价值，此一理念是殷周宗教革命在政治领域最重要的成果之一。

天命之德，作为殷周宗教革命的主要精神价值，贯穿在周礼的各个方面。《诗经·大雅·韩奕》记述了韩侯受命的过程，此非初封而是朝觐周天子时的再授命，是周礼的组成部分，许倬云就此评论

① 张广直语，转引自郑开:《德礼之间: 前诸子时期的思想史》，生活·读书·新知三联书店，2009 年版，第 271 页。

② 王国维:《殷周制度论》，周锡山编校:《王国维集》第四册，中国社会科学出版社，2008 年版，第 135 页。

说:“金文与《诗经》记载相互比证，极为相像，都有册命，都追溯祖德，都勉励受命者夙夜从事，都有衣服、旌旗、车马之赐。”[①]其中追溯祖德，“缵续祖考之德”以受命，是策命所体现的核心信仰，而“彝器”“车马”“旌旗”“服色”，不过是体现精神认同的器物符号。在周初文献与铭文中，“昭德”“丕显先祖之德”是常用语汇，显示了相似的精神趋向。与周人敬天法祖的信仰相适应,《诗经·大雅·生民之什》提出“有孝有德”，德以对天而孝以对祖，二者都具有宗教意义，故《诗经》中的孝多与享祭祖先联系在一起。《周颂·臣工·邕》曰“于荐广牡，相予肆祀，假哉皇考，绥予孝子”,《周颂·臣工·载见》曰“率见昭考，以孝以享”，但享的目的又在于“夫享，所以昭德也”，孝通过享祭而与德建立了关联。西周还特别强调“追孝”，如《尚书·文侯之命》“追孝于前文人”、《诗经·文王有声》“遹追来孝”、《俦儿钟》“以追孝先祖”等[②]，追孝的思想重点不在于牺牲祭祀而在于绍述祖德的精神意义。另外,《国语·周语》说“言孝必及神”，以及《论语·泰伯》说“致孝乎鬼神”，又将祖灵崇拜与鬼神信仰联系在一起，提升了孝道的宗教意义。

不仅赐命礼和孝道，德也渗透到周代各项礼仪中，成为礼的基本精神。《左传·僖公二十五年》:“礼乐，德之则也”,《国语·周语上》:“成礼义，德之则也”,《左传·僖公三十年》也说“备物之飨”的礼仪是为了“以象其德”，说明礼乐乃是德的表达形式。《周易·豫·象》曰“先王作乐以崇德，殷荐之上帝，以配祖考”，更将乐与德、上帝和祖德联系起来，揭示了乐的深层宗教意蕴。一些专家考证后认为《仪礼》十七篇所记载的礼包括冠、婚、丧、祭、乡相见在西周春秋的确实行过[③]，冠礼的意义,《韩诗外传》卷八解读为“十九见志，请宾冠

① 许倬云:《西周史》(增订本)，生活·读书·新知三联书店，1994年版，第173页。

② 郑开:《德礼之间: 前诸子时期的思想史》，生活·读书·新知三联书店，2009年版，第83页。

③ 陈来:《古代宗教与伦理: 儒家思想的根源》，生活·读书·新知三联书店，1996年版，第249页。

之，足以成其德”[①]；据《礼记·昏义》：“昏礼者，将合二姓之好，上以事宗庙，而下以继后世也”，《国语·晋语四》则认为“合二姓之好”就是“合德”。至于乡饮酒礼和射礼，根据《礼记·射义》，也是要从中“观德行”“观盛德”，祭祖礼所包含的“所以昭德也”的意义已如前述。可见，德已经渗透进各种礼仪之中，与其建立了直接或间接的联系，成为诸般社会交往礼仪背后的共同精神。甚至经过礼义规范的身体，也成为德之载体，身体也因此而获得了神圣的意义：“抑抑威仪，维德之隅”（《诗经·大雅·民劳》），德之光辉可谓有容必照，无远弗届。

德对于祭祀制度的影响也有鲜明体现，殷人祭祀祖先之礼至为繁复隆重，据王国维考证，自帝喾以下的先公、先王、先妣，都有专祭，不分远近亲疏；先公先王之昆弟，不管在位与否，祭礼略同，周而复始地祭祀从上甲到康丁31位王与20位法定配偶，完成一轮需要36旬甚至37旬之久，平均长度相当于一年，故称之为周祭。[②]祭祀的礼品极为丰盛，据甲骨文记载，一次祭品可达500头牛，还使用大量人殉（一般为战俘），最多的一次祭品竟然达“千牛千人”[③]。周人则根据亲亲尊尊原则确立了庙数制度，《礼记·祭法》所谓“天子七庙，诸侯五庙”，不再像殷人那样不别亲疏远近轮流祭祀众多先祖，而是实行四时正祭即每季度第一月祭祀，先妣也不再单独祭祀而是配享，人殉在周代已被废止，偶有发生也会受到社会的一致谴责，祭祀牺牲也大为简化。根据《尚书·召诰》记载，成王决定营建东都洛阳，派周公前去考察并祭祀天地神祇，这样的大事，如果是在殷商，肯定需要数量众多的祭品甚至人殉，可是，周公“越三日丁巳，用牲于郊，牛二。越翼日戊午，乃社于新邑，牛一，羊一，豕一”，郊天之礼只用两头牛，祭社之礼只用牛、羊、豕各一头。《尚书·洛诰》记载：“戊辰，王在

① 郑开：《德礼之间：前诸子时期的思想史》，生活·读书·新知三联书店，2009年版，第93页。

② 常玉芝：《商代周祭制度》，中国社会科学出版社，1987年版，第445-446页。

③ 张焕君：《制礼作乐——先秦儒家礼学的形成与特征》，中国社会科学出版社，2010年版，第87页。

新邑烝，祭岁，文王骍牛一，武王骍牛”，因为在以德配天的观念下，根据“黍稷非馨，明德惟馨香”的说法，天地神祇最喜欢的祭品已经不是牛羊或者人殉而是德了。

以法律而言，殷人以尊神重刑著称，《尚书·泰誓上》所宣布的商纣王的诸般恶行中，就有“罪人以族，官人以世”“残害于尔万姓。焚炙忠良，刳剔孕妇”等暴行。所以，《尚书·康诰》反复强调明德慎罚的重要，但同时又说：“元恶大憝，矧惟不孝不友。子弗祗服厥父事，大伤厥考心；于父不能字厥子，乃疾厥子。于弟弗念天显，乃弗克恭厥兄；兄亦不念鞠子哀，大不友于弟。惟吊兹，不于我政人得罪，天惟与我民彝大泯乱，曰：乃其速由文王作罚，刑兹无赦。”王国维曾经比较殷周刑罚：“殷人之刑惟‘寇攘奸宄’，而周人之刑则并及‘不孝不友’。”[①] 本来是主张明德慎罚，在处罚“不孝不友”方面却比殷刑更重，是何缘故？王国维认为这是由于“周制刑之意，亦本于德治、礼治之大经，其所以致太平与刑措者，盖可睹矣”[②]。但问题还可以进一步提问，周人何以将制度典礼作为道德之器械？这其实与道德本身的属性密切相关，周公所言德，不同于孔子之后的德，它首先是天命而非人性，是祈天永命的依凭。其次，周公在《尚书·康诰》中将不孝不友作为“天惟与我民彝大泯乱”的表现，可见民彝也关乎天命。《左传·文公六年》赵孟提及四德：“置善则固，事长则顺，立爱则孝，结旧则安。为难故，故欲立长君，有此四德者，难必抒矣”，孝为四德目之一。随着宗法制度的完善和庙数制度的形成，以及前述孝的宗教意义的加强，孝在西周社会的地位更加重要。德与刑相对，既重德自然轻刑，但是，唯有在涉及与德本身有关的刑罚方面却是例外，因为违背德即是违背天命，理应重罚。由于孝友构成宗法伦理的基础，“不孝不友”属于破坏德之根基的行为，自然要“乃其速由文王作罚，刑兹无赦”了。所以，从整体上看，周人刑法处置减轻了，但在与德有关

① 王国维：《殷周制度论》，周锡山编校：《王国维集》第四册，中国社会科学出版社，2008 年版，第 136 页。

② 同上。

的处罚上却是加重了，这正是“天命有德”的宗教观念对西周法律的双重影响所致。

明德慎罚的训诰为周代刑法注入了新精神，元代陈栎在注释《尚书・吕刑》“罔不惟德之勤，故乃明于刑之中”时说：“刑之本必主于德，而刑之用必合于中。德与中为《尚书・吕刑》一篇之纲领。”[①]由此可见周德对于刑法之重要，而以法律手段维护德，也就成了法律的重要功能，在实际上开启了中国法治史上以礼入法之先河。

综观《诗经》《尚书》《左传》《国语》等典籍，天命有德与以德配天也是周王室处理与诸侯国政治关系的主要思想依据，春秋时期依然如此。齐桓九合诸侯而一匡天下，晋文公有攘夷之大功，依然高举尊王旗号，自然与对周德的认同不无关系。据《国语・周语中》载，晋文公定襄王于郏后，曾经提出“请隧”的违礼要求，让自己的葬礼能够享受周王的待遇，襄王回答说：“叔父若能光裕大德，更姓改物，以创制天下，自显庸也，而缩取备物以镇抚百姓，余一人其流辟旅于裔土，何辞之有与？若犹是姬姓也，尚将列为公侯，以复先王之职，大物其未可改也。叔父其懋昭明德，物将自至，余何敢以私劳变前之大章，以忝天下，其若先王与百姓何？何政令之为也？若不然，叔父有地而隧焉，余安能知之？”这一段话以天命有德作答，义正词严而又暗含警告，结果是“文公遂不敢请，受地而还”，可见以德配天观念对于维系有周政治制度之重要。

以上通过德对于政治、伦理、祭祀、礼仪和刑法的影响分析，可以看出，作为天命内涵的德，的确如同一道普照的光，为西周社会的各个领域带来了人文精神的曙光。

（三）天民合一：天命观所孕育的民本思想

中华文明以天人不二为特征，这在巫文化时代已然如此。不过，巫是通过巫术仪式沟通神明，实现神人合一[②]；殷王通过龟卜以叩问帝

① 顾颉刚、刘起釪：《尚书校释译论》第四册，中华书局，2005 年版，第 2105 页。

② 李泽厚：《由巫到礼 释礼归仁》，生活・读书・新知三联书店，2015 年版，第 13 页。

命，通过大规模的献祭取悦于神灵。但是，到了西周，天人沟通的方式发生了一次革命性变革，面对殷周易代的巨变，周公等人追寻天意的目光从自然转向了历史。在小邦周取代大殷商的历史转变中，给周公等人印象最深的是民心向背的巨大作用，《公羊传·僖公四年》说"古者周公东征则西国怨，西征则东国怨"，甚至殷人用以抵抗周朝的军队也阵前倒戈。那些曾经被与畜生一道成批量宰杀作为祭品的平民，突然间爆发出了排山倒海的力量，此种景象必定给周公等人以巨大的思想冲击，也给他们带来了深深恐惧和忧虑，因为他们不知道这股力量在什么时候也会在他们脚下爆发出来。这显然是世界上最伟大的力量之一，周公将它与天意联系在一起，将民意视为天命的显现，从而产生了西周的民本思想。

一说起民本，人们便会想起《荀子·王制》中的"水则载舟，水则覆舟"，其实，这种说法代表了古代宗教时代之后的民本观念，政治策略的意味较为浓厚，而西周时期的民本观念则不同。西周的民本思想固然是一种政治理念，但它与以德配天和祈天永命的思想紧密相连，首先是一种宗教观念。甲骨文中没有发现民字，说明普通民众尚未正式进入殷商的思想视野。但是，这种情况到了西周有了根本改变，民不但在周初诰辞中大量出现，地位更有了飞跃性提升。《尚书·召诰》说："王厥有成命，治民今休。"《尚书·泰誓中》说："天矜于民，民之所欲，天必从之。"又说："天视自我民视，天听自我民听。"天子只有通过民意才能了解天意，民意成了天意的表达形式，这便将民提高到了与天等同的神圣地位。金文中有"受民受疆土"之说[①]，《尚书·梓材》："皇天既付中国民越厥疆土于先王"，是天将民和疆土授予周天子，民被排到了疆土之前，因为民意已经成为天意的晴雨表，民众成了上帝的代言人。这种对于民的定位，是西周伦理宗教的重要思想之一，不但史无前例，与轴心突破以后的对民的态度也有明显不同。《尚书·皋陶谟》提出"在安民""安民则惠，黎民怀之"，《尚书·盘庚上》要求"施实德于民"，《尚书·盘庚中》说："古我前后，罔不惟

① 侯外庐、赵纪彬、杜国庠:《中国思想通史》第一卷，人民出版社，1957年版，第81页。

民之承”，由此可见，重民的传统可谓源远流长，周公的民本思想当是继承古代重民思想而来。但是，西周前的重民表现在安民惠民，以获取民众拥戴，比如“安民则惠，黎民怀之”，惠，《释诂》云：“爱也”，故伪孔传释为“惠，爱也。爱则民归之”[①]。怀，《释诂》云：“思也”，能安民则民思之。其中民是被关心安抚的对象，并没有更高层次的意义。天命论下的民本思想、天命观下的民本论的实质是天民合一论[②]，使得西周的政治关系和政治理念发生了深刻变化，原来从未进入政治视野的草民黔首，现在被提高到与天帝同等的意义，似乎成为眼前活生生的上帝，甚至令天子王公生出了战战兢兢的心态，这的确是史无前例的。

天民合一思想从根本上改变了社会的政治关系结构，将殷商文化中帝与王的线性关系，改造为天帝—民—天子三角关系，民的地位可谓一步登天，变得比天子还要重要。既然民意被视为天意的表现，它就同时具有了目的性意义，而不仅仅是劳动工具或者统治工具。殷商的帝王自信可以永远获得上帝的护佑，可西周天子自认为是受天委托来管理天下，天之授命将根据民意民心及时调整，或与或取。由于“民情大可见，小人难保”（《尚书・康诰》），天命的趋向也就随着民意的变化而不断调整，因此而有了周人“天命无常”“命不易哉”的觉醒，并由此产生出深深的敬畏心与恐惧感。在这种天命观下的民本观念中，天、民和天子构成了一种特殊的分立制衡关系，作为宇宙万物之主宰，天是最高宗教权威，也是最高的立法者，王朝兴衰最终决定于天命；但天之决策所依据的乃是民心之向背，民是天帝在现实社会中的代言者，天帝将密切观察民意呼声，作为自己决定授命还是坠命的依据；天子掌握行政权力，其实只是天的行政代理人却不是代言人，天子于是从殷商时代的天意之无条件的代表者，下降为可以随时根据

① 顾颉刚、刘起釪：《尚书校释译论》第一册，中华书局，2005 年版，第 399 页。

② 李存山先生指出：“中国文化所信仰的‘天’并没有自己独立的意志，而是以人民的意志为意志，此即‘天民一致’的思想。”李存山：《对中国文化民本思想的再认识》，《孔子研究》2016 年第 6 期。天民合一的说法见陈来：《古代宗教与伦理：儒家思想的根源》，生活・读书・新知三联书店，1996 年版，第 184 页。

民意加以更换调整的天的受托人。在此种模式下，国君与民的关系不仅仅是官民双方的关系，首先是国君与天的关系，政治关系因此被提升到宗教信仰的层次，天与民的内在联系，比天与国君的联系更为内在和深刻。根据《孟子 · 梁惠王下》所引《尚书》逸文:“天降下民，作之君，作之师，惟曰其助上帝宠之。有罪无罪惟我在，天下曷敢有越厥志?”“惟曰其助上帝宠之。”赵岐注曰:“以助天光宠之也。”上天所宠的是百姓而非天子，于是，在三者关系中，天子被同时置于宗教与现实的双重监督制约之下，成了最为弱势的一方。当代人或许可以批评此种对于行政权力的制衡之一厢情愿，它也的确无法与现代社会中的分权制衡体系相提并论。但是，从历史眼光看，宗教信仰是影响人类行为最大的力量之一，这一基于伦理宗教的民本思想极大地提高了民的地位，只要天命信仰依然存在，这种由对天的敬畏而来的对于民的敬畏，就不能不对政治行为产生深刻影响。

在《尚书》各篇中，我们随时可以看到对于民意就是天意的提醒，以及那种发自内心的对于民众的敬畏与关切。《泰誓》说“天佑下民”“天矜下民”,《康诰》中要求对于黎民百姓“如保赤子”，可谓情深意切。周公告诫成王要知稼穑之艰，是因为国君只有切身体察民众生活的艰辛痛苦，才能了解民众的心意，并因此听懂上帝的心声，以免被上天无情抛弃。《梓材》提出“无胥虐，至于敬寡”,《康诰》要求“克明德慎罚，不敢侮鳏寡”,《无逸》要求“能惠保庶民，不敢侮鳏寡”。对于孤弱的同情以及“若保赤子，惟民其康”的呼吁，固然有对于孤儿寡母的人道同情，但是,《周书》中所表现的那种对于民的战战兢兢的心态，诰辞中提及庶民时屡屡出现的“不敢”，明确地昭示着此种态度之后的宗教背景。周公等人是在探寻天命的历程中领悟到民的意义，没有这种宗教思维的背景，西周思想中的民绝不会有如此之地位。

天命论下的天民合一，是中国古代平民所曾获得过的最高地位，这种地位说到底是通过自然宗教向伦理宗教的转移而实现的，“天民”地位的维系与天命信仰密不可分，主要取决于国王作为天命信徒的虔敬程度，一旦天命信仰出现危机，民众通过天帝的中保所获得的一切神圣意义将如同海市蜃楼一般消散，民众就会重新从天上的云端坠落到冰冷的地上，不得不从天民再度复归为草民，至多成为维系家天下长治久安的工具而已。就此而言，西周的天民合一也必然是后无来者。

三、宗教深化与人文精神

德与民本思想，以及由此引起的一系列思想变化，的确表明西周文明中已经孕育出中国最初的人文精神，那么，早期人文精神与宗教之间究竟是何关系？徐复观提出："周人建立了一个由'敬'所贯注的'敬德''明德'的观念世界，来照察、指导自己的行为，对自己的行为负责，这正是中国人人文精神最早的出现。"[①] 又说："在忧患意识的跃动之下，人的信心的根据，渐由神而转移向自己本身行为的谨慎与努力。"[②]人文精神的最早出现是客观事实，可是，敬德是否表明人自己指导自己的行为，只对自己的行为负责呢？是否意味着人的信心的根据，"渐由神而转移向自己本身行为的谨慎与努力"？由于西周之德显著不同于孔子后的德，德首先是天命而非人自身的德性，徐复观的上述说法仍然值得推敲，它至多包含着部分的合理性。敬德首先意味着对上天负责，正是对天的责任意识才引发了人自身的责任意识，而信心的根据首先也在于天命。其实，周初诰辞表明，周公等人并没有表现出许多自信，倒是表现出无处不在的焦虑与谦卑，担心其行为难以达到以德配天的要求。徐复观的上述结论，与他没有明确区分伦理宗教和自然宗教的不同有关，如前所引，他说："宗教的虔敬，是人把自己的主体性消解掉，将自己投掷于神的面前而彻底皈归于神的心理状态。周初所强调的敬，是人的精神，……凸显出自己主体的积极性与理性作用。"[③]这是将宗教的虔敬与人文精神置于对立的两端，在自然宗

① 徐复观:《中国人性论史（先秦篇）》，上海三联书店，2001 年版，第 21 页。
② 同上书，第 20 页。
③ 同上。

教中的确如此，在伦理宗教中却未必如此。下面我们进一步考察西周宗教发展与人文精神发生之间的内在联系，以证明西周人文精神的出现，恰恰是宗教发展和宗教深化的产物。

方东美在分析中国古代的精神历程时，曾经引用查理·柯瑞纳的观点，认为古代文明最初经由宗教信仰而整合为一个完整的文化系统，科学、哲学、道德、艺术通过宗教被整合为一个“大全”，甚至国家都不得不屈从于宗教之下，国家本身就是宗教，这种整合使得古代文明获得了完整统一的精神生命[①]。但是，现代社会则是各个领域出现“日益增长的分离和独立，直到最终出现的完全文化解体和混乱的危险威胁着我们的时代。内在的统一和重新发现完整的文化乃是目前要务。所谓的‘极权主义’国家已经感受到了这种必要性，他们转向专制体制和警察国家以保障高压下的缺乏内在根据的表面统一”[②]。查理·柯瑞纳此说揭示了古代文明的特征与现代文明的困局，前者通过将不同领域纳入到宗教旗帜之下而建构了最初的文化统一性，却使得各个人文领域丧失了独立发展的空间；后者实现了各人文领域的独立发展和长足进步，却使得世界面临着意义失落的挑战。如何在分工发达的现代社会重建意义世界，的确是现代文明所面临的重要挑战。方东美认为，中国古代从尧帝时代开始“已经迎来了理性文化的曙光。此后神性与人的本质就大白于天下。狂怒和猜忌的概念与至上神无涉，其与普通人的关系不像暴君不当地治理其国家；自我否定和自我毁灭意图在思想中也不曾与人联系起来。天因其神圣性而被人永远尊崇，人具有与天之精神类同的尊严本性”[③]。尽管有《尚书·虞夏书》等文献，但甲骨卜辞表明，将理性宗教曙光追溯到尧帝时代显然为时过早，真正完成了宗教理性化转型和文明统一性建构的是殷周之际的宗教改革。它是如何完成了此种统一性建构的呢？

① 方东美著，匡钊译:《中国哲学之精神及其发展》，中州古籍出版社，2009 年版，第 35 页。

② 同上书，第 36 页。

③ 同上书，第 51 页。

有学者注意到中国古代文明与巫文化之间的联系，马克斯·韦伯指出："中国这种天人合一式的哲学宇宙创成说，将世界变成一个巫术的园地"[①]，"这个巫术园地之得以保存，是因为儒教伦理本就有与其亲和的倾向"[②]。这一论断似乎忽视了儒教伦理与早期巫术精神之间的区别。李泽厚认为："巫的特质在中国的大传统中，以理性化的形式保存、延续下来，成为了解中国思想和文化的钥匙所在。"[③]那么，巫术精神的特征究竟是什么，它与西周文明精神之间又具有怎样的联系呢？巫术的本质特征在于交感。卡西尔指出，现代人总是把我们的生活分为实践活动和理论活动两大领域，其实，这两大领域之下还有一个更为基本的领域。"原始人是不会忘记这一点的，他的全部思想和全部感情都仍然嵌入于这种更低的原初层中。他的自然观既不是纯理论的，也不是纯实践的，而是交感的 sympathetic。"[④] 由此而产生出生命一体化的世界观[⑤]。但是，这种交感并不意味着人自身力量的泯灭与消融，即使最为原始的巫术也是如此。卡西尔认为：巫术"仪式的履行给他以一种新的他自己的力量感——他的意志力和他的活力。人靠着巫术所赢得的乃是他一切努力的最高度凝聚，而在其他普通场合，这些努力是分散或松弛的。……它教会了人相信他自己的力量——把他自己看成是这样一个存在物：他不必只是服从于自然的力量，而是能够凭着精神的能力去调节和控制自然力"[⑥]。可见，古老的巫术仪式包含着人类自我意识的最早的觉醒与人的自我力量的肯定，尽管此种肯定还处于原始萌动之中。

从巫术到宗教是人类精神的一大转折，交感意识依然是宗教信仰的重要基础，不过，它在自然宗教和伦理宗教中具有显著差异。自然

---

①［德］马克斯·韦伯：《中国的宗教：儒教与道教》，远流出版公司，1989 年版，第 265 页。

② 同上书，第 294 页。

③ 李泽厚：《由巫到礼 释礼归仁》，生活·读书·新知三联书店，2015 年版，第 10 页。

④［德］恩斯特·卡西尔著，甘阳译：《人论》，上海译文出版社，2004 年版，第 114 页。

⑤ 同上书，第 115 页。

⑥ 同上书，第 129 页。

宗教中的超自然力量是没有善恶标准的，卡西尔指出："没有任何宗教曾会想过要隔断甚至放松自然与人之间的联系，但是在伟大的伦理宗教中，这种联系是在新的意义上被系住并拉紧的。我们在巫术和原始神话中看到的那种交感联系并没有被否认或破坏，但是，自然现在是被从理性方面而不是从情感方面来探究了。……世界变成了一个大道德剧，而自然和人不得不在其中扮演他们的角色。"[①] 交感的特征由此发生了根本变化："正是这种普遍的伦理交感形式，在一神论宗教中，战胜了自然的或巫术的生命一体化的原始感情。"[②] 因此，普遍的伦理交感形式中包含着人类自身力量的真正觉醒："在所有这一切中，我们都感受到了人类的英勇奋斗，这种奋斗要摆脱巫术力量的压抑与强制；同时也看到一种新的自由的理想。因为在这种只有靠着自由，靠着自立的决定，人才能够与神灵交往。靠着这样的一种决定，人成了有神性的人。"[③]

殷周宗教革命经历着相似的精神历程，中华信仰经历了从自然宗教交感到伦理宗教交感的变化，正如卡西尔所说，如同在西方伦理宗教中一样，天人之间的联系并没有因为伦理宗教被削弱，实际上，它在一种新的意义上被系得更紧了。所谓更紧，不仅是指天人之间的盲目联系变成了自觉的联系，而且体现在道德性天命所照亮的区域进一步扩大，扩展到人的心灵世界及人与人关系的诸多方面，包括政治、伦理、礼仪、祭祀、法律。这种天人交感的广大与深化，其实是一种宗教的深化过程，是新的人文精神在新宗教中孕育、诞生和开拓发展的途径，是天人合一的深入发展，对于天人双方都具有深刻影响，如同卡西尔所说，在将人变成自立、自由的人的同时，也使得人"成了有神性的人"，因为"在这里，只有靠着自由，靠着自立的决定，人才能够与神灵相交往"[④]。可见，在伦理宗教中，人文精神的开出与宗教

---

①［德］恩斯特·卡西尔著，甘阳译:《人论》，上海译文出版社，2004年版，第139–140页。

② 同上书，第141页。

③ 同上书，第140页。

④ 同上。

的深化是如此密不可分地联系在一起，是同一个进程的两个方面，以至于如果我们否定了宗教深化本身，也就等于否定了人文精神。关于宗教发展与神秘主义的联系，卡西尔认为："人类从道德义务走向宗教自由，不是靠某种造反来成就的。"甚至就连柏格森也承认，从历史上讲，他认为应当是"真正宗教之精神的神秘主义精神并没有中断其连续性"[①]。这一分析符合宗教史的事实，也表明，那种将西周人文精神简单视为对于宗教约束的摆脱的看法，过于简单了，它并没有洞悉殷周宗教演变的本质。实际上，在西周伦理宗教中，对于天命的信仰越虔诚，由此激发的道德意识就越庄严和坚定，宗教信仰和人文精神形成了一种正相关关系。牟宗三说："仿佛在敬的过程中，天命、天道愈往下贯，愈显得自我肯定之价值。表面说来，是通过敬的作用肯定自己；本质地说来，实在是天道、天命的层层下贯而为自己的真正主体中肯定自己。"[②]牟宗三此说，相比徐复观的说法，更能揭示西周宗教中天命信仰与人文价值之间的关系，也对于天命价值有更为深切的体验。

由此分析，可以发现西周宗教深化之真正含义。由于从帝到天的转化，经由"德"的媒介，促成了天对于社会事物的眷顾，使得天人交感的范围决定性地扩大了，扩大到君主的道德、社会伦理、民彝的制定、法律的实施、祭祀的仪式等，经过此一扩大，原来那个并不完全的交感世界得以在深化中完全，天人之间建立了全面的交感关系，一个整全的交感的信仰世界由此而诞生。卡西尔认为，沉浸于宗教祭祀和巫术舞蹈中的古代人，深信人与人以及自然中的一切事物都是融为一体的："宗教没有力量，也不可能压制或根绝这些最深的人类本能。它必须完成另一个任务——利用这些并把它们引向一个新的航道。对于'整体交感'的信仰乃是宗教本身最坚实的基础之一。"[③]在西周宗教中，此一天人交感的源头正是周公等人所体验到的天命，在此种交感之下，自然宗教下几乎所有黑暗的区域均被照亮，所有分割的社会

①[德]恩斯特·卡西尔著，甘阳译：《人论》，上海译文出版社，2004年版，第142页。
②牟宗三著，罗义俊编：《中国哲学的特质》，上海古籍出版社，2007年版，第15页。
③[德]恩斯特·卡西尔著，甘阳译：《人论》，上海译文出版社，2004年版，第138页。

层面都被连接起来，支离破碎的社会首次被组织成为一个有机的整体，此一天人交感的黏合剂最先由宗教所启发出来，其中包含着人类道德理性的某种觉醒，它名字就叫作德。天德的神圣之光，首次照射进了世俗社会的各个层面，甚至连人的身体都首次显现出神圣的意义[①]。德源自上天，照亮的却是大地，是社会的所有方面，成为贯穿一切社会领域的价值准则。

由于中世纪的基督教对于人性和人文的过度压抑，使得西方近代人文主义是在批判基督教的过程中出现的，二者的对立与紧张不言而喻。但是，中华古代文明人文精神的初创路径与此不同。在汉语经典中，“人文”一词最早见于《易传》：“观乎天文，以察时变；观乎人文，以化成天下。”《郭店楚简·语丛一》说：“易，所以会天道、人道也。”中国古代思想始终从天道中寻找人道的源起，从天文中寻找人文的根基，从天人之际寻找价值的源头。宇宙中最伟大的精神力量，不是单纯的天命，也不是单纯的人文，而是天人之际的交汇与碰撞，它既令人生发出对于天命之敬畏，同时又发现了自身所具有的领悟和实现天命的潜力；神依然具有无上的权威，却不再是与人完全对立的存在，人本身可以与天命天道相参，于是天道与人道、宗教与人文之间首次打通，天人之间的正相关关系因此而生成。因此，西周人道主义之黎明，是天人之间交汇和天人之际沟通的产物，是伦理宗教孕育激发的结果，忽视其中的任一方面都是不合理的。

指出中西方宗教在自然宗教向伦理宗教的转化上遵循了大致相同的路径，并不意味着殷周宗教革命的结果与西方一神教完全一致，两相比较，不仅所产生的至上神特征不同，天意显现的方式不同，天人之间联系的形式也不同。首先，犹太一神教的上帝的人格化极其鲜明，中华至上神的人格化色彩不但伊始就不太鲜明，且处于不断下降过程中。华夏民族的至上神很少说话，不像是在基督一神教经典中一样，人类可以聆听到大段的上帝的独白。中华文明在其理性化过程中注定将逐渐失去那个人格化的天帝，儒教也必然演变为一种没有人格

① 参后文关于威仪观的论述。

化上帝的人文宗教，这无疑将对民族精神与心态产生重大影响。其次，发现天意的途径不同。基督宗教中的神意，或者由上帝本人宣布，或者来自先知们转达。但是，由于华夏的天帝偏向于沉默寡言，甚至连作为周人受命代表的周文王都没有留下带有启示性的话语。那么，是谁参透了上天的旨意并把它宣告于天下？是周公。中华伦理宗教的法则，实际上是文王行之，周公述之，所以，《中庸》称赞“武王、周公，其达孝矣乎！夫孝者：善继人之志，善述人之事者也”，其中隐含着对于周公等人阐发文王之德与创立西周宗教的高度赞许。周公从文王的行为中发现了天命的秘密，并由此探赜索引，稽古钩沉，打开了一个崭新的信仰世界。这里面无疑包含着他本人的深邃和卓绝的宗教体验。卡西尔指出：“没有伟大的创造精神，没有那些感到自己被上帝的精神所激励并且被指定去揭示上帝意志的先知们，宗教就绝不可能找到自己的道路……宗教并不来自本能也不来自理智或理性。它需要一个新的原动力，需要某种特殊的直觉和灵感。”[①]推动殷周宗教革命的重要灵感，正是来自周公对于殷周革命既往历史的省察与觉悟，他从民心向背所体现的巨大力量中领悟到了民意即是天意，他从孤儿寡母的呼告中听见了天帝的声音，他由此发现了天命的真正内涵是德，于是大声反复地疾呼“疾敬德”，他对于康叔的诰戒，几乎到了耳提面命的程度。当他将自己亲历的革命与古代历史联系起来，并对既往的宗教与历史反思之后，一个全新的上帝从历史深处同时也从他的脑海中浮现出来，并颁发了新的天命，这正是“周虽旧邦，其命维新”（《诗经·大雅·文王》）的真正意义。天意只在某些特定历史关头向世人显现，而且只会向特定的圣贤们显现。周公的宗教直感与体验，贯穿于周初诰辞中，成为其中最打动人心的部分。他本人的宗教直觉与灵感与他对政治社会的经验与洞察，发挥了关键作用，他因此成为西周宗教的真正创立者，成为影响中国历史文化最为深远的卡里斯马式的人物之一。再次，由于伦理宗教的转型是通过政治途径进行的，由此

①［德］恩斯特·卡西尔著，甘阳译：《人论》，上海译文出版社，2004年版，第142-143页。

而导致了它本身的局限，使“天”成为一个不完全的道德性至上神。卡西尔指出，在西方，随着一神化的伦理宗教的建立，“从现在起，人的日常生活实践中，没有一个个别步骤在宗教和道德意义上被看成是无关紧要和中立的”①，但是，西周宗教尚没有实现此种普遍性，天的主要职责是决定政权转移与政治伦理，它极大地提高了民的地位，却没有直接颁布与大众生活相适应的训诫律令，它对于大众的影响是间接的，是通过王公贵族实现的，就信仰层面而言，西周宗教中的天帝主要是王公贵族的上帝而不是普通人的上帝。同时，由于不关注死后去向，无法为普通人解决安身立命的寄托，这一问题只能通过祖神信仰和其他民间信仰来解决。普通人的信仰，依然停留在自然宗教时代，普通大众的神依然是多神教的自然神而非道德神。即使是周王室本身，也同样继承了殷商宗教中龟卜传统、祖神崇拜以及对自然神灵的信仰祭祀，通灵巫术依然顽强地存在于民间，以至于形成了“有天下者祭百神”的奇观。也就是说，这一场宗教革命是不完全的，新的道德性至上神没有统一信仰的版图，将全体国民纳入到自己的统领之下，而是将自己主要限定于政治领域，并与那些历史悠久的祖神和自然神信仰同时并存，由此而决定了中华宗教的层级化和非制度化形态，非制度化的多神教与传统宗法社会相结合，一直维系到清朝覆灭才被打破。最后，天人关系模式与基督宗教不同。基督宗教对于上帝的崇拜，导致了人的罪感，人只有彻底否定自己（包括人类的理性）才能真正皈依上帝。因此，对于上帝的信仰与人的自我价值的肯定是彼此对立的，可是，正如牟宗三指出的：“在‘敬’之中，我们主体并没有投注到上帝那里去，我们所做的不是自我否定，而是自我肯定。”②虽然不能说西周已经开辟出人的道德主体意识，但其中蕴含着人的道德意识之觉醒却是不争的事实，其对于天命的信仰并没有导致对人性的彻底否定与过度压抑，因而最终走上了天人合德的君子之教。

西周宗教是中华伦理宗教的典范形态，就宗教信仰和人文精神而

①[德] 恩斯特 · 卡西尔著，甘阳译:《人论》，上海译文出版社，2004 年版，第 140 页。
② 牟宗三著，罗义俊编:《中国哲学的特质》，上海古籍出版社，2007 年版，第 15 页。

言，二者保持着十分精微而难得的平衡：一方面，宗教的深化并没有完全压倒和否定人之价值，而是进一步将人本身的力量激发了出来；另一方面，人文价值的彰显并没有否定至上神的作用与意义，反倒是实现天命的手段与形式，崇德与民本正是要遵从天命求得上天的眷顾以永命的手段。西周宗教既不是后来心性化的内在超越，也不是基督宗教式的否认人之价值的外在超越，而是一种内外平衡的中道超越，此种平衡的境界在孔子的信仰精神中依然可以看出，是孔子精神与人格的重要源泉。这种中道超越的人格既有圣徒般的虔诚与执着，使得自身能够与伟大的超越精神相连接；同时，又因此而焕发出人自身的巨大潜能，从而创造出与《易传》所称“与天地合其德，与日月合其明，与四时合其序，与鬼神合其吉凶”的圣贤气象。这种人格的精神力量正在于将天命信仰与人文道德的有机结合，从而达到前所未有的精神高度。《中庸》赞曰：“大哉圣人之道！洋洋乎！发育万物，峻极于天。优优大哉！礼仪三百，威仪三千！”圣人之道之大，正体现在它一方面“峻极于天”，同时又落实于“礼仪三百，威仪三千”的人文建构中，由此而催生出“尊德性而道问学，致广大而尽精微，极高明而道中庸”的中华圣人风范。周孔为其最高典范。在中华文明史上，敬畏天命者无过于周孔，而人文精神之昂扬卓越亦无过于周孔，孔子晚年哀叹“吾不复梦见周公矣”，正是儒家两位旷世大圣之间声气相通、心心相印的证明。

但是，由于天之人格化色彩较淡，没有为人死后的超验世界作出具体安排，它吸引普通人心的力度不能不逊于救赎型宗教；同时由于天命功能主要通过政治治理来实现，它本身的超越性不能不深受政治本身的影响，而在专制政体中，政治是最为变幻莫测之事。所以，这注定是一种脆弱的平衡，它的基础是不稳固的。到了西周末期，由于政治腐败和社会失序，《诗经》中出现了众多向上天发出求告和呼吁甚至谴责的诗篇，例如“天降丧乱，灭我立王”（《大雅·桑柔》），“天疾威，敷于下土”（《小雅·节南山·小旻》），“瞻卬昊天，则不我惠。孔填不宁，降此大厉”（《大雅·瞻卬》），“浩浩昊天，不骏其德，降丧饥馑，斩伐四国”（《小雅·雨无正》）。这股呼天怨天思潮的出现，一方面证明了西周人信仰天命之真诚，同时也是那个脆弱平衡被打破的讯息，巨大的失望后面，正反映出曾经有过的虔诚。方东美指出："这时宗教体验的感情意义，因为若干因素趋于衰微。由于周厉王和周幽王统治时的政治腐败所导致的外来蛮族入侵和内在道德邪恶滋生，这给人民带来无法忍受的灾难并扰乱了他们习惯上所相信的统治者受命于天，这进一步腐化了普遍接受的'天命'论……这些政治上的恶徒，将上天与神明放逐于不忠不敬之领域，等待哲学家们来加以拯救。但被拯救之后的神明，从原本富于值得敬畏崇拜之力量和具有对人的外在拯救之功效的神秘情感之神转变为理性思考的'哲学之神'。"[①] 那个给华夏民族带来了人文道德之光的人格化天帝因此退隐，其精神则需要轴心时代即将登场的哲人们来拯救，天帝和天命的时代结束了，天道和天理时代即将开启。

① 方东美著，匡钊译：《中国哲学之精神及其发展》，中州古籍出版社，2009年版，第51–52页。

第二章 孔子的天命观

20世纪的中国思想史研究中，孔子思想中的人文精神受到空前重视，而孔子的信仰世界则被忽视。实际上，宗教性面向在孔子学说中居于重要地位，舍弃了这一面向，我们便无法理解孔学的真精神，也无法厘清孔子人文主义思想的来源与特征，那样，我们只能得到一个残缺不全的孔子。

一、关于孔子天命观的几种解读

儒学向来被称为“天人之学”，天人之际是儒学眷注的本根性命题，清儒戴震说过：“天人之道，经之大训萃焉”（《孟子字义疏证》），其中的天，正代表着儒家对超验层面的追求。在儒家创始人孔子的学说中，这种超验性的关怀主要体现在他的天命观中，对于孔子信仰世界的解读，首先是对孔子天命观的解读。

从《论语》的内容来看，孔子是经常谈到天和天命的，其中共出现了19个天字。那么，孔子所说的天和天命到底包含着怎样的意蕴？它在孔子的思想中又具有什么样的地位和作用？学者们的见解向来分歧。大体说来，在20世纪的先秦思想史研究中，人们对于孔子的“天”主要有下面三种不同解读。

第一是将孔子的“天”理解为自然之天。郭沫若认为孔子所说的“天”是指自然之天。他在《先秦天道观之进展》中说：“孔子所说的‘天’其实只是自然，所谓命是自然之数或自然之必然性。”[①] 这一解释虽然符合解释者本人的唯物主义思想倾向，却似乎遗漏了孔子天论中的一些不应被忽视的重要内容。从有关资料来看，孔子的“天”不仅决定着文明的兴衰（“天欲丧斯文”），而且具有强烈的终极关怀色彩，是支撑孔子人生的强大精神力量，孔子每每于人生困顿之际均对之发出深深的呼吁，这个“天”似乎已经远远超出了纯粹自然的范畴。这一解释的另一个重要问题，是它无法将孔子的天论与老子的天论区别开来。儒家和道家是在春秋时期“道术为天下裂”后最早出现的两大

① 郭沫若：《青铜时代》，中国人民大学出版社，2005年版，第34页。

思想流派，它们各自的理论建构与其创始人对西周天命观的态度有重要关系。在西周思想中，“天”是一个最高的范畴，但老子的宇宙观最先颠覆了西周的天命论，提出“人法地，地法天，天法道，道法自然”，道与自然具有更根本的意义，它们成了天所师法的对象。这样一种新的宇宙观通过将天自然化而消解了天的人格化权威，传统的天命陨落了。但孔子的思想建构却与此不同，他依然保持着对天命的敬畏，并以此作为其道德学说建构的历史出发点。这一区别从二人所用的基本概念中即可看出，《老子》中有不少“天道”的提法，如“不出户知天下，不窥牖见天道”，以及“天之道其犹张弓欤”“天之道，损有余而补不足”等；在《左传》和《国语》中天道也是经常使用的概念。但在记述孔子言行最可靠的文献《论语》中，在孔子本人的话语中我们却没有看到“天道”，孔子所用的概念是“天”“天命”或者“命”；与此相对应，在《道德经》中没有出现过“天命”的概念。孔子回避同时代已经广泛流传的“天道”术语并非偶然，因为他的思想深处具有强烈的“命”的意识。另外，打开《道德经》，天地并称的概念比比皆是，有数十个之多，但在《论语》所记述的孔子的话中，不见一个天地并称的提法。对孔子而言，天始终是高居于地之上的，它依然是宇宙的主宰，天命统驭万有。思想史是由范畴写成的，范畴本身的演变往往能够最直接地反映思想的演变，而范畴的差异背后是思想理念的差异。老子的道德观的建立以对天命的解构开始，孔子的道德思想则以对天命观的继承为前提。在原始儒家与道家思想的历史起点，是命与道的分际，但这样一种对于中国思想史和文化史极其重要的分际，在郭沫若的解释中竟然消弭不见了。

关于孔子之“天”的第二种解读是将其分解为主宰之天、命运之天、义理之天和自然之天四种不同含义[①]。冯友兰曾将中国哲学史上的“天”字分为五种意义，即物质之天、命运之天、自然之天、主宰之

① 杨伯峻译注:《论语译注》，中华书局，1980 年版，第 10 页；蒙培元:《蒙培元讲孔子》，北京大学出版社，2005 年版，第 34 页。

天或者意志之天、义理之天或者道德之天[1]。有的学者将其应用于孔子之天的分析，为许多研究中国思想史的学者所接受，成为解释孔子天论的另一种范式。应该说，上述四种不同的“天”在孔子本人的话语中都可以找到某些依据，问题是，这种由解析方法得到的结论是否孔子心目中的“天”的本意？对于孔子屡屡在人生的困厄关头向之发出呼吁和感叹的天而言，这种经过解析之后得到的天是否对于孔子之天的整全意义有所遗失？义理之天和主宰之天果真是分得如此泾渭分明吗？黑格尔曾经说过，一只从人身上切下来的胳臂，尽管看上去还是胳臂，但它已经不是原来意义的胳臂了，因为它和有机体的生命联系已经被切断了。这便是解剖学的局限。在思想史研究中，对于一个重要的概念进行分析是完全必要的，但是，如果我们面对的恰好是一个如同人的生命一般的有机体，在运用我们的分析的“解剖刀”时，就有必要小心翼翼，否则，我们有可能得到被肢解的肢体，失去的却是活泼的生命。在孔子的天命观上，我们面对着同样的危险。

第三种解释认为孔子的“天”是道德性的天而不是宗教性的天，这种观点的代表人物是徐复观。日本学者狩野直喜认为“孔子之所谓天、天命、天道，皆是宗教的意义，而不应附以哲学的意义”[2]，徐复观对此提出了批评，并努力证明孔子天命观的非宗教属性，认为“孔子五十所致的天命，乃是道德性之天命，非宗教性之天命”，“天命对于孔子是有血有肉的存在，实际是‘性’的有血有肉的存在”[3]。这样，徐复观就将孔子的天命的宗教性和道德性对立了起来，并进一步将孔子的命与性直接等同了起来。所以会得出这种结论，是因为他认为在春秋时代，“宗教被道德的人文精神化掉了；同时也说明由道德的人文精神的上升，而渐渐地开出后来人性论中性与命结合的道路”[4]。应该说，在目前诸般关于孔子天命观的诠释理论中，徐复观的解释是较有思想

① 冯友兰:《中国哲学史新编》第一册，人民出版社，1980 年版。
② 徐复观:《中国人性论史（先秦篇）》，上海三联书店，2001 年版，第 77 页。
③ 同上书，第 79-80 页。
④ 同上书，第 49 页。

深度的，这一解释又和其对于整个先秦儒家心性论的诠释体系密切相关。问题在于，这种将孔子的天命观的宗教性与其道德性完全对立起来的做法是否可取？根据史学家张光直的观点，中国文化在春秋战国时期的突破是连续的而非断裂的，这尤其体现在孔子的学说中。我们认为，孔子思想中的宗教性与道德性，或者说，其中的人文理性与信仰，并不是矛盾的，二者的历史联系就体现在孔子的天命观中。

一切历史都是当代人诠释下的历史，上述对孔子"天"的含义种种分析，与20世纪中国思想史的诠释路径有着深刻联系，这一路径的基本特色是将孔子思想祛魅化。孔子的确是一位具有强烈人文主义精神的思想家，但他毕竟身处古典宗教时代向哲学时代的过渡期。对于这样一位圣哲，仅仅将他作为理性解剖的对象是远远不够的，要真正理解他，我们还必须深入他的内心，去探索他的情感世界，去寻找他人格背后的信仰支撑，唯有如此，孔子思想才会向我们敞开其全部丰富性，以他的真实面目显现于我们面前。

二、天的作用与属性

天命观的起始并不是孔子，而是周王国的开国者们，并在宗周建国后周公所作的多篇诰辞中得到了系统的阐发。殷周易代之际是中国文明发生巨变的时代，殷周之际的变革不仅是一场重要的制度革命，而且是一场具有深远意义的宗教革命。周原来是商王朝的一个边陲小邦，其最初的实力与商王国不可同日而语，然而经过几代人的励精图治而天下归心，最后竟能一举推翻所谓的"大殷商"而奄有天下。这一过程不仅极大地震撼了殷人，也深深地震撼了周人自己，并促使他们深入反思这种天地之变背后的终极原因。这是一种充满浓厚的形上意味的探索，是对决定着包括王朝更替在内的宇宙万象背后的最终主宰者的追寻。这一探索的最终结果就是以天命观为核心内容的一种全新的宗教。在殷周革命中，宗周收获的绝不只是王权，还有一个新的至上神——天。周人将他们取得天下看作是受命，所谓"惟时怙冒，闻于上帝，帝休天乃大命文王”（《尚书·康诰》）；周公把周人的执政使命定义为“宅天命，作新民”（《尚书·康诰》）；他们把三监反叛说成是“天降割（害）于我家”（《尚书·大诰》）；周公告诫康叔说：“敬哉！天威棐忱，民情大可见，小人难保”（《尚书·康诰》），只要他们“祈天永命”，实行德政，就可以“受天永命”（《尚书·召诰》）。在人类中心主义盛行的当代，人们有理由对周公们的这类想法质疑，他们不将革命的成功归功于自身的英明，而是归结为天命，岂非可笑？所以有学者怀疑周公天命观的动机，认为周公讲天命“是利用宗教以统治愚民”，甚至说“天只是政策上的工具”①。实际上，在雅斯贝尔斯所说的哲学的突破之前，对人事的成败原因进行这种宗教意义的探索是必然的，如果周人将自己的成功首先归结于自身的伟大，那倒是不可思议的。天是宗周的至上神，学者们并无大的分歧，但是，孔子学说中的天究竟是什么，还必须结合有关文献资料进行探讨。

信仰对象的性质是通过其作用与权能体现出来的，要确定信仰对象的性质，首先要分析这一对象的作用。从《论语》中孔子与其弟子对话的内容来看，孔子心目中的天具有以下几方面的作用。

首先，天是政权转移和文明兴衰的决定者。《论语》引述尧的话说：“咨！尔舜！天之历数在尔躬，允执其中。四海困穷，天禄永终。”（《论语·尧曰》）这是尧传位给舜时所言，表明舜的即位来自天命，要求舜允执厥中，永保天命。孔子曾经感叹：“大哉尧之为君也！巍巍乎！唯天为大，唯尧则之，荡荡乎，民无能名焉。”（《论语·泰伯》）这是形容尧德峻极于天，难以用言辞形容。据《史记·孔子世家》，孔子赴陈国的途中在匡地被拘时，说了下面一段话：“文王既没，文不在兹乎？天之将丧斯文也，后死者不得与于斯文也；天之未丧斯文也，匡人其如予何？”（《论语·子罕》）其中既有对自身使命的期许，更有对天命的坚定信赖。孔子相信，周文王之存亡绝续，以及他本人在其中可能发挥的作用，皆取决于天命而不是匡人的意志。正因为如此，他才能于困顿穷厄的人生关头依旧保持着超然而又坚定的心态，展露

① 郭沫若：《青铜时代》，中国人民大学出版社，2005年版，第18–19页。

出非凡的圣者气象。

其次，天是个人德性与智慧的赋予者，又是人生个体命运的决定者。在被桓魋追杀时，孔子自信地对弟子说："天生德于予，桓魋其如予何？"（《论语·述而》）这固然表现了孔子在紧要关头所表现出的道义自信，但他将自己的德归之于天，这正是西周"以德配天"论的另一种表达。当太宰问子贡"夫子圣者与？何其多能也"时，子贡回答："固天纵之将圣，又多能也。"（《论语·子罕》）正是天使夫子成为圣者，且多才多能的。在孟子以后的儒家心性论中，仁义礼智被看作是人性，德成了人性本身固有的内容；但在孔子那里，德与仁尚未被看作是人性本身的内涵，它们有其更为高远的超验性来源，就是天命。徐复观以仁解释孔子的天命，将性与命直接等同起来，并不完全符合孔子本人的思想实际，它混淆了春秋时期和战国时期儒家思想的区别。另外，在孔子那里，天还是个体人生命运的主宰者。颜渊死后，孔子连连叹曰："天丧予！天丧予！"（《论语·先进》）孔子还说："获罪于天，无所祷也"（《论语·八佾》），如果得罪了上天，祷告也没用。子夏也说："商闻之矣，死生有命，富贵在天"（《论语·颜渊》），也将人的生死寿夭和富贵穷达归之于天命。

再次，天是一切自然现象的决定力量。孔子曾说"予欲无言"，子贡问："子如不言，则小子何述焉？"孔子回答说："天何言哉？四时行焉，百物生焉，天何言哉！"（《论语·阳货》）上天虽然不言不语，但是，四时之更替，万物之生长，却莫不决定于天。在这里，天决定着自然万物的生长与更替，孔子则从宇宙万物的运行规律中体验到天的力量。人们一向将这句话看作是孔子之自然之天的证明，然推寻其意，在自然之天的背后，仍有一主宰之天在，且其作用更为根本。孔子的意思是说，天尽管无言，然四时运行，万物生化，各得其所，正表明天命之变化无方与神妙万物。

最后，天不可欺。《论语》中有如下一段孔子和学生的对话："子疾病，子路使门人为臣。病间，曰：久矣哉！由之行诈也！无臣而为有臣，吾谁欺？欺天乎？且予与其死于臣之手也，无宁死于二三子之手乎？且予纵不得大葬，予死于道路乎。”（《论语·子罕》）按照当时的礼制，孔子不是大夫，死后不应由臣来料理丧事，可是在他一次病重之际，子路等人却悄悄作了类似的安排，这自然是出于对老师的尊重。孔子病情减缓之后为此痛责子由，认为是欺天之举。一个人生死之际的感言最足以展现他的内在精神，因为此时的自我已经没有任何隐瞒的必要了，而孔子此时感到自己如对苍天，欺天之罪是他最为忌惮的。体会孔子此时的心境，大有《尚书》所说的“天监下民”的感受。

把孔子关于天的各种说法综合加以考察，去体会孔子的天的意蕴，我们便发现孔子的天依然是宇宙之主宰，是政权变更、文明盛衰、个人德性、富贵穷达以及自然变化的终极原因，其主宰作用涉及自然与人事各个方面。因此，孔子的天依然是宗周的主宰之天，是宇宙万化背后的决定力量，是一个决定着社会、自然与人生命运的至上神。从本质上讲，作为超越性的终极存在者，天在与一切形而下的存在物处于不同的位格上，用现代宗教现象学哲学家奥托的术语，他是一个“神圣者”，并认为一切宗教信仰的首要前提就是去唤醒自己心中对这样一位神圣者的敬畏。按照奥托的观点，对这个神圣者的觉悟，乃是一切宗教信仰的本质；追寻并践行这个神圣者的意志，则是一切宗教信仰的最终归趣。《论语》中有关天的叙述表明，孔子心目中的天，正是一个这样的“神圣者”；对于这个神圣者的崇敬，则是孔子信仰世界的核心，也是儒家学说宗教性的依据与由来。

应该指出的是，与西周的天相比，在孔子那里，天的人格化色彩进一步降低了。比如西周的天是开口讲话的（如《诗经》中“帝谓文王，予怀明德”）；文王死后升天陪伴在天帝的左右，而孔子的天从未开口说话，现有文献资料也没有孔子关于人死后升天的说法。但孔子的天在很大程度上仍然是一个具有意志的人格神，侯外庐曾经指出：“孔子言‘天’之处，大都用惊叹语或追问语，这显明地是在最后穷究有意志的根本动力。”[①] 傅斯年则认为：“孔子所信之天命仍偏于宗教成

① 侯外庐、赵纪彬、杜国庠等：《中国思想通史》第一卷，人民出版社，1957年版，第154页。

分为多。”[①] 孔子所说的“天丧予”（《论语·先进》）、“天厌之”（《论语·雍也》）、“天生德于予”（《论语·述而》）、“获罪于天”（《论语·八佾》）、“欺天乎？”（《论语·子罕》）和“知我者其天乎？”（《论语·八佾》）等说法表明，在孔子心目中，天是有意志、有情感的，而且孔子感到在他的生命体验和天意之间，存在一种深深默契，这构成了孔子超验性精神生活的基础。

然而宗教信仰不仅要有至上主宰者的观念，还必须要有对至上主宰者的虔敬，它构成了信仰者本人与他所信仰的对象之间的精神联系，并由此塑造了信仰者本人的情感世界。如果没有对神圣者的虔敬，单独神圣者本身并构不成真正的宗教信仰。因此，在分析了孔子之天的属性之后，我们还必须进一步了解他对于这样一位神圣者的态度与情感，以判断孔子信仰的属性。

第一，对于天的神秘感。天作为一个神圣者，在孔子心中是颇有些神秘感的。孔子晚年慨叹“凤鸟不至，河不出图，吾已矣夫”（《论语·子罕》）。任何宗教都有其祥瑞征兆物，比如基督教的光、彩虹等，河图洛书乃是原始儒家特有的祥瑞，据记载舜时凤凰来仪，文王时凤鸣于岐山，伏羲时河中龙马负图而出，它们于天下有道时则现，无道时则隐。凤鸟不至，河不出图，孔子由此而断定自己三代之治的社会理想已不可能实现。这些所谓的祥瑞之兆，现代人可能莫名其妙，可笃信天命的孔子却是认真的。需要注意的是祥瑞意识背后的宗教心理，那是对于万能的神圣者天的意志的密切关注，以及求索这一神秘意志的强烈渴求。孔子赞美尧说：“大哉尧之为君也！巍巍乎！唯天为大，唯尧则之，荡荡乎，民无能名焉。”（《论语·泰伯》）尧的德业功勋不过是他则天效天的结果，在孔子心目中，天的力量是超言绝象，不可以用人类的语言来表述的，天之德能中有着人无法言说的神秘。语言是文明之载体和人类战胜自然的工具，一向被视为人类的骄傲，可奥托认为人类的语言在认知上帝和表达人的宗教经验方面具有难以

① 傅斯年：《性命古训辨证》，刘梦溪主编：《中国现代学术经典·傅斯年卷》，河北教育出版社，1996年版，第54页。

克服的局限[①]。孔子也有类似的思想。他一向主张君子应当“讷于言而敏于行”（《论语·里仁》），在前面已经引述的他对子贡所说的“予欲无言”那段对话中，一连说了两句“天何言哉”，充分表现了天的神秘性，也包含着对于人力有限性的清醒判断。天虽不言而万物生、四时成，这恰恰是发明了语言的人类所难以企及的。人依靠语言而成为大自然的统治者，其结果是不但遗忘了自身的局限，而且遗忘了背后自己与大自然的神圣主宰者，所以孔子才说“予欲无言”，又教弟子们“敏于行而讷于言”。

第二，对天命的敬畏。一个全能的造物主的信念，必然伴随着信仰者对它的畏惧，同神秘感一样，畏惧感也是必不可少的宗教情感之一。奥托甚至认为：“出现在原始人心中的畏惧，形成了历史上整个宗教运动的出发点。”[②]《圣经》认为敬畏耶和华是智慧的开端，在孔子那里，我们同样可以看到类似的情感，他说：“君子有三畏：畏天命，畏大人，畏圣人之言。小人不知天命而不畏。”（《论语·季氏》）按照朱熹的解释，孔子所以畏大人和圣人之言，是因为他们言行与天意和天命密切相关。敬畏不是单纯的畏惧，孔子的天不是自然中的上帝而是历史中的上帝，对于这样一个道德性的至上神，孔子绝不仅是畏，更有敬。敬来源于对于至上神的至善属性的体认。对于天命的敬畏深刻地影响了孔子的精神，并对他的日常行为产生了重要影响。《论语·乡党》描述孔子容貌之变说：“见齐衰者，虽狎，必变。见冕者与瞽者，虽亵，必以貌。凶服者式之，式负版者。有盛馔，必变色而作。迅雷风烈，必变。”如果说听到“迅雷风烈，必变”是“所以敬天之怒”（《论语集注》），那么见到穿丧服的人、盲人以及背负图籍的人所表现的尊重与同情，则是基于对于天命的敬畏而产生的对于生命和文化的敬畏。对天命的敬畏影响到孔子对人事的态度，就是他对“恭”和“敬”的强调。樊迟问仁，孔子回答说：“居处恭，执事敬，与人忠，

①［德］鲁道夫·奥托著，成穷、周邦宪译：《论“神圣”》，四川人民出版社，1995年版，第2–4页。

② 同上书，第17页。

虽之夷狄，不可弃也。”（《论语·子路》）孔子主张君子有九思，其中的三思是“貌思恭”“言思忠”“事思敬”（《论语·季氏》），孔子本人以此自律，身体而力行之，形成了“温良恭俭”（《论语·学而》）的精神气质，并对儒家的修养论产生了重大影响。《中庸》提出“君子笃恭而天下平”，宋儒以“主敬”为修身之本，皆是对孔子上述观念的继承，而作为功夫论的恭与敬，正扎根于孔子对天的信仰和对天命的敬畏之中。

在天面前，孔子像一个赤子，时常流露着不加掩饰的惊奇、神往与敬畏之情。正因为有了天，孔子的一生不但勇猛精进，而且虚怀若谷。当人们称赞晚年的孔子是圣人时，孔子说：“若圣与仁，则吾岂敢？抑为之不厌，诲人不倦，则可谓云尔已矣。”弟子公西华应声回答：“正唯弟子不能学也。”（《论语·里仁》）孔子的谦逊既不是故意的造作，也不是无源之水，其根源在于天命信仰。孔子不仅从天那里学习到了日新月异的进取精神，而且在天面前感到了人力的界限，他一生都是有法有天的。战国以降，随着人文理性的强化和天命信仰的式微，我们在儒家的后学那里已经很难见到这种源于天命意识的谦和与博大气象了。

第三，孔子与天相知与相依的情怀。孔子不仅强调畏天命，还强调知天命。从孔子有关叙述来看，这里的知的含义是双向的，包括人与天之间的精神互动。一方面是人对天命的觉知，孔子总结其一生的为学次第为：“吾十有五而有志于学，三十而立，四十而不惑，五十而知天命，六十而耳顺，七十而从心所欲不逾矩。”（《论语·为政》）知天命显然是学问发展的关键环节。只有经过“知天命”，才臻于“耳顺”和“从心所欲不逾矩”的自由境界。这就意味着，对孔子来讲，那个至高的神圣者的意志，不仅是可敬畏的，也是可觉知的，与人的心灵是相通的。孔子将知天命看作成为君子的必要条件，所谓“不知命，无以为君子也”（《论语·尧曰》）。另一方面，天对人也有觉察。孔子说：“不怨天，不尤人，下学而上达，知我者其天乎？”（《论语·宪问》）朱熹在解释这句话时说：“深味其语意，则见其中自有人不及知而天独知之之妙。”（《四书集注》）在与学生的对话中，孔子不止一次地发出过不为世人所知的孤独感，那是“会当凌绝顶”的孤独，但在那人迹罕至的精神的高处，孔子却感到了来自那个至高的神圣者的慰藉。这是孔子一生奋进的精神力量的源泉，正因为有了它，孔子才能够在那个弥漫着怨天尤人气氛的乱世中上不怨天，下不尤人；才能在“厄于陈蔡”之际，连勇冠三军的子路都发出“君子固亦有穷乎”的疑问时，彰显出“君子固穷”的镇定；才能一生保持着“人不知而不愠，不亦君子乎”的从容与洒脱。皇侃《论语义疏》释“下学而上达”一句说“下学，学人事；上达，达天命”，此为确解。在孔子看来，知天命是下学上达的最终目标，唯有在这里方能实现天与人双方的契合与沟通，臻于精神的天人合一之境。

第四，天命观照下的人格风范。对一个人精神信仰的最好注脚，不是他的说辞，而是他的人格。人格形象是通过一个人一生的努力来塑造的。孔子的人格给他的弟子留下难以磨灭的印象：“颜渊喟然叹曰：仰之弥高，钻之弥坚，瞻之在前，忽焉在后。夫子循循然善诱人，博我以文，约我以礼，欲罢不能。既竭吾才，如有所立卓尔。虽欲从之，末由也已。”（《论语·子罕》）这里所表达的是一种难以言传又难以企及的人格境界，他自己仿佛迷失在这种人格境界的感召中。然而，这种人格又不是恍兮惚兮的玄妙之境，而是亲切有味，可学可效，也就是颜回所说的“博我以文，约我以礼”。孔子笃信天命，但他并没有像佛陀那样步入出世一途，而是将入世精神与出世精神上熔为一炉，他所追求的人格境界，借用北宋理学家邵雍的说法，就是“不离日用常行内，直造先天未画前”，这是一种极高明而道中庸的境界。孔子一生的“诲人不倦”，正是要把弟子们引上这一大乘境界。孔子去世后，弟子们思念他，以至于因为有若长相与行事颇像孔子，子夏、子张、子游等师兄弟商量“欲以所事孔子事之”，但遭到了曾子的反对：“曾子曰：不可。江汉以濯之，秋阳以暴之，皜皜乎不可尚矣。”（《孟子·滕文公上》）。

基督教有一种说法，虔信者的脸上有时会焕发出神的光，这表明被信仰对象对信仰者气象的巨大影响。孔子对于天命的笃信，正是培育理学家所谓“孔颜人格”的精神前提。善言圣人的子贡说：“夫子之不可及也，犹天之不可阶而升也。”（《论语·子张》）径直将孔子的人格境界比喻为天的境界。孔子和孟子称为儒家二圣，但孔孟的人格气象各具特色，程子对此曾有过耐人寻味的比较：“孟子有些英气，才有英气，便有圭角。英气甚害事，如颜子便浑厚不同。颜子去圣人只毫发间，孟子大贤，亚圣之次也。或曰：英气见于甚处？曰：但以孔子之言比之，便可见。且如冰与水，精非不光，比之玉，自是有温润含蓄气象，无许多光耀也。”（《孟子集注》）程子在此指出了孔子的温润含蓄与孟子的英气外露之不同，那么，构成孔孟不同人格特色的精神基础，正是对于天命信仰的不同态度。在孔子那里，天与人并非处于同一层次的存在，他追求的是天人之际，天在存在的境界上是高于人的，人与天的分野是永远存在的。孟子也讲天和天命，但在他的精神世界中，我们已经找不到孔子式的对于一个神圣者的拳拳眷注和信赖情感，在孟子那里，天成了一个淡淡的背影，尽管并不是一个可有可无的背影，他将天心性化和义理化了。按照庞朴的说法，孔子之后，儒门弟子大致沿着向内追求和向外追求两个不同的方向进一步发展孔子的学说，孟子自然是向内追求的代表，他以心论性，以心善说性善，在他以性善论为主导的心性论中，天与人的分野实际上已经消弭不见了，心即是性，性即是天，所谓“此天之所与我者”（《孟子·告子上》），这与宋儒“只心便是天，更不假外求”的说法在本质上是一致的。孔子信赖的是天，孟子依靠的却是人的性了。正是精神信仰上的差异，构成了孔孟不同的人格风范的重要基础。

三、天命与鬼神

解读孔子信仰世界有一个难点，就是孔子对鬼神的态度。中国的宗教形态不同于欧洲的一神教，不管是在文化的大传统还是小传统中，天命信仰和鬼神崇拜向来并行不悖。可是，在孔子那里，鬼神的问题却显得颇为复杂。战国初期的墨子早就对孔子的鬼神观进行过激烈的抨击，断言“儒以天为不明，以鬼为不神，天鬼不说，此足以丧天下”（《墨子·公孟》）。后人或以孔子之信天而不信鬼神来证明孔子之信仰的自相矛盾，或认为孔子是因为否定了那个主宰性的意志之天才否定了传统的鬼神，有的西方学者更是根据他对鬼神的态度而提出孔子本人已经摆脱了对超验的依赖而成为后现代主义的楷模。果真如此吗？

孔子并非完全排斥鬼神。从他对子路所说“丘之祷久矣”（《论语·述而》）看，孔子本人也是祷告的。孔子认为“非其鬼而祭之，谄也”（《论语·为政》），这就意味着，祭祀自家的鬼是正当的，也算不上是“谄”。孔子盛赞禹，其中理由之一是禹对鬼神的态度：“子曰：禹，吾无间然矣。菲饮食而致孝乎鬼神，恶衣服而致美乎黻冕；卑宫室而尽力乎沟洫。禹，吾无间然矣。”（《论语·泰伯》）对大禹自己粗衣疏食却十分讲究祭品和祭服的做法，孔子表达了由衷的赞许。

但是，另一方面，孔子本人从思想上对鬼神又保持着相当的距离：“季路问事鬼神，子曰：‘未能事人，焉能事鬼？’曰：‘敢问死？’曰：‘未知生，焉知死；未能事人，焉能事鬼？’”（《论语·先进》）樊持问知，孔子的回答是“务民之义，敬鬼神而远之，可谓知矣”（《论语·雍也》），《论语》还明确告诉我们“子不语怪力乱神”（《论语·述而》），可见孔子对于鬼神之有无大致是抱着“六合之外，圣人存而不论”的态度。他之所以重视祭礼，主要是出于“慎终追远，民德归厚矣”的道德动机，而“祭如在，祭神如神在。子曰：吾不与祭，如不祭”（《论语·八佾》）的说明，正透露出其中的消息。

孔子对鬼神的模棱两可，与他对天的态度相比，恰成鲜明对照。要理解这种差异，首先要理解在春秋思想语境中鬼神二字的本来意义。基督教在中国流传的过程中，《圣经》中的上帝耶和华被译为汉语的“神”，但是，中国多神教形态中“神”的概念与作为唯一神教的基督教中“神”的概念有重大差异，含义本不相同的概念的转译很可能导致对经典的误解，并为思想史的研究带来不必要的麻烦，何光沪已经注意到这一点，并主张“在不必二词并列的情况下，将用‘上帝’这个双音词代替‘神’这个单音词”[①]。厘清鬼神在中国古代宗教中的本义，不仅可以发现汉语语境中“神”的概念与唯一神教中“神”的概念的巨大差异，而且有助于我们搞清楚孔子鬼神观的内涵及其与天命观的关系。

在夏商周三代宗教中，国人都有祭祀鬼神的习俗，其中夏商二代祭祀鬼神尤为盛行。古代宗教中的鬼神主要包括各种自然神灵和人鬼，对于鬼神的划分，《周礼》中有天神、人鬼和地祇之说。所谓天神，就是与天空有关的各种神灵，如甲骨文中时常提到的帝、东母、西母及日神、月神、风神、雨神等；所谓人鬼，是指人死后的灵魂；所谓地祇，就是与大地有关的各种神灵。因此，这一说法本身就具有鲜明的万物有灵论特征，表示天地人三才背后都有精灵在起作用，所以《礼记·祭法》说：“山林川谷丘陵，能出云，见怪物，皆曰神。有天下者祭百神。”值得注意的是，在中国古代宗教的语境中，神、鬼、祇可以互换，作为地祇的社同时被称为社神，山川的地祇又被称为山川之神：《礼记·祭法》说“山林川谷丘陵，能出云，见怪物，皆曰神”，《左传·昭公九年》亦有“山川之神”的说法。同时神也可以被称为“鬼”，墨子就有“天鬼”之说：“子墨子曰：古今之为鬼，非他也。有天鬼，亦有山川鬼神者，亦有人死而为鬼者。”神、鬼、祇这三个概念的混用，表明它们的性质是基本相同的。从文献资料的记载看，它们大都面目狰狞令人恐怖，即使神也不例外。《国语·晋语》载“虢公梦在庙，有神人面、白毛、虎爪，执钺立于西阿，公惧而走”，这样人面兽身令人恐怖的“神”，与《圣经》中道德性的至上神的上帝，是性质上属于不同类型的崇拜对象。这些众多的神灵互不统属，各具神通，且无明确的道德含义，甚至连殷商宗教中的至上神“帝”也是如此。人们出于恐惧而祭祀它们，目的完全是功利性的趋福避祸，其意义近似于收买与贿赂，正如弗雷泽所说：人们祭祀这些自然神灵是“努力通过祈祷、献祭等温和谄媚手段以求诱哄安抚顽固暴躁、变幻莫测的

① 何光沪：《宗教观念的本质与上帝观》，任继愈主编：《儒教问题争论集》，宗教文化出版社，2000年版，第290页。

神灵”[1]。中国宗教中的鬼神崇拜大体属于泰勒所说的万物有灵论，即对“精灵实体的信仰”[2]，从宗教人类学的角度看，它属于自然宗教的范畴，尚未达到伦理宗教的水平。中国形形色色的鬼神崇拜一直从上古延续到今天。

从自然宗教到伦理宗教是各民族的共同演进之路，在欧洲，伦理宗教的典型形态是基督教；在中国，从自然宗教到伦理宗教的转折点是殷周之际的宗教革命，其至上神就是宗周的“天”。伦理宗教产生了完全不同的至上神，如果说自然宗教下的至上神是全能的，伦理宗教下的至上神就是全善的，后者使人类的信仰从巫术和鬼魂的迷信中解放出来，使人类的心灵沐浴在至上神善的光芒之中，从而为文明时代揭开了帷幕。从甲骨文的记载来看，帝是一个令人恐怖且不可捉摸的神灵，它频繁地降下各种灾难且毫无道德理性可言；相比之下，宗周的“天”完全是一个道德性的至上神，它将殷商祭坛的阴森恐怖形象一扫而光，它不仅是可敬畏的，也是可亲近的，它以充满慈爱的语气向文王发出敬德的命令：“帝谓文王，予怀明德”（《诗经 · 大雅 · 皇矣》）；它让敬德保民的文王的灵魂身后升天并伴其左右，所谓“文王陟降，在帝左右”（《诗经 · 大雅 · 文王》）；它惦记着孤儿寡母的苦难，以民意作为自己意志表达的最直接通道，所谓“天视自我民视，天听自我民听”（《尚书 · 泰誓中》）。

春秋依然是一个鬼神祭祀盛行的时代，傅斯年先生曾说：

> 春秋时代之天道观，在正统派自仍保持大量之神权性，又以其在周诰后数百年，自亦必有充分之人定论。试看《左传》《国语》，几为鬼神灾祥占梦所充满，读者恍如置身殷周之际。[3]

在这样一个鬼神祭祀仍然流行的时代，孔子对于鬼神却保持十分

①［英］詹姆斯 · 乔治 · 弗雷泽著，许育新等译：《金枝》，中国民间文艺出版社，1987年版，第84页。

② 吕大吉主编：《宗教学通论》，中国社会科学出版社，1989年版，第49页。

③ 傅斯年：《性命古训辨证》，刘梦溪主编：《中国现代学术经典 · 傅斯年卷》，河北教育出版社，1996年版，第116页。

理性的态度，是因为他清楚地意识到了天命信仰与鬼神崇拜之间性质上的差异。如前所述，人们祭祀鬼神不外是为了祈福消灾，其目的完全是功利性的；孔子对于天命的信仰则完全超出了功利的考量，是对于终极价值的追求，是将道德性天命作为自己人生的绝对律令来看待，甚至为此而不惜牺牲自己的身家性命，所谓“志士仁人，无求生以害仁，有杀身以成仁”(《论语·卫灵公》)，这正是伦理宗教的至高境界。“非其鬼而祭之，谄也”(《论语·为政》)表明，孔子之所以对那些连人家的祖宗也要去祭祀的人不以为然，恰是因为它暴露了这些鬼神崇拜者的真实动机，而将信仰作为个人谋利的手段去贿赂鬼神，恰恰是孔子所反对的。因此，孔子“敬鬼神而远之”，不是因为他否定了天命信仰，而是因为他坚持了天命信仰，是因为他对伦理宗教与自然宗教作出了明确区分，并牢固地将自己的精神奠基于对天命的信仰之上。

孔子对天命的信仰以及基于此种信仰而开创的仁学，使他的信仰层次超出了宗周的天命观开创者本身。宗周经数代人的努力而取得天下，其立国者离殷鉴不远，而对天命抱着诚惶诚恐的态度。周公在其诰词中的劝诫，真可谓披肝沥胆，语重心长，令人闻之动容。但是，其所有忧患者，不外是姬姓家族重蹈夏商覆辙而国破家亡，社稷易位，所以周公反复呼吁成王“疾敬德”以“祈天永命”，其目的显然也是功利性的。但是，孔子是作为一个士人谈论天命的，这就使他信仰天命的角度与动机与周公等人有显著的差异。同样是敬畏天命，周公等人是为了宗周的社稷，孔子却是为了成就德性与人格，所以他说：“德之不修，学之不讲，闻义不能徙，不善不能改，是吾忧也。”(《论语·述而》)按孟子话说是“君子有终身之忧，无一朝之患”(《孟子·离娄下》)。孔子所信仰的天是一个道德性的至上神，他一生所信奉的是这个道德性的至上神的命，这是一种对于至善的精神信仰，它完全抛开了个人利害的考虑。千百年来，这种“杀身成仁”的训诫不知激励了多少志士仁人，使他们在民族危难关头挺身而出，成为民族的脊梁，他们正是孔子信仰精神的真正的继承者和践行者。孔子的这种信仰精神，正是华夏民族历经劫难而每每浴火重生的重要精神动力。

那么孔子如何处理人在社会中的功利与遭际问题呢？到春秋末期，随着礼崩乐坏，有德者穷困潦倒，无德者荣华富贵的情形俯拾皆是，如何解释这些德福不一致的现象是孔子无法回避的问题。孔子对这一问题的理论回答是他的命运观。徐复观主张将《论语》中的命与天命区别开来，认为其中“凡单言一个‘命’字的，皆指运命之命而言”[①]，这是一种十分重要的区分。命运之命，并非天命之命，其一，在孔子那里，命运之命，只是表现为一种外在于人的客观力量，命之前的“天”字被省略，命的主体发生了变异；其二，这里的命，和《诗》《书》中反复强调的德不再有直接的相关性，它似乎仅是一种盲目的必然性，命的内容发生了变异。周公的天命观是以德福一致为前提的，遵循道德原则的动机并非在于道德本身，而具有道德以外的目的，即永葆天命，这显然是一种功利主义的道德观，所以有的学者称之为“宗教性功利主义”[②]。但是，按照孔子的命运观，从个体角度看，德与福并不总是一致的，人在现世所能享有的福祉，并不取决于人的主观意愿和个人努力，也不取决于他的德行，而取决于客观时势的制约。既然命运不因人的主观努力而改变，人也就无须对命运的结果负责，人对于自身的出处进退、富贵穷达，应该抱有一种超然物外的态度，乐天知命而不忧，正如孟子称赞孔子时所说：“孔子进以礼，退以义，得之不得曰有命。”（《孟子·万章上》）命既然是一种外在的必然而不是人的自由，就不是人之使命之所在。那么，人的使命是什么？他应该追求什么？孔子的回答是“仁”：“志士仁人，无求生以害仁，有杀身以成仁。”（《论语·卫灵公》）追求道德上的不断完善，做一个志士仁人，才是人的真正使命之所在。相反，沉沦于物欲之中而不能自拔，将外在的“命”作为人内在的本质来追求，恰恰是背离了人之本真性的存在，将人降低到物的层次，因而是违背人性的。

就其精神层次而言，孔子的天命信仰不仅超出了宗周天命观的创

---

① 徐复观：《中国人性论史（先秦篇）》，上海三联书店，2001 年版，第 74 页。

② 李景林：《教养的本原——哲学突破期的儒家心性论》，辽宁人民出版社，1998 年版，第 340 页。

立者本身，而且也超出了一般意义上的基督教信仰。一般基督徒之信仰与赎罪是为了死后升入天堂，可是儒家缺少明确的来世和天堂理念，孔子对于死后的事情又抱着存而不论的态度，其对命的崇敬和对善的价值的认同与追求是绝对的和无条件的，这应该是一种更加纯粹也更加高尚的精神信仰。

在分析了天的功能，考察了孔子对于天的情感态度，又区分了天命信仰与鬼神崇拜的差异之后，我们才有可能真正步入孔子的信仰世界。孔子的天并非自然之天，而是超越于自然之上并决定着自然与人事变迁的神圣主宰；不是抽象的义理之天，而是孕育并载覆着儒家道德原则的义理之母。同样，仅仅机械地将孔子的天解剖为自然之天、义理之天、命运之天和主宰之天而忽视其内在的统一性，则会导致对孔子天的观念的人为肢解，孔子信仰的真精神可能会在这种肢解的过程中遗失。孔子的天首先是一个至上的道德主宰，是信仰的对象，是他对宇宙万物终极原因的思考。人们也可以从他作为至上神的天那里瞥见自然之天、命运之天和道德之天的影子，因为至上神的影响力是无所不在的，但我们却不能由此而把孔子的天归结为诸种天的机械相加。孔子从他一向敬慕的周公那里继承了天命信仰，又使之进行了创造性转化，使之从天子王公的天变成了普通人的天，从朝廷的守护神变成了普通人的守护神，其意义足以与基督教的新教改革相媲美。对于这样一个天，孔子的心中充满神秘感、敬畏感和亲切感，这些神圣情感是一切宗教信仰的核心内容，也是任何伟大文化范式的建构者所必不可少的，因为它是有限的人与无限的终极存有之间的津梁，是人与神之间的脐带。对这种联系的觉知与醒悟为人提供了永恒的精神栖息地，丧失此种觉悟与情愫意味着人被最高存有者的放逐与人的精神流浪的开始。

第三章

『晚而喜易』与孔子晚年思想

孔子与《易经》的关系是一个古老的话题，从司马迁提出孔子“晚而喜易”后，孔子作《易传》之说流行了近千年，“先儒更无异说”，然而欧阳修的《易童子问》的出现表明传统的说法开始受到质疑；在近代疑古思潮中，孔子与《周易》的关系受到了更严格的审视和检讨，在许多学者那里，《易传》的撰作年代甚至被推迟到汉代以后，孔子与《周易》的关系自然也是渐行渐远了。疑古学派的贡献，在于开创了经学之外看待孔子与《周易》关系的另一个视角，重视文献资料的依据而不囿于成说，其学术意义不言自明。但是，不少疑古学者的论断确有疑古过勇之嫌，其对先人结论之推翻也稍显匆忙。根据王国维的二重证据法，新的文献资料的发掘与既有传世文献的结合是深化学术研究的一条重要途径。20世纪下半叶以来，一系列重要简帛文献相继问世，其中与《周易》有关的是帛书《易》的挖掘，它提供了孔子与《周易》关系问题的一些值得注意的资料，值得我们对此问题再做探讨。

一、“晚而喜易”辨析

孔子与《周易》的密切关系，《论语》中多条资料可以为证：

> 子曰：“南人有言曰：‘人而无恒，不可以作巫医。’善夫！”“不恒其德，或承之羞。”子曰：“不占而已矣。”（《论语·子路》）
>
> 子曰：“不在其位，不谋其政。”曾子曰：“君子思不出其位。”（《论语·宪问》）
>
> 子曰：“加我数年，五十以学《易》，可以无大过矣。”（《论语·述而》）

第一条中的“不恒其德，或承之羞”来自《易经》恒卦之九三爻辞，孔子在谈话时直接引用恒卦九三爻辞中的话，表明他对恒卦的爻辞相当熟悉。第二条“君子思不出其位”见于《大象》，它到底是曾子引述《易传》还是《易传》引述曾子，根据现有文献资料尚难断定，但它足以表明孔门与《易传》的密切关系。第三条看上去是孔子的感言，说如果自己能从五十岁开始学易，就可以免于大的过失了，以理推之，当是五十岁以后方出此言。关于这一句话，曾因陆德明《经典释文》中的"鲁读"问题引起过很多争议，李学勤通过对"易"与"亦"字互相通假的时间分析，断定《论语·述而》中这句话当作"易"而非"亦"，其说可从。①

太史公进一步提出孔子"晚而喜易"说，并肯定孔子与"十翼"的密切关系：

> 孔子晚而喜易，序《彖》《系》《象》《说卦》《文言》；读《易》，韦编三绝，曰："假我数年，若是，我于《易》则彬彬矣。"（《史记·孔子世家》）
>
> 太史公曰：盖孔子晚而喜易。（《史记·田敬仲完世家》）

太史公的"晚而喜易"说，恰可以与前面《论语·述而》中孔子的"加我数年，五十以学《易》"相呼应，表明那应是孔子晚年的话；而"韦编三绝"则形象地表明了孔子晚年喜易是到了何等痴迷的程度！

《汉书·儒林传》也说："盖晚而好易，读之韦编三绝而为之传"；《艺文志》又说："孔氏为之《彖》《象》《系辞》《文言》《序卦》之属十篇"。对于孔子与"十翼"之关系，班固之说与太史公有所不同，太史公说孔子"序《彖》《系》《象》《说卦》《文言》"，其中的"序"字含义颇难断定，班固则直接断言孔子作"十翼"。

有《论语》中的话为据，又以《史记》和《汉书》这样的信史作证，孔子与《周易》存在密切关系应当不是问题，问题只是在于孔子与"十翼"关系的具体情况究竟如何。可是，在20世纪上半期的疑古思潮中，有的学者却提出《论语》中的三条"不特不足以证孔子赞易，

① 李学勤：《孔子与〈周易〉辨》，李学勤、朱伯崑等著，廖名春选编：《周易二十讲》，华夏出版社，2008年版，第211-224页。

且反足以证明孔丘与易无关”[①]，这个说法明显带有“打倒孔家店”的时代气息；而察其论据，大多亦不足以为据[②]。孔子是否作《十翼》，与孔子是否与《周易》有密切关系，其实是两个不同的问题，因为怀疑孔子本人作《十翼》证据不足而断言孔子与易无关，便有疑古过勇之嫌了。

1973 年底，长沙马王堆三号墓出土的帛书《易》为孔子的晚年喜易及其与《周易》的密切关系提供了重要资料。随葬木牍表明墓葬时间为汉文帝前元十二年，即公元前 168 年。其中有一篇记录孔子论《易》的资料帛书《要》，有学者根据其书写形制和文字特点断定其为抄本，当有篆书竹简本在，又根据秦朝挟书令的实施时间（前 213—前 191 年）断定帛书《要》篇内容的形成当在战国时期。[③]但是，也有学者对《要》篇的成文时间提出疑问，因为帛书《易传》相关资料中三次提到了五行，《二三子问》提到两次，《易之义》提到一次。此外，《要》提到“水火金土木”一次。《二三子问》曰：“圣人之立正（政）也，必尊天而敬众，理顺五行，天地无菑，民□不伤，甘露时雨聚降，剽风苦雨不至，民也相酉易以寿，故曰番庶……德与天道始，必顺五行，亓孙贵而宗不傰。”《易之义》云：“子曰：五行□□□□□□□□□□□□□，不可学者也，唯亓人而已矣。”《要》曰：“故易又（有）天道焉，而不可以日月生（星）辰尽称也，故为之以阴阳；又（有）地道焉，不可以水火金土木尽称也，故律之以柔刚。”笔者以为，以此三处“五行”而将帛书《易传》的写作时间推至汉代，恐难成立。《左传》《国语》中有众多的五行概念，《孙子兵法 · 虚实》中有“五行无常胜，四时无常位”，《墨子 · 经上》也提到“五行无常胜”，郭店楚简之《五行》篇和《荀子》中也有五行概念。虽然上述典

① 钱玄同说，载《读书》杂志第十期，转引自张心澂编著：《伪书通考》上册，商务印书馆，1954 年版，第 92 页。

② 徐芹庭：《论孔子与〈易〉之关系兼评欧阳修钱玄同之误说》，李学勤、朱伯崑等著，廖名春选编：《周易二十讲》，华夏出版社，2008 年版，第 381 页。

③ 廖名春：《从帛书〈要〉论孔子易学观的转变》，《帛书〈周易〉论集》，上海古籍出版社，2008 年版，第 389 页。

籍中的五行概念内涵各不相同，但足以说明在春秋战国时期五行是一个重要而活跃的概念，据此否认其可能成书于战国时期，乃至于否定其中的“子曰”系孔子所言，证据并不充分。从帛书《易传》的内容看，其中五行概念的内涵较为简单，并没有五行相生相克的思想，更没有汉代意义上的阴阳五行宇宙观，其对五行也没有过多发挥，五行思想远不及其中的阴阳思想完备和成熟，表明帛书《易传》中的五行更近于春秋时代的五行概念。因此，我们仍然认同帛书《易传》形成于战国时期，其中的“子曰”很可能是弟子们整理的孔子论易语录。

帛书《要》篇有一段孔子与子贡关于《易经》的对话：

> 夫子老而好《易》，居则在席，行则在橐。子赣曰：“夫子它日教此弟子曰：‘德行亡者，神灵之趋；智谋远者，卜筮之繁。’赐以此为然矣。以此言取之，赐缗行之为也。夫子何以老而好之乎？”
>
> 夫子曰：“君子言以矩方也。前祥而至者，弗祥而巧也。察其要者，不诡其德。尚书多□矣，《周易》未失也，且有古之遗言焉。予非安其用也，予乐〔其辞也。赐，汝何〕尤于此乎！”
>
> 〔子赣曰〕：“如是，则君子已重过矣。赐闻诸夫子曰：‘逊正而行义，则人不惑矣。’夫子今不安其用而乐其辞，则是用倚于人也，而可乎？”
>
> 子曰：“谬哉，赐！吾告汝：《易》之道，〔存乎其辞也。其用者，〕此百姓之道〔也，非〕《易》也。夫《易》，刚者使知惧，柔者使知图，愚人为而不妄，渐人为而去诈。文王仁，不得其志，以成其虑。纣乃无道，文王作，讳而避咎，然后《易》始兴也。予乐其知之〔自得，德〕之自〔生也〕。予何〔乐其〕事纣乎！”
>
> 子赣曰：“夫子亦信其筮乎？”
>
> 子曰：“吾百占而七十当。唯周梁山之占也，亦必从其多者而已矣。”①

① 廖名春：《帛书〈要〉释文》，《帛书〈周易〉论集》，上海古籍出版社，2008 年版，第 389 页。

这是一段罕见的孔子与其弟子关于《易经》对话的文献，不但呈现了孔子晚年好易的心态，更通过和子贡之间的答问，具体解释了晚而好易的思想动机，对我们把握孔子的易学思想以及晚年思想具有重要价值。

太史公说孔子晚年喜易以至于韦编三绝，这里则给出了韦编三绝的理由："夫子老而好《易》，居则在席，行则在橐"，表明孔子晚年之喜易到了手不释卷的程度。不仅如此，孔子似乎对自己在生命的晚年才如此深入地浸于周易的大道中而深感遗憾，《要》篇说："吾好学而才闻要，安得益吾年乎？"他甚至因此而生出深深的危机感了！这一句话与《论语》中"五十以学易"表达了相似的心境，可以互相印证。如此的投入和这般的感叹，表明《易经》给晚年的孔子带来了巨大的思想上的震撼。按理来讲，此时的孔子已经结束十四年的周游征途而返回鲁国，作为弟子如云而又名满天下的圣贤，作为一个有着非凡人生阅历的智者，他此时此刻应该沉浸于心灵的安详和静穆中才是。可是，这个朝闻夕死为己任的求道者，却又一次被深深打动了，那打动他的究竟是什么？

必须强调的是，孔子此时所喜者乃是《易经》而非《易传》，《易传》此时正在他和弟子们的对话中孕育结胎。然而，在孔子之前，"易本卜筮之书"（《朱子语类》），根据《周礼》"太卜掌三易之法"记载，在孔门解易之前，《周易》就像庄子所说的王宫中的牲牛一样，"养在深宫人未识"，作为王官之学的重要典籍，正在太史们的严格保护密切注视之下透露出有关天命的神秘信息，而《左传》和《国语》中那些关于吉凶的筮例正是太史们运用《周易》占断之实例。因此，孔子此时所喜爱不已的只能是作为卜筮之书的《易经》，其卦象、卦辞和爻辞当初皆为卜筮而设，因此，孔子晚年喜易便不能不涉及卜筮问题。

按照传统的理解，孔子向来反对卜筮，《论语》上的"不占而已"似乎便是明证。但是，《要》中却有这样一段话："子曰：吾百占而七十当。唯周梁山之占也，亦必从其多者而已矣。"这表明孔子不但经常占筮，而且准确率颇高，这对于以往的说法似乎是一个颠覆。其实，这并非关于孔子善于占筮的唯一记载。《史记·仲尼弟子列传》记载："商瞿年长无子，其母为取室。孔子使之齐，瞿母请之。孔子曰：'无忧，瞿年四十后当有五丈夫子。'已而果然。"不仅太史公如是说，《论衡·卜筮》篇也有类似记载："鲁将伐越。筮之得'鼎折足'，子贡占之以为凶。何则？行用足，故谓之凶。孔子占之以为吉，曰：'越人水居，行用舟不用足，故谓之吉。'鲁伐越果克之。"

看来老师的占卜确比弟子高出一筹。此外，《吕氏春秋·慎行论》《淮南子·人间》《说苑·敬慎》都有孔子占卜的记载，上述传世文献无形之中在照应着《要》篇的说法，我们尽管没有必要相信上述每一项记载都是事实。

当代中国思想史为我们塑造的人文主义思想家孔子的形象大体可信，需要注意的是，任何历史文献的话语都有其特定的时间背景和特定意指，而后人却易于将它们单向化和绝对化。就拿"善为易者不占"而言，它固然表现了以孔子为代表的儒家以德义解易的特征，但是，所谓不占和善占并非截然对立。儒家的不占是一种对《易经》的价值抉择，它和孔子本人善占并不矛盾，在这一问题上，孔子和子贡的对话给我们提供了值得解读的信息。

子贡质疑孔子的关键问题正在于孔子对卜筮的态度。在上面的对话中，子贡先用孔子早年的话质疑孔子现在的好易，给人以昨是而今非之感。孔子告诉子贡自己并非安其用而是乐其辞，所谓用是指卜筮之功用，所谓辞自然是指卦爻辞。可是，卦爻辞之设立本来就是为了卜筮的功用，这实在不是一个轻易说清楚的问题。那个开辟了儒家德性人格价值并一向高举仁义大旗的孔圣人，似乎突然间成了一个沉醉于卜筮之书的算命先生，这是子贡等所无法接受的。于是孔子进一步指出《易经》有"古之遗言"，并从人道方面阐述自己对易道的理解。但是子贡再一次提出了开始时的疑问："夫子亦信其筮乎？"这便直接触及问题的实质。《史记·仲尼弟子列传》说子贡"利口巧辞"，这段师徒对话是一个生动的例证。正是由于高足这不依不饶的执着，才逼出了孔子如下值得玩味的解答：

> 子曰："《易》，我后其祝卜矣，我观其德义耳也。幽赞而达乎数，明数而达乎德，又仁〔守〕者而义行之耳。赞而不达于数，则其为之巫；数而不达于德，则其为之史。史巫之筮，向之而未也，好之而非也。后世之士疑丘者，或以《易》乎！吾求其德而已，吾与史巫同途而殊归者也。君子德行焉求福，故祭祀而寡也；仁义焉求吉，故卜筮而希也。祝巫卜筮其后乎！"①

这段话表明，祝卜止于象数而不明德义，孔子则是由象数而达于德义。就象数而言，孔子"后"于卜祝，就德义而言，卜祝"后"于孔子，其中的两个"后"字，体现了孔子易学与卜祝易学的差异之所在。值得注意的是"明数而达乎德"一句话，它表明德义非空穴来风，它恰恰是通过明数而达到的，《易经》象数成了孔子开启《易传》大道的津梁，这也就是"吾与史巫同途而殊归"的深层含义，所谓同途是指作为象数表达形式的卦爻辞，所谓殊归是指功利与德义之分。孔子所喜好的是作为象数载体的卦爻辞，这与史祝没有分别，但是他却在德义与功利上与前者分道扬镳了。孔子接着说："君子德行焉求福，故祭祀而寡也；仁义焉求吉，故卜筮而希也。祝巫卜筮其后乎！""卜筮而希"中的"希"字同样值得玩味，它表明孔子并没有完全否定卜筮，就像儒家尽管重人事却从未否定祭祀一样。史祝是"赞而不达于数""数而不达于德"，孔子则是"幽赞而达乎数，明数而达乎德，又仁〔守〕者而义行之耳"，表明他是超越了筮数而不是否定了象数。

儒家之所以不完全排斥卜筮，与其学派性质有关。儒家不同于出世的宗教，立德立功立言的三不朽，表明儒家并不排斥事功，相反，"修己以安百姓"正是儒者的最高境界。《要》引用孔子的话说："文王仁，不得其志，以成其虑。纣乃无道，文王作，讳而辟咎，然后《易》始兴也。"孔子告诉子贡，《周易》的诞生本身就是文王企图避免纣王

① 廖名春：《帛书〈要〉释文》，《帛书〈周易〉论集》，上海古籍出版社，2008年版，第389页。

之“咎”的产物，“讳而辟咎”则是由于易的卜筮功能。但是，文王取天下以仁，说明《周易》象数本身在其原始形态上是与儒家义理联系在一起的。这也正是晚年孔子从中发现了“古之遗言”的原因。但是，我们绝不可以忽略二者的重要差异，文王的德义乃是天命，遵循德义的目的是姬姓之“奄有天下”，故有学者将其称为“宗教功利主义”；孔子的德义则是人的自我道德意识的自觉，它本身并不以任何功利目标为前提。这一差异经由孔子而突出起来，孔子为儒家确立了义利之辨的准则，从而牢固地将德义原则置于功利原则之上，所以他坚决反对那种完全出于利益考量的卜筮。在其原始形态和本来意义上，儒家是重义理而不废象数的，皮之不存毛将焉附？但是，作为宫廷之易已经完全沦为利害工具的情况下，孔子才坚持强调“不占而已”。

作为卜筮之书的《易经》的主要用途是占断吉凶，其重点并不在于人道的启迪与推演，而在于天道的阐发与揭示。可是，郭店楚简《语丛一》已经提出“《易》所以会天道人道也”，楚简之形成不晚于战国中期，说明至战国中期《易传》的基本思想很可能已经形成，因为只有在《易传》中，儒家汇通天道与人事的义理格局才得以呈现出来。《语丛一》的说法将天道置于人道之前，说明先有了《易经》所侧重的天道，复参之儒家的人道，将两者融会贯通才有了《易传》。就此而言，《易经》的天道是前提，没有这一前提，打通天人之道就失去了基础。而《易经》的天道主要体现在其象数中，《系辞》引孔子的话说《易》有圣人之道四，而占筮为其一，说明究天人之际的原始儒家是重人道而不轻天道，重德义而不废象数的。帛书《要之义》说“无德而占，则《易》亦不当”，这句话的另一面意味着有德而占并不为儒家完全否定。

因此，从历史上看，孔子晚年好易，所好的就是那部作为占卜之书的《易经》，当然，他从中发现了“古之遗言”，并从德义为先的角度对《易经》进行了重新诠释，但是，我们没有必要将象数与孔子切割开来，这既不符合历史事实，也无法解释由孔子及其弟子所完成的从《易经》到《易传》的历史性转变。精通象数无损于孔子人文思想家的形象，它倒是为孔子的《易传》思想提供了一个可以理解的历史基础，并使得孔子与《周易》之关系更接近于历史的本来面目。不善易而不占并不稀奇，善为易而不占，才更显其非凡，因为一种不以任何功利考量为转移的崇高的德性人格，已经在这一抉择中得以确立，这是易学史思想上划时代的一步。

二、思想动因

明确孔子晚年喜易所喜的本是占卜之书的《易经》，孔子本人对于《易经》的研究不可能不涉及其象数和占卜，他对《易经》义理的创造性发挥正是建立在对易象和易数深入钻研体悟的基础之上，乃至于他本人很可能精于筮数，不过是为了重返孔子是由“幽赞而达乎数”，由“明数而达乎德”的历史事实。但这仍未回答下面更为根本的问题：早已度过天命之年的孔子何以晚而喜易？这一令门人弟子大惑不解的行为背后究竟隐含着怎样的思想动因？它预示着孔子晚年的思想究竟发生了怎样值得注意的变化？

帛书《要》中孔子的一段话似乎包含着对上述问题的回答：

> 故《易》有天道焉，而不可以日月星辰尽称也，故为之以阴阳。有地道焉，不可以水火金土木尽称也，故律之以柔刚。有人道焉，不可以父子君臣夫妇先后尽称也，故要之以上下。有四时之变焉，不可以万物尽称也，故为之以八卦。故《易》之为书也，一类不足以极之，变以被其情者也，故谓之易。有君道焉，五官六府不足尽称之，五正之事不足以产之，而《诗》《书》《礼》《乐》不〔止〕百扁，难以致之。不问于古法，不可顺以辞令，不可求以志善。能者由一求之。所谓得一而群毕者，此之谓也。损益之道，足以观得失矣。

由此可见，孔子晚年好易的根本原因，在于他对天地人三才一贯之道作形而上之探索之需要。孔子指出，在王官之学中，史官们负责研究天道，检测日月星辰之运行，虽然日月星辰不可计数，运行状态也千差万别，但阴阳二字可以囊括一切天道变化的情形；地道变化，生物不测，即使水火金土木也不足以尽举，但刚柔二字却能将大地万物的属性归纳无遗；人道种种，父子、君臣、夫妇、先后等等不能说尽，但可以“上下”来总结（《易传》之文言、系辞和序卦多言上下）；四时之变纷纭复杂，于是总结为八卦。不仅如此，作为古代典册的诗书礼乐何止百篇，但也各有其说而“难以致之”，无法作出统一的归纳。孔子告诉我们，天道、地道、人道、四时之道或者君道，分别有其各自的规律，但是，如果我们的思维陷于这些个别领域之具体名相，就无法把握上述领域背后那个执一御万之“道”。《周易》恰恰提供了这样一些高度抽象和概括性的范畴，比如阴阳、刚柔、上下、八卦，解决了众多事物不足以尽称的难题，使得把握上述领域背后的形上之道成为可能。

看来，在完成了删定六经这一巨大历史文化工程之后，孔子的探索并没有就此停步。他在比较着六经各自的特点，思考着它们各自对于教化和人生的意义以及汇通之可能。《礼记·经解》引用孔子的话说：“入其国，其教可知也。其为人也温柔敦厚，《诗》教也；疏通知远，《书》教也；广博易良，《乐》教也；絜静精微，《易》教也；恭俭庄敬，《礼》教也；属辞比事，《春秋》教也。”《庄子·天下篇》也说：“《诗》以道志，《书》以道事，《礼》以道行，《乐》以道和，《易》以道阴阳，《春秋》以道名分。”看来，六经各有千秋，但并非没有交汇点，这个交汇点就是《易经》。《系辞》指出：“《易》之为书也，广大悉备。有天道焉，有人道焉，有地道焉。”《序卦传》说：“有天地然后有万物，有万物然后有男女，有男女然后有夫妇，有夫妇然后有父子，有父子然后有君臣，有君臣然后有上下，有上下然后礼义有所错。”朱子甚至说：“盖《易》不比《诗》《书》，它是说尽后世无穷无尽的事理。”（《朱子语类》卷六十七）都是强调《周易》贯通天地人三才之道的思想特征。孔子在《要》中说：“《尚书》多□也，《周易》未失也。”这句话前半句尚不明了，但显然是在将《尚书》与《周易》比较；《周易》所以“未失”，恰恰在于它的形而上之特质，在于其“得一而群毕者”的思想品格，这种特质使它能够将形上理趣和形下之探究熔为一炉，将天地人三才之道包罗无遗。在孔子看来，唯有《易经》才能够揭示宇宙万物表象背后的普遍之道，这是晚年孔子最为关心的，又是《诗》《书》《礼》《乐》《春秋》所无法解决的，这正是孔子晚年好易的真正思想根源！

于是，我们可以理解孔子何以晚年对于《易经》达到那般痴迷的程度，那令孔子如痴如醉的，确实不是《周易》的卜筮，尽管那是孔子抵达《易经》思想内涵深处的必经之地。孔子一生大部分时间很可能对那本作为卜筮之书的古老典籍不甚重视。但是，到了晚年，借助于《易经》中古之遗言的启发，他得以进入那个天道流行的世界，并发现了其中所蕴含的德义。由他所开创的儒学，也因此获得一个深入、稳定的形而上学基础。所以他实在是为了那片形上之道的天地所吸引并沉醉，因为他一生的经验与教训、成功与遗憾，乃至于六经的丰富的义理宝藏，都可以通过《易经》汇归为一。那是天道的发端处，地道的流行处，又是人道的闪光处。宇宙与人生的终极意义的大门正在向他打开，因为他已经拿到了它的钥匙。

孔子本人的思想性格中有着对万物背后统一规律的强烈兴趣，这其实是任何伟大的思想家，尤其是那些开辟人类思想范式的圣者所必不可少的。在《论语》中，他对曾参说：

> “参乎！吾道一以贯之。”门人问曾子曰：“何谓也？”曾子说：“夫子之道，忠恕而已矣！”（《论语·里仁》）

孔子又对子贡说：

> “赐也，女以予为多学而识之者与？”对曰：“然，非与？”曰：“非也，予一以贯之。”（《论语·卫灵公》）

孔子反复告诫其门人，在他的博学多识后面有其一贯之道，意在提醒他们注意领会他人生哲学背后的形上旨趣。他在《论语·述而》

中对举一反三的强调，也体现着相似的精神向度。孔子的一贯之道究竟是什么，曾子认为是忠恕之道，如果就人道而言，这或许不错，但是，如果以之概括孔子为学的全体，则似有未达。因此，与曾子的对话或许发生在晚年好易之前。现在，人到晚年，面对一生的沧桑和浩瀚的六经，他的一以贯之的思辨精神又在孕育着新的突破。在得意门人弟子们的思想接近于成熟和固化的时候，那个被颜渊感叹为“仰之弥高，钻之弥坚”（《论语·子罕》）的孔子却依然未失去他那求道的热情与渴望。他在人生的暮年再一次出发，这是一次卓绝的思想的探险，它注定要改变儒家思想的性格，并为此后两千多年间儒家思想“推天道以明人事”的基本特征定下基调。可是此时他显得有些孤独，连他最聪明的弟子之一的子贡似乎都无法理解他。如果颜渊还活着，或许会是另外一番情形，孔子最为赞赏的就是颜渊“吾未见其止”的探索精神。可是，颜渊已死，这为孔子晚年的思想征程更增添了些许的凄凉和落寞。不知这次对话究竟对子贡的思想产生了怎样的影响，不知他是否从以往对筮数的偏见中成功摆脱，答案或许是肯定的。“夫子之不可及，犹天之不可阶而升也”（《论语·子张》），子贡这句话很可能是他和孔子关于“晚而好易”的论辩之后，唯有这时他方能对《周易》自强不息的乾道精神有更为切己深入的体悟，而且他会蓦然发现，那种精神正在老师的心灵深处涌动和流行，所以他想起了天，并以天之不可及比喻自己的老师。

多种历史文献表明，《周易》列入六经最晚，可是，从孔子对它的沉醉中，从孔子有关它与其他五经的对比中，可以隐约体会到《易经》所包含的后来居上的潜能。这一潜能到汉代就变成了现实，《周易》从六经之末变成了六经之首，这显然与汉代思想家对天道的重新重视密切相关。但是，其伏笔却在孔子晚年好易那里已经埋下了。

三、命与道的融合

或许是因为子贡对其晚年好易的强烈质疑，孔子在帛书《要》中发出了如下的预言:“后世之士疑丘者，或以《易》乎?”果然，先有欧阳修《易童子问》问之于先，进入20世纪上半叶，又有几位哲人疑之于后。欧阳修的疑问涉及孔子与《易传》思想方面的内容较少且前人多有辨析，兹不赘述。至于20世纪上半期对孔子与《周易》关系的质疑，涉及对孔子本人思想的理解，故而稍作分析。

冯友兰认为《易传》非孔子所作，而是战国时期作品，主要理由是《易传》的思想与今本《论语》不合。他认为《论语》中的天“完全系一有意志的上帝，一主宰之天”，与《易传》中的天不同①。钱穆亦曾列举十条理由论证《易传》非孔子所作，其中第十条详细论证了《系辞》的“道”“天”“鬼神”三个概念与《论语》不合②，二位先生辨出《易传》中的天道观与《论语》中的天的含义之差异，自是史家的卓识。但是，因为《论语》中的天与《易传》中的天道观存有明显差异而否定孔子与《易传》的密切关系，证据或许不足。上述结论隐含着一个预设的前提，即孔子的思想形成之后就不再发生变化，而《论语》足以概括孔子思想的全貌。这一前提恰是需要重新审视的。20世纪后半期以来简帛文献的出土表明，在孔子去世之后还有其他类似《论语》的孔子教学记录在流传，郭店楚简中包含《缁衣》便足以证实这一点。《礼记》《易传》《郭店楚简》和帛书《易》以及过去深受质疑的《孔子家语》《孔丛子》等典籍都可能有类似《论语》的资料，但其中哪些是后人添加的思想，的确应当小心求证。但是，这足以提醒我们，仅仅依靠《论语》来研究孔子的思想有可能出现偏失③。另外，孔子本人的思想也不是一成不变的，一个像他那样重视学习又从善如流的圣贤，完全有可能突破既成的思想而迈向新的层次。而帛书《易》

① 冯友兰:《孔子在中国历史中之地位》,《燕京学报》第二期。蔡介民在《周易源流考》中提出了与冯友兰相似的观点，见黄寿祺、张善文编:《周易研究论文集》(第一辑)，北京师范大学出版社，1987年版，第509页。

② 钱穆:《论十翼非孔子作》，顾颉刚编著:《古史辨》第三册上编，朴社，1931年版。另参钱穆:《易传与小戴礼记中的宇宙论》,《中国学术思想史论丛》卷二，安徽教育出版社，2004年版，第15-39页。

③ 廖名春:《〈周易〉经传与易学史新论》，齐鲁书社，2001年版，第147页。

的出土不但进一步证实了孔子晚年喜易的旧说，而且表明孔子晚年思想发生了重要的变化，这尤其体现在其晚年的天道观上。

关于《论语》中的天是否一个有意志的主宰之天，学界有不同意见，或以为是自然之天[①]，或以为是道德性的义理之天[②]，也有的认为《论语》中的天有主宰之天、命运之天、义理之天和自然之天四种不同含义[③]。但是，综合《论语》中各种有关天的说法，天主要扮演的是一个万物背后的决定者的角色。《论语》中的天既是个人德性与智慧的赋予者，又是人生个体命运的决定者；是一切自然现象的决定力量，又是政权转移和文明兴衰的决定者，而且孔子的天是无法欺骗的，所谓“吾谁欺？欺天乎？”（《论语·八佾》）。总结《论语》中的天的各种含义，我们会发现《论语》中的天实是个人之德性、智慧、命运，以及自然和人文背后的终极性的决定力量。孔子所说的“天丧予”（《论语·先进》）、“天厌之”（《论语·雍也》）、“天生德于予”（《论语·述而》）、“获罪于天”（《论语·八佾》）、“欺天乎？”（《论语·子罕》）和“知我者其天乎？”（《论语·八佾》）等说法表明，在孔子心目中，天是有意志、有情感、有感知的。侯外庐曾经指出：“孔子言‘天’之处，大都用惊叹语或追问语，这显明地是在最后穷究有意志的根本动力。”[④]这一论断十分精要，正与冯友兰前述有关《论语》中的天是一个有意志的主宰者的说法两相映照。因此，将《论语》中的天解读为宇宙万物的主宰者是合乎实际的，这种对天的理解也为孔子的道德观提供了一个终极性的基础。

毋庸置疑，孔子上述对于天命的理解源自西周的天命观。孔子是西周文明的仰慕者，所谓“周监于二代，郁郁乎文哉，吾从周”（《论语·八佾》），而天命观无疑是西周文明的思想基础。对于西周文明的景仰之情使他对周公等人谆谆告诫的天命敬畏有加，因此而深深影响

① 郭沫若：《青铜时代》，中国人民大学出版社，2005年版，第34页。

② 徐复观：《中国人性论史（先秦篇）》，上海三联书店，2001年版，第77页。

③ 杨伯峻译注：《论语译注》，中华书局，1980年版，第10页；蒙培元：《蒙培元讲孔子》，北京大学出版社，2005年版，第34页。

④ 侯外庐、赵纪彬、杜国庠：《中国思想通史》第一卷，人民出版社，1957版，第154页。

了他的精神世界和人格风范。如果这就是孔子天论的全部，则我们完全可以说孔子的精神信仰层面是相当保守的，因为春秋是一个怨天尤人的时代，也是天命坍塌的时代。最先颠覆了西周的天命论的是老子，他提出了以道为最高范畴的宇宙观，“人法地，地法天，天法道，道法自然”，天的地位已经被道所取代，天的人格化权威被道消解，传统的天命陨落了。与老子不同的是，孔子的道德哲学建构并非从解构天命观开始，他依然保持着对天命的敬畏，这一区别从二人所用的基本概念中即可看出。《老子》中有不少“天道”的提法，如“不出户知天下，不窥牖见天道”，以及“天之道，其犹张弓乎”“天之道，损有余而补不足”等，在《左传》和《国语》中天道也是经常使用的概念。但在记述孔子言行最可靠的文献《论语》中，在孔子本人的话语中我们却没有看到一个“天道”的提法，孔子所用的概念是天、天命或者命；与此相对应，在《道德经》中没有出现过“天命”的概念。另外，《道德经》中“天地”并称的概念比比皆是，有数十个之多，但在《论语》所记述的孔子的话中，不见一个“天地”并称的提法。

但是，这种情况到《易传》却发生了变化，在孔子的话中出现了“天地”概念：

> “鸣鹤在阴，其子和之。我有好爵，吾与尔靡之。”子曰：“君子居其室，出其言善，则千里之外应之，况其迩者乎？……言行，君子之所以动天地也，可不慎乎！”（《周易·系辞上》）
>
> 子曰：“乾坤，其《易》之门耶？乾，阳物也；坤，阴物也。阴阳合德，而刚柔有体。以体天地之撰，以通神明之德。”（《周易·系辞下》）

帛书《衷》：

> 子曰：《易》之义阴与阳，六画而成章。曲句焉柔，正直焉刚。六刚无柔，是为大阳，此天〔天之义也〕。……六柔无刚，此地之义也。天地相□，气味相取，阴阳流行，刚柔成□。

帛书《要》篇：

> 《损》《益》之道，足以观天地之变而君者事也。……故《易》又有天道焉，不可以水火金木土尽称也，故为之以阴阳。

帛书《二三子》篇：

> 德与天道始，必顺五行，其孙贵而宗不傰。

《系辞上》中的“言行，君子之所以动天地也”中的天与地并列，似乎意味着二者已经取得了平起平坐的地位，《系辞下》中的“以体天地之撰”，《周易本义》释“撰”为“事”，故“天地之撰”就是天地之“撰述营为”之意，天与地已然是同心协力的合作者的关系了。另外，帛书《要》和《二三子》中分别出现了“天道”概念，其中《要》篇中的“天道”，不可以水火木金土尽称，但可以概括为阴阳，显然近于自然意义上的天道观;《二三子》中的“天道”，则与德密切相关，未免令人想起楚简《五行》篇中反复强调的“德，天道也”。前者或许是后者的思想渊源之所在。这些“天道”“天地”概念确实表达了与《论语》不同的对于天的看法，尽管《易传》和帛书《易传》中仍有尊天重阳的倾向（如《二三子》说“比尊天而敬众”），可是天地并称和天道概念的出现，意味着天已经在很大程度上与地一样被自然化了，它在《论语》中所曾经享有的高居于大地万物之上的主宰者的尊贵已经风光不再了。

有鉴于此，我们也可以据此得出这种结论，上述天道和天地等并非孔子本人思想，那些“子曰”非是孔子的话而是后人的伪撰，因为它们与《论语》中的天论不合。但是，察《易传》与帛书《易传》中孔子关于天地、天道和阴阳的话，对这些概念只是点出而已，它们出现的频率不高，与《礼记》中的许多篇章具有明显的不同，且重点表达宇宙和本体论的思想，没有任何将天道、阴阳与人事相比附的内容，这显然不同于汉代儒家思想和战国末期阴阳家的思想。另外，从思想史的大势看，天地、天道和阴阳是春秋思想界的常用概念，从孔子口中出现这些词语并不违背思想史的演进规律。如果再考虑到孔子晚年喜易这一重要事实，我们倾向于得出另一种结论：由于受到《周易》思想的冲击和影响，孔子晚年的天论发生了重要改变。

这种转变从概念上看，就是天道、天地乃至于阴阳概念出现在晚年孔子的话语中，明白了这一点，我们就可以给子贡那一句曾经饱受争议的话一个新的解释："夫子之文章，可得而闻也；夫子之言性与天道，不可得而闻也。"(《论语·公冶长》)着眼于孔子一生的思想历程，子贡的感叹似应发生在孔子晚而喜易之前。晚年前的孔子一向以诗书礼乐教人，重点启发弟子的道德生命并培养其德性人格，故罕言性与天道。所以，当晚年的孔子沉醉于《周易》中并屡言性与天道问题时，同是发出过上述感慨的那个子贡，便不能不奋起质疑之了。子贡前面的感叹和后面的质疑，恰好折射了孔子本人的思想发展和教学内容的变化，变化的核心在于其宇宙观的重要发展。以前孔子的宇宙观体现在他的天命观，本质上是一种人格主宰神的宇宙论。但是，晚年转向天道观，天之人格主宰者的色彩进一步淡化。天成了大化流行的主体，它与道相结合，以阴阳思想为载体，将那普遍又必然的形上之道纳入自身。这一变革的目的不仅仅是为了满足这位哲人对宇宙万化的好奇心，更在于统合他一生的思想，为六经之道探寻一个坚实的形而上学根基。就此而言，晚年宇宙观的重要发展才是孔子一生思想的逻辑完成，是他一生下学上达的思想升华。

这是否意味着像有些学者认为的那样，孔子晚年主张完全的自然天道观？这一问题又涉及孔子晚年的天道观和从前的天命观的关系。我们认为，孔子晚年走向天道观，并不意味着他必然抛弃对天命的信仰。从《论语》中孔子谈到天命时那些饱含情感色彩的话语来看，天命是孔子人生价值和终极关怀的寄托者，它与一种相对理性化的天道观并不完全矛盾。周公的天命思想在孔子内心深处打下的烙印太深了，其结果是，不是晚年的"天道"抹去了早年的"天命"，而是从前的"天命"信仰深深地影响了晚年的"天道"，使得由老子最先提出的自然化的“天道”具有了显著的儒家色彩。《易传》中的天道已经不仅是一种对人间是非莫不关联的冷漠的必然性，“天地之大德曰生”“生生之谓易”，乃至于“积善人家必有余庆，积不善人家必有余殃”，《易传》中的这些说法正是儒家的人生观和价值观在天道上面的投映。天道，尽管是阴阳大化、四时更替，充满神秘而令人敬畏，但是，经过“十翼”的创造性转化，它已经不再是司马谈在论六家要旨时所谈到的那个冰冷的自然律，它已经赋予了一种内在的德性生命而向我们发出善意暖人的微笑了。

经由孔子天命观和道德观的浸润，原先是分裂的两个世界——一个道德的世界和一个冰冷的自然律的世界——的断裂由此而得以弥合，两个世界因此而变成了一个世界，一个大化流行、阴阳博施而又具有道德温情的世界。从此，中国人的天地永远地被赋予了盎然的生意而与人的生命融为一体。在这一人化自然的天地建构中，我们的精神生命得以寄托，我们的灵魂和人生得以安顿。但是，我们也因此与那种穷究物理的客观化的探索精神——科学精神失之交臂。

《四库全书》曾以“推天道以明人事”概括《周易》的特征，其实整个儒家思想又何尝不是如此？但是儒学的这一基本性格实在是由孔子晚年的思想转变而得以定型。说“推天道以明人事”而不说“推天命以明人事”，自然是有其道理的。在一个像春秋那样人文理性获得长足进展的时代，要在天命和儒家道德观之间架设起一座桥梁颇为不易的，但天道就方便得多了。在孔子之后，正如传世文献和新近发掘的郭店楚简所标明的那样，七十子及其弟子突然开始大谈性与天道，《中庸》《性自命出》《五行》以及郭店楚简中的许多其他篇章皆是如此。这一动向，如果按照子贡“不可得而闻”的感叹自然难以索解，但放到孔子晚年思想发展的背景下就是顺理成章而势所必至了。另外，宋明理学体大思精的理论建构、程朱等人的带有本体论色彩的仁说和以理为主导的宇宙观和功夫论，又何尝不是推天道以明人事的具体体现呢？由此可以见出孔子晚年的这一思想转变对于儒家思想品格的影响之深且大了。

一个人在晚年好不容易走向了颇具理性色彩的天道观，却仍然要将早期信仰的天命观投射到天道观上面，岂非矛盾又保守？这看上去的确是有些矛盾。但如果我们不仅仅把矛盾或者保守简单化和庸俗化，我们或许能领会这种“矛盾”和“保守”的卓越与非凡之处。在常人眼中是水火不容的东西，唯有圣贤的睿智和博大能够接纳并调和它们，此孔子之所以为大也！

第四章

孔子与周制

先秦诸子学说的产生，都是为了应对宗周礼乐制度崩解的挑战，孔子亦然。但与诸子不同的是，孔子对崩溃中的周制充满眷恋，公开声言“吾从周”(《论语 · 八佾》)，并因此而获得了“保守派”之名声。但是，首先需要搞清楚的是，孔子心目中的周制究竟为何？它在孔子心中具有怎样的魅力？孔子要保守的又是什么？

一、宗法结构

王国维认为周制的三大主要内容是嫡长子制、庙数制和同姓不婚制，其中嫡长子制最为重要：“一曰立子立嫡之制，由是而生宗法及丧服之制，并由是而有封建子弟之制、君天子臣诸侯之制。”[①]把嫡长子制作为宗法与丧服的基础，实际上就发现了周礼的制度基础。关于周代宗法的具体情况，《礼记 · 丧服小记》与《礼记 · 大传》皆有论述。

《礼记 · 丧服小记》：

> 别子为祖，继别为宗，继祢者为小宗。有五世而迁之宗，其继高祖者也。是故祖迁于上，宗易于下。尊祖故敬宗，敬宗所以尊祖祢也。庶子不祭祖者，明其宗也。庶子不为长子斩，不继祖与祢故也。庶子不祭殇与无后者，殇与无后者从祖祔食。庶子不祭祢者，明其宗也。亲亲、尊尊、长长、男女之有别，人道之大者也。[②]

《礼记 · 大传》：

> 上治祖祢，尊尊也；下治子孙，亲亲也；旁治昆弟，合族以食，序以昭缪，别之以礼义，人道竭矣。圣人南面而听天下，所且先者五，民不与焉。一曰治亲，二曰报功，三曰举贤，四曰使能，五曰存爱。五者一得于天下，民无不足无不赡者。五者，一物纰缪，民莫得其死。圣人南面而治天下，必自人道始矣。立权度量，考文

① 王国维：《殷周制度论》，周锡山编校：《王国维集》第四册，中国社会科学出版社，2008年版，第125页。

②〔元〕陈澔注，万久富整理：《礼记集说》，凤凰出版社，2010年版，第257-258页。

章，改正朔，易服色，殊徽号，异器械，别衣服，此其所得与民变革者也。其不可得变革者则有矣：亲亲也，尊尊也，长长也，男女有别，此其不可得与民变革者也。同姓从宗，合族属；异姓主名，治际会。名著而男女有别。其夫属乎父道者，妻皆母道也；其夫属乎子道者，妻皆妇道也。谓弟之妻"妇"者，是嫂亦可谓之"母"乎？名者，人治之大者也，可无慎乎？四世而缌，服之穷也；五世袒免，杀同姓也。六世，亲属竭矣。其庶姓别于上，而戚单于下，昏姻可以通乎？系之以姓而弗别，缀之以食而弗殊，虽百世而昏姻不通者，周道然也。服术有六：一曰亲亲，二曰尊尊，三曰名，四曰出入，五曰长幼，六曰从服。从服有六：有属从，有徒从，有从有服而无服，有从无服而有服，有从重而轻，有从轻而重。自仁率亲，等而上之，至于祖，名曰轻。自义率祖，顺而下之，至于祢，名曰重。一轻一重，其义然也。君有合族之道，族人不得以其戚戚君，位也。庶子不祭，明其宗也。庶子不得为长子三年，不继祖也。别子为祖，继别为宗，继祢者为小宗。有百世不迁之宗，有五世则迁之宗。百世不迁者，别子之后也；宗其继别子者，百世不迁者也。宗其继高祖者，五世则迁者也。尊祖故敬宗。敬宗，尊祖之义也。有小宗而无大宗者，有大宗而无小宗者，有无宗亦莫之宗者，公子是也。公子有宗道：公子之公，为其士大夫之庶者，宗其士大夫之适者，公子之宗道也。绝族无移服，亲者属也。自仁率亲，等而上之，至于祖；自义率祖，顺而下之，至于祢。是故，人道亲亲也。亲亲故尊祖，尊祖故敬宗，敬宗故收族，收族故宗庙严，宗庙严故重社稷，重社稷故爱百姓，爱百姓故刑罚中，刑罚中故庶民安，庶民安故财用足，财用足故百志成，百志成故礼俗刑，礼俗刑然后乐。①

《说文》："宗，尊祖庙也。"《段注》："凡言大宗小宗，皆谓同所出之兄弟所尊也。"嫡长子主祭，为宗脉传承之代表，为众兄弟所尊，乃

①（元）陈澔注，万久富整理：《礼记集说》，凤凰出版社，2010年版，第268-272页。

西周宗法建构之关键，封建与丧服制均以此为基础，以兄统弟乃封建制的核心。所以程瑶田才说："宗之道，兄道也。"[①]从周王室而言，嫡长子继承君位，为天下之大宗，《诗经·公刘》曰："君之宗之。"《传》曰："为之君，为之大宗也。"《诗经·板》曰："大宗维翰。"《传》曰："王者，天下之大宗。"又曰："宗子维城。"《笺》曰："王者之嫡子，谓之宗子。"可见，"君之"以"宗之"为前提，"王者"以"宗子"为条件。关于"别子为祖"之"别子"，郑玄注："诸侯之庶子，别为后世为始祖也。谓之别子者，公子不得祢先君。"[②]王国维认为："是天子诸侯虽本世嫡，于事实当统无数之大宗，然以尊故，无宗名。其庶子不得祢先君，又不得宗今君，故自以为别子，而其子为继别之大宗。"[③]王夫之谓："'别子'者，世子之母弟也。世子无母弟，则庶弟之长者亦为'别子'。"[④]综上可见，别子当兼周王庶子与诸侯庶子而言之，嫡长子既立，庶子不能祢先君，又不能宗现有君主，故通过封土赐氏而别为一宗之始，故毛奇龄说："同姓之祖，吾既不得而祖之矣，则同宗之祖，请自我始。故曰'自我作祖'，言为此一宗之始耳。祖者，始耳。"[⑤]"继别为宗"，郑玄解为"别子之世适也，族人尊之，谓之大宗，是宗子也"[⑥]。别子之后，世代都以嫡长子作为别子正体承重之人，即宗子，宗族所有人皆以宗子为宗，遂成百世不迁之大宗，故《大传》曰："宗其继别子之所自出者，百世不迁者也。"关于"继祢者为小宗"，孙

①〔清〕程瑶田：《通艺录》，〔清〕程瑶田撰、陈冠明等点校：《程瑶田全集》第一册，黄山书社，2008年版，第137页。

②〔汉〕郑玄注、〔唐〕孔颖达疏：《礼记正义》，〔清〕阮元校刻：《十三经注疏》，中华书局，2009年版，第3240页。

③王国维：《殷周制度论》，周锡山编校：《王国维集》第四册，中国社会科学出版社，2008年版，第128页。

④〔明〕王夫之：《礼记章句》，《船山全书》第四册，岳麓书社，2011年版，第793-794页。

⑤转引自陈赟：《周礼与"家天下"的王制——以〈殷周制度论〉为中心》，中国人民大学出版社，2019年版，第146页。

⑥〔汉〕郑玄注、〔唐〕孔颖达疏：《礼记正义》，〔清〕阮元校刻：《十三经注疏》，中华书局，2009年版，第3268页。

希旦曰："祢，即别子之庶子。继祢者，即别子庶子之子也。"[①]"继祢者"所继，乃别子之庶子，形成小宗，五世则迁，以别于大宗，彰显宗统有本支之异。如此则周王为天下不易之大宗，分封别子为诸侯，"继别为宗"，遂有诸侯国内百世不易之大宗，别子之庶子之继承者则为五世之迁的小宗。西周立国后，这种以嫡长子制为基础的宗法，普遍推行到士大夫阶层，使得宗法成为通行于全国之制度。

宗法之大致情形如上，关于其中周天子与诸侯及宗法的关系，却有不同理解。《礼记·大传》认为"君有合族之道，族人不得以其戚戚君，位也"。郑玄注："君恩可以下施，而族人皆臣也，不得以父兄子弟之亲自戚于君。位，谓齿列也，所以尊君别嫌也。"孔颖达疏："人君既尊，族人不以戚戚君，明君有绝宗之道也"，"族人不得以其戚属上戚于君位，皆不得以父兄子弟之亲上亲君位也"[②]。意思是说，国君作为宗法中的嫡长子，居宗子之位，故有合族之道，这是就亲统而言。但是，国君治临范围不限于一姓一族，君位非其亲族所能得而私有，故族人不能仅仅从宗法角度以宗子待国君。这一辨析反映了国君与族人具有的恩义两重关系，于宗法亲统而言，他是本族宗子；于尊统而言，他是一国之君，《礼记·大传》所谓"位也"，他集两重身份于一身。孔颖达解为"君有绝宗之道"，只强调了其中的一重身份，无法反映国君恩义并在的双重关系。如果以门外之治的尊统而言，自然要求"义断恩"；如果回到宗族内的门内之治，则要求"恩掩义"[③]（《丧服四制》）。单方面的"君有绝宗之道"显然与此两造之事实不符。徐复观认为："《毛传》在上引诗的解释中，尚保持原义，其他汉儒，则常以汉时的君臣关系，推论秦汉以前的君臣关系；并以当时宗法的状况，推论周初的宗法状况。"[④]他是基于诗家的解释，肯定国君依然在宗法之内，自然有其合理性，但对国君与族人关系中同时具有的尊统一面则

①〔清〕孙希旦撰，沈啸寰、王星贤点校：《礼记集解》，中华书局，2012年，第868页。

②〔汉〕郑玄注、〔唐〕孔颖达疏：《礼记正义》，〔清〕阮元校刻：《十三经注疏》，中华书局，2009年版，第3268页。

③ 同上书，第3680页。

④ 徐复观：《两汉思想史》第一卷，华东师范大学出版社，2001年版，第11页。

未能兼顾。比较而言，仍以王国维的解读较为客观合理："故由尊之统言，则天子诸侯绝宗，王子公子无宗可也；由亲之统言，则天子诸侯之子，身为别子而其后世为大宗者，无不奉天子诸侯以为最大之大宗。特以尊卑既殊，不敢加以'宗'名，而其实仍在也。"① 由此可见，所谓"绝宗"，只是基于尊统的一面之论，因周代宗法以嫡长子制为前提，故尊统本身基于亲统，无亲统则尊统不立，虽有尊统而不废亲统，故曰"其实仍在也"。也就是说，虽然在国家治理意义上，宗统不能等同于君统，但是，天子或者诸侯所以继统，其首要合法性依据却是其宗子地位，君统也没有否定其在宗族内的宗子地位。故王氏之说更加符合周代宗法制的现实情形。

虽曰"君之宗之"，但从血缘关系讲，王者毕竟不是天下所有人之宗子，这一问题如何解决？这就涉及周制之"同姓不婚之制"。由于同姓不婚，婚姻只能在异姓宗族之间进行，女子嫁入夫家为妇，在两个本来没有血缘关系的家族之间形成了血缘关系，此种血缘关系与西周宗法制度相结合，便不能不产生相应的政治影响，因为宗法封建制度中的亲亲与尊尊是合为一体的。异姓通婚使得姬姓贵族与外姓贵族之间形成亲缘关系，将宗法关系也延伸到异姓诸侯之间，从甥舅意义上形成了一种广义宗法关系②，"于是天下之国，大都王之兄弟甥舅；而诸侯之间，亦皆有兄弟甥舅之亲。周人一统之策，实存于此"③。于是，"有嫡庶之制，于是有宗法、服术，而自国以至于天下合为一家"④。周人之取得政权无疑是通过剧烈的革命，但周人治理天下的结构，却是通过宗法与同姓不婚制度所建构的宗法情谊，形成了"天下一家"的政治格局。

---

① 王国维:《殷周制度论》，周锡山编校:《王国维集》第四册，中国社会科学出版社，2008 年版，第 128 页。

② 广义宗法关系之说，参俞荣根:《儒家法思想通论》(修订本)，商务印书馆，2018 年版，第 117 页。

③ 王国维:《殷周制度论》，周锡山编校:《王国维集》第四册，中国社会科学出版社，2008 年版，第 134 页。

④ 同上。

总起来看，经由周初封建和制礼作乐，宗法已经成为宗周社会的普遍组织结构，《诗经》以“本支百世”来形容，它好像是一棵参天大树，由嫡庶制度而形成的天子之宗统，就是树根，再由别子为祖和继别为宗而形成树干，继而通过异姓联姻不断嫁接扩展，生发枝叶，向四面八方伸展开来，每个人都在宗法世系中找到自己的定位，成为宗族整体生命的一部分。这棵大树的组织原则是尊尊与亲亲互经迭用，虽说从不同姓氏宗族而言，“君有绝宗之义”，但由于同姓不婚制度的推行，异姓家族通过联姻而建立姻亲关系，使得宗法纽带进一步向异姓之间延伸扩大，“于是‘百姓’相互间，织成一亲戚网”[①]，从而将全社会置于一种宗法血缘关系的人际网络之中，成为一个宗法亲情共同体，由此而建构起“天下一家”的社会格局，对儒家思想产生了深刻影响。这棵大树通过联姻制度而不断开枝散叶，将越来越多的不同民族部落纳入其中；同时通过礼乐教化，将早期众多部落民族逐渐抟融成一个真正意义上的文化共同体。

二、尊尊与亲亲

《礼记·丧服小记》认为“亲亲、尊尊、长长、男女之有别”为“人道之大者”，《礼记·大传》认为“亲亲也，尊尊也，长长也，男女有别，此其不可得与民变革者也”，其中亲亲和尊尊尤其重要，可谓周代宗法制度的两大基本原则，那么，二者之间关系如何？王国维说：殷人祭祖“祭各以其名之日，无亲疏远迩之殊也。先公先王之昆弟，在位者与不在位者，祀典略同，无尊卑之差也。……是殷人祭其先，无定制也”[②]。不分远近亲疏而“祀典略同”，所谓有亲而无尊，可见殷人之尊尊与亲亲之间未能建立内在联系。而周人嫡长子制度的确立，为二者形成有机关联找到了共同基础，王国维认为：“周人以尊尊之义经亲亲之义，而立嫡庶之制；又以亲亲之义经尊尊之义，而立庙

① 梁启超：《先秦政治思想史》，天津古籍出版社，2004年版，第46页。
② 同上书，第131页。

制，此其所以为‘文’也。”[①]“经”是贯穿之意。嫡长子继统制本于血统的嫡庶定尊卑，借以定分止争，故尊统之建构并没有违背亲统，恰是亲统为基础，这便是以亲亲“经”尊尊，以亲亲作为尊尊的基础和依据，故《中庸》说“亲亲之杀，尊贤之等，礼之所由生也”。同时，周人以嫡长子继统为基础，根据血缘关系远近与亲情之厚薄而确立庙制与丧服制度，便使得亲亲有了远近等差之“文”，在亲统之内形成尊统，把尊统精神注入亲统之内。如此，尊统不过是使得亲统“有文”而已，它建构了一种有序的亲统，并不否定亲统本身。尊统和亲统在周礼中迭相贯穿，互为经纬，合二为一。如此，“天子、诸侯、卿、大夫、士，使有恩以相洽，有义以相分，而国家之基定，争夺之祸泯焉”[②]，尊亲双行，恩义并重，正是周制不同于殷制的基本特征，也是孔子所赞赏的周文的精神所在。

陈赟认为，尊尊原则要重于亲亲原则，“尊尊成为丧服乃至整个周礼的首出性原则”[③]，原因有三：其一，“嫡子并不是因为亲而尊，不是因为亲而贵，而是因为所受宗庙、土地、人民之重，实为整个宗族或国家，……他不是因为他个人而被尊，也不是因为他个人和与父亲的亲近关系而被尊，而是作为这个符号而被尊为尊者”[④]。此说或容商榷，嫡子之身份乃是先君之嫡长子，这首先是一种先天性的血缘关系，其承国体之重的君位继承权完全系由此天然的亲缘关系而来，继统权对他乃天生的。就此而言，他是因亲而尊，因亲而贵，也就是王国维所谓“以亲亲经尊尊”。王国维说：“无嫡庶，则有亲而无尊，有恩而无义，而丧服之统紊矣。”[⑤]为克服殷商无文之弊，周人才立嫡庶，以便亲而有尊，但并不是要置亲尊于矛盾境地。崔述认为周人丧服制度之设

① 梁启超:《先秦政治思想史》，天津古籍出版社，2004 年版，第 131 页。

② 同上书，第 134 页。

③ 陈赟:《周礼与“家天下”的王制——以〈殷周制度论〉为中心》，中国人民大学出版社，2019 年版，第 359 页。

④ 同上书，第 361 页。

⑤ 王国维:《殷周制度论》，周锡山编校:《王国维集》第四册，中国社会科学出版社，2008 年版，第 129 页。

立，是“尊尊、亲亲不使两相悖也”[①]，此虽就丧服制度而言，实际上却表达了周制的基本精神。其二，“尊尊原则重于亲亲原则的另一体现是为人后之制度”[②]，即大宗宗子如果无嫡子，可从正妻以外的妻或妾所生子中，过继一位作为继承人，此即“为人后者”，此人要为所后之父斩衰三年。但“为人后”其实是祭统中的一种特例，并不能以此说明亲亲与尊尊可以不存在内在联系，或者亲亲原则让位于尊尊原则。它实际是对血缘亲情关系的模拟，并没有改变问题的本质，反而是从法统上将尊尊基于亲亲制度化。比如，如果其他妻妾也无男孩，则不得不从兄弟的儿子中过继一位继承人。即使他与宗子无父子之亲，他对宗子的称呼也不能是叔伯之类，而必须是“父”，然后才能有享国之重，这是继统受重的必要条件，这恰好为尊尊基于亲亲提供了证明。其三，“尊尊原则又一重要体现是臣为君斩衰”[③]。其实，《礼记·丧服四制》说过：“其恩厚者其服重，故为父斩衰三年，以恩制者也。门内之治恩掩义，门外之治义断恩。资于事父以事君，而敬同，贵贵尊尊，义之大者也。故为君亦斩衰三年，以义制者也。”[④]王国维说：“丧服之大纲有四：曰亲亲，曰尊尊，曰长长，曰男女有别。”[⑤]亲亲是丧服的第一原则。至于为君斩衰三年，君臣关系属于门外之治，严格意义上不属于宗法服制范畴。但是，由于君臣关系对社会的重要性，所谓“义之大者”，故以义治礼，斩衰三年，但丧期并未超过父子服制。从政治意义而言，君臣之义重于父子之义，因为国大于家。但即使如此，也不能超过父子之斩衰三年，说明尊尊并没有凌驾于亲亲之上，反倒是不得不以亲亲为限，亲亲依然是丧服的基础性原则，以使得二者不相悖。《中庸》说：“亲亲，则诸父昆弟不怨。……尊其位，重其禄，同

① 转引自陈赟：《周礼与“家天下”的王制——以〈殷周制度论〉为中心》，中国人民大学出版社，2019年版，第356页。

② 同上书，第362页。

③ 同上书，第363页。

④〔汉〕郑玄注、〔唐〕孔颖达疏：《礼记正义》，〔清〕阮元校刻：《十三经注疏》，中华书局，2009年版，第3680页。

⑤ 王国维：《殷周制度论》，周锡山编校：《王国维集》第四册，中国社会科学出版社，2008年版，第129页。

其好恶，所以劝亲亲也。”尊尊所以“劝亲亲也”，亲亲显然更具有目的指向性。不仅宗族之内如此，社会范围内亦如此，《周官》说：“以八统诏王驭万民，一曰亲亲，二曰敬故，三曰进贤，四曰使能，五曰保庸，六曰尊贵，七曰达吏，八曰礼宾。”[①]八项措施中以亲亲为首。《国语·晋语》则说：“亲亲，民之结也”，“民无结不可以固”，社会有机体形成的基础乃亲亲之情。

尊尊是宗周封建天下的主要政治原则，但尊统内涵于亲统之中，天子与国君是因为在这个生命树上天生的血缘地位而尊；亲亲是宗法制度的主要精神，但亲亲不能没有节度理序，故需要尊尊为之“文”。尊统与亲统彼此互经，在社会政治关系中打上了深刻的烙印，将僵硬的政治关系亲情化进而柔性化，形成了宗周礼乐制度的独特品格，使它与一切古典专制形态区别开来。以君臣关系而言，封建制度中最为重要的是周天子与诸侯之间的关系，正如王国维指出的，周公通过颁赐土地、人民、牲服、车器的册命礼，首次正式确立了周王与诸侯之间的君臣关系，将部落联盟推进到国家形态。但是，此种君臣关系又显著不同于秦以后，徐复观将西周封建制称为“两级分权的政治”[②]，即周天子将部分土地、人民及其治权一起分赐给诸侯，诸侯则将部分土地、人民及其治权分赐给大夫。诸侯在本国具有充分的自治权，除了战时要随王室出征外，平时例行义务不过是奉正朔按时朝聘述职，以及供应四时祭祀供品，负担甚轻。诸侯国内管理事务基本不受周天子的干预，诸侯在军队和外交方面也具有高度自治权。卿大夫虽然不能像诸侯一样将辖区作为一个独立的政治单位，但同样享有高度自治权，拥有军队、家臣、邑宰等，制定自己的经济赋税政策。同时，建构西周政治关系的基础规则是礼而不是法，其政治联系是软约束而非硬约束，由于周天子与诸侯之间的宗统与姻亲关系，使得二者之间有

① 李学勤主编：《十三经注疏·周礼注疏》，北京大学出版社，1999年版，第31页。
② 徐复观：《两汉思想史》第二卷，华东师范大学出版社，2001年版，第19页。

“不纯臣之义”[①]。徐复观认为：“在其基本意义上，伯叔兄弟甥舅的观念，重于君臣的观念。《左传·僖公九年》，会于葵丘，周王使宰孔赐齐桓公胙（祭肉），宰孔致辞说：……‘天子有事于文武，使孔赐伯舅胙’，这是以舅称齐桓公。《左传·僖公二十八年》冬，晋文公王于河阳，王命晋侯为‘侯伯’，其命辞中谓‘王谓叔父，敬服王命’，这是以叔父称晋文公。”[②]在国家重大政治典礼上不称其职级，却呼之以叔伯甥舅，这在秦汉以后的政治体系看来未免是一种不规范的行为，丧失了组织原则，但这恰恰表明了周制和秦制的区别，前者是亲亲和尊尊互经而成的礼乐文明，后者则为垂直行政权力主导一切的社会。

没有尊统则无法完成超越宗族的国家共同体建构，所谓“乐胜则流”；尊统过重会导致社会有机体的离心离德，所谓“礼胜则离”。预防此弊，须得尊尊与亲亲二者互经，互经的目的在于使得二者“不相悖”，进而达到某种平衡。尊统的运行不至于抑制亲情的推扩，而是为了亲亲之情的推扩有序有节；亲统的存在并不否定尊统的功能，孔颖达所谓“族人不以戚戚君”，即使天子或国君之宗族也要承认尊统具有超越宗族亲统的一面，以有利于国家共同体的建构。就宗族内部而言，尊统不外于亲统，是亲统的一种形式，它为亲而不尊的殷商文明注入了一种新的秩序结构，此种秩序并不违背亲亲原则，而是为亲亲建立了与国家公共性彼此融洽的秩序。在继统方面确立嫡长子制，以便定分止争，避免宗族骨肉相残，保护宗族情谊利益在整体上不受伤害，以维护亲亲的根基。在庙数制度方面，不管是天子、诸侯还是士的庙数，都是基于自然亲情而设立，也是为了强化此种亲情。从宗族外部而言，它属于门外之治的范畴，按理应该遵循义掩恩的原则，但是，同姓不婚制度在不同宗族之间注入了宗亲情谊，周天子在庙堂之上与诸侯以叔伯甥舅相称，表明他更重视周王室与诸侯之间的亲缘关系，而且有意识地要在门外之治中注入门内之治的元素，以亲亲之情

①《公羊传》注文，转引自梁启超:《先秦政治思想史》，天津古籍出版社，2004 年版，第 51 页。

② 徐复观:《两汉思想史》第一卷，华东师范大学出版社，2001 年版，第 17 页。

来润泽尊尊之义，使之富有活力更加稳固。这便使得亲亲之情超越宗族范围而向全社会扩展开来，营造了天下一家的氛围。通过天下为家的形式，具有了天下为公的意义。在一些偏远乡村，经过数百年上千年的同村并居，通婚繁衍，几乎所有家庭都有或近或远的亲戚关系，所有人都会以亲戚称呼，整个村落已经成为一家，形成了一种浓郁的乡土亲情。由于家国同构，国家共同体的建构与村落共同体遵循着相似的路径，并将宗法血缘亲情扩展为社会伦理情谊。这种通过宗法恩情与伦理情谊所建构的社会，宗族成为基层治理的主要组织，而宗族的治理自然又以恩为主，使得基层社会获得了相当大的自治空间，不但大幅度缩小了行政权力的运用边界，减少了社会行政成本，同时也使得全社会洋溢着人道温情，具有了某种大同世界的理想色彩。这种具有浓厚人道主义色彩的伦理情谊，本身具有了价值意义，这使它获得了比尊统更重要的价值。在宗周礼乐制度中，相对而言，尊统只具有手段性意义。

在七十子及其后学的表述中，“亲亲、尊尊、长长、男女之有别”，又被称为“人道”：

> 亲亲、尊尊、长长、男女之有别，人道之大者也。(《礼记 · 丧服小记》)
>
> 圣人南面而治天下，必自人道始矣。立权度量，考文章，改正朔，易服色，殊徽号，异器械，别衣服，此其所得与民变革者也。其不可得变革者则有矣：亲亲也，尊尊也，长长也，男女有别，此其不可得与民变革者也。(《礼记 · 大传》)
>
> 上治祖祢，尊尊也；下治子孙，亲亲也；旁治昆弟，合族以食，序以昭缪，别之以礼义，人道竭矣。(《礼记 · 大传》)
>
> 自仁率亲，等而上之，至于祖；自义率祖，顺而下之，至于祢。是故，人道亲亲也。亲亲故尊祖，尊祖故敬宗，敬宗故收族。(《礼记 · 大传》)
>
> 仁者，人也；义者，宜也，尊贤为大。亲亲之杀，尊贤之等，

礼所生也。(《礼记·中庸》)

《礼记·丧服小记》以“亲亲、尊尊、长长、男女之有别”作为“人道之大者也”;《礼记·大传》以“亲亲也,尊尊也,长长也,男女有别,此其不可得与民变革者也”,“亲亲”居首,强调的是其基础地位。《礼记·大传》又说“是故,人道亲亲也。亲亲故尊祖,尊祖故敬宗,敬宗故收族”,直接以“亲亲”说人道,由亲亲而有尊祖、敬宗、收族之功,将亲亲的基础性表达得更清楚。《礼记·大传》又说:“上治祖祢,尊尊也;下治子孙,亲亲也;旁治昆弟,合族以食,序以昭缪,别之以礼义,人道竭矣”,以“上治祖祢”为“尊尊”,则尊尊仍基于宗法亲情,亲亲显然更为基本。需要说明的是,这里说的“亲亲”虽以宗族亲情为主,却并不局限于宗族之内,经过与尊尊的链接推扩之后,它已经变成为具有普世性的人道亲情。所谓“人道”,本身就是普世概念,是普遍的而非特殊的,只有普适于所有人者方可称为“人道”。除了亲亲和尊尊外,长长确立了兄友弟恭的长幼伦理,与嫡长子制相一致,也是家庭伦理的重要内涵。至于男女有别,则被提到了人禽之辨的高度来定位,《礼记·曲礼》说:“鹦鹉能言,不离飞鸟;猩猩能言,不离禽兽。今人而无礼,虽能言,不亦禽兽之心乎?夫唯禽兽无礼,故父子聚麀。是故圣人作,为礼以教人。使人以有礼,知自别于禽兽。”①《礼记·郊特牲》说:“男女有别,然后父子亲,父子亲然后义生,义生然后礼作,礼作然后万物安。无别无义,禽兽之道也。”在周制的四项原则中,男女有别看上去并不突出,可是,它却是其余三者的前提,因为男女无别,雌雄杂居,则父子不亲,兄弟无义。从逻辑关系而言,男女有别是家庭建立的前提,也是社会文明秩序形成的基础,是维系家庭伦理与社会伦理的底线,故《曲礼》和《效特牲》将其视为禽兽之道与人道的关键区别所在。其中亲亲、长长和男女有别乃是最基本的人道,是人类由野蛮步入文明的标志与支撑,虽然各民族的具体表现形式不同,但对于这三种人道原则的认同上并无

①〔元〕陈澔注,万久富整理:《礼记集说》,凤凰出版社,2010年版,第3页。

差异。至于作为政治原则的尊尊，似乎不宜纳入人道范畴，但是，正如王国维对嫡长子制的分析一样，人类文明超越单纯的氏族形态而步入国家层次，尊尊发挥了重要作用，代表文明迈上新层次。更为重要的是，将尊尊纳入人道范畴，表达了儒家对周制的一种解读，即政治不应外于人道，而应以人道为指归。孔子与哀公曾有如下对话：

> 孔子侍坐于哀公。哀公曰："敢问：人道谁为大？"孔子愀然作色而对曰："君及此言也，百姓之德也，固臣敢无辞而对。人道，政为大。"公曰："敢问何谓为政？"孔子对曰："政者，正也。君为正，则百姓从政矣。君之所为，百姓之所从也。君所不为，百姓何从？"公曰："敢问为政如之何？"孔子对曰："夫妇别，父子亲，君臣严，三者正，则庶物从之矣。"公曰："寡人虽无似也，愿闻所以行三言之道，可得而闻乎？"[①]

孔子说"人道，政为大"，突出了政治之重要，同时将政治纳入人道之中。继而以"正"解"政"，将政治的定义从统治权力转为修身正己，这是礼乐文明特有的政治观。钱穆在分析《论语》"子奚不为政"一章时说："孔子论政，常以政治为人道之一端，故处家亦可谓有家政。孔门虽重政治，然更重人道。苟失为人之道，又何政治可言？"[②]揭示了孔子政治思想的重要特征。孔子从根本上改变了政治的定义，将政治纳入到人道范畴之内，以礼乐教化作为政治的基本手段，以正己化人作为政治的指导原则。在现代民主法治之前，这是所能设想的最具有人道情怀的政治组织形式。周制遵循人道主义精神，并力图将政治纳入人道原则的规范约束之下，以防止政治对人道之背离与破坏，这实际上为政治确立了一个最高的标准和理想，表明人道主义才是政治的根本法则与价值。人类社会变革政治的一切努力，都在为实现此一理想目标而奋斗。将"亲亲、尊尊、长长、男女之有别"作为"人道之大者"，说明孔子后学清楚意识到了周制的基本精神乃是人道主

①〔元〕陈澔注，万久富整理：《礼记集说》，凤凰出版社，2010年版，第391页。
② 钱穆：《论语新解》，生活 · 读书 · 新知三联书店，2005年版，第46页。

义，这是周制不同于夏殷两代的重要区别，也是孔子心仪周制的根本原因。但是，人类文明的建构并非一劳永逸，《礼记·乐记》指出："君子于是语，于是道古，修身及家，平均天下。此古乐之发也。今夫新乐，进俯退俯，奸声以滥，溺而不止；及优侏儒，糅杂子女，不知父子。乐终不可以语，不可以道古。此新乐之发也。"[①]在子夏看来，古乐得中和之道，故有修齐治平之效。而新乐丧中和之节，这种毫无道德理性的新乐，将使人们突破人道底线而重返"糅杂子女，不知父子"的动物状态。这就提醒人们，那些极其重要的人道底线，并不是牢不可破的；而在此地基上建设起来的文明大厦并非像表面看起来那样坚如磐石。人道与文明，将会时常面临来自人类自身的挑战。

周制中的人道主义精神，在周礼中会有更为具体的展现。

三、周制与周礼

此种基于亲亲和尊尊互经相体而成的周制，才是宗周礼乐文明的制度基础。周制与周礼，泛言则同，细言则别。王国维指出："由是制度，而生典礼，则《经礼》三百，《曲礼》三千是也。"[②]这就意味着，周制乃周礼之基础，周礼乃周制之表现。关于周公制礼作乐之说，应首先从制度建构的角度来理解。周公制礼作乐，《逸周书》《左传》《国语》等史有明文，自非空穴来风。但值得注意的是，《周书》大谈天、命、德、民，却很少谈到"礼"，其中只有五个礼字，差不多全是指祭礼而言，与春秋时期的礼字之含义有显著差异。《周书》中既没有明确的礼治思想，又没有关于周公制礼的具体论述，令人费解，以至于清代以来，有学者对周公制礼提出怀疑甚至否认。但是，明白了《殷周制度论》的主旨，关于这一问题的疑窦就会涣然冰释。周公摄政七年，于戎马倥偬之际所完成的最重要工作，是主导了殷周之际的宗教

①〔元〕陈澔注，万久富整理：《礼记集说》，凤凰出版社，2010年版，第307页。

② 王国维：《殷周制度论》，周锡山编校：《王国维集》第四册，中国社会科学出版社，2008年版，第134页。

革命和制度革命，王国维指出："此种制度，固亦由时势之所趋，然手定此者，实惟周公"[①]，而"由是制度，乃生典礼"，周公最先确立了周制的基本架构与原则，后来的典礼设计不过是落实亲亲、尊尊、长长和男女有别的原则，为制度的运行确立具体的仪式规范。这些仪式规范的制作自然需要一个过程，但周初所需的一些政治典礼，例如册命、巡狩、朝聘、贡赋等制度，关系到周天子与诸侯国的政治权利与义务，应当首先完成，当为周公所作。《逸周书》说："周公摄政君天下，弭乱，六年而天下大治，乃会方国诸侯于宗周，大朝诸侯明堂之位。……明堂，明诸侯之尊卑也，故周公建焉，而朝诸侯于明堂之位。制礼作乐，颁度量，而天下大服，万国各致其方贿。七年，致政于成王。"《礼记·明堂》也说："武王崩，成王幼弱，周公践天子之位，以治天下。六年，朝诸侯于明堂，制礼作乐，颁度量，而天下大服。"二者关于周公制礼作乐的说法大致相似，察其本意，是周公弥乱之后，"会方国诸侯于宗周，大朝诸侯明堂之位"，从而正式确立了宗周与诸侯、方国的政治关系，通过"明诸侯之尊卑也"，确立了有周一代的尊统，乃是其中的关键所在。实际上，周人之制礼作乐本身是一项系统工程，周公为其确立骨干和原则后，历经百余年时间，直到西周中期的昭王和穆王时期，才大致完成，形成了《礼记·昏义》中所举冠、昏、丧、祭、朝、聘、乡、射等礼仪，覆盖了政治、文化与生活的各个方面，制礼作乐才得以完成。

周礼虽是损益夏礼、殷礼而来，但与夏礼、殷礼相比，其内涵与精神已经发生了深刻变化，这是周代政治革命和宗教革命双重作用的结果。亲亲与尊尊互经迭用的原则，对周代的政治社会组织产生了巨大影响，王国维说："且古之所谓国家者，非徒政治之枢机，亦道德之机枢也。使天子、诸侯、(卿)、大夫、士各奉其制度典礼，以亲亲、尊尊、贤贤，明男女之别于上，而民风化于下，此之为治。反是，则谓之乱。是故天子、诸侯、卿、大夫、士者，民之表也；制度典礼者，

① 王国维:《殷周制度论》，周锡山编校:《王国维集》第四册，中国社会科学出版社，2008年版，第134页。

道德之器也。周人为政之精髓，实在于此。”[①]也就是说，礼乐制度将周朝的政治机构转化为一个伦理机构，贵族阶层皆根据制度典礼而行动，以为民表率。如此一来，制度典礼便成为体现道德精神的手段，此种道德精神，就是“曰命、曰天、曰民、曰德，四者一以贯之”[②]。以德配天的天命论和民本论，是西周伦理宗教的主要精神，它通过周制与周礼得以贯彻落实。必须看到，西周的所谓德与孔子以后的德有显著不同，它尚未与人心建立直接的联系，不是人的心性之德，而是一种神秘性宗教之德，是天之所命，王国维并没有忽视这种历史性差异：“且其所谓‘德’者，又非徒仁民之谓，必天子自纳于德而使民则之。”[③]周初天子王公关怀黎民之德，并非只是对民的仁爱，同时也因为对天命的敬畏和祈天永命的目的。所以，最终将国家从单纯的政治器械变成了道德器械，宗教信仰发挥了重要作用。如果说亲亲、尊尊和男女有别等是周礼制作的基本原则，天命信仰则是其发挥有效作用的精神保障，二者赋予了周礼新特征，也形成了有周一代“为国以礼”（《论语·先进》）的独特政治文化。

历史上最早的礼是奉神之礼，到西周中期制礼作乐基本完成，礼的内涵从神人之际发展到人人之际，春秋时期形成了系统的礼治思想，礼成为天道和人道之枢纽。周代政治文化之特征，与一般意义上的古代威权政治之区别，正在于礼。荀子曾用“养”和“别”总结礼的功能。礼通过明分止争，更好地满足了人类的自然欲求，以此“养人之欲，给人之求”（《荀子·礼论》），所以他说：“礼者，养也。刍豢稻粱，五味调香，所以养口也；椒兰芬苾，所以养鼻也；雕琢、刻镂、黼黻、文章，所以养目也；钟鼓、管磬、琴瑟、竽笙，所以养耳也；疏房、檖貌、越席、床笫、几筵，所以养体也。故礼者，养也。”[④]（《荀子·礼论》）除了养口鼻目耳体外，礼还可以“养威”“养信”“养

① 王国维：《殷周制度论》，周锡山编校：《王国维集》第四册，中国社会科学出版社，2008年版，第134–135页。

② 同上书，第135页。

③ 同上书，第185页。

④〔清〕王先谦撰，沈啸寰、王星贤点校：《荀子集解》，中华书局，1988年版，第346页。

安”“养情”等（《荀子 · 礼论》），说明礼不但确保了人类自然欲求的满足，也维系着社会基本伦理秩序。礼的“养”的作用，以其“别”的功能为前提：“君子既得其养，又好其别。曷谓别？曰：贵贱有等，长幼有差，贫富轻重皆有称者也。”（《荀子 · 礼论》）。《荀子 · 乐论篇》：“乐合同，礼别异。礼乐之统，管乎人心矣。”《礼记 · 曲礼》说：“夫礼者，所以定亲疏，决嫌疑，别同异，定是非也。”《礼记 · 乐记》也说：“礼义立，则贵贱等矣；乐文同，则上下和矣。”可见，“别”是通过礼来区分名分，规定人们的社会地位，《礼记 · 礼运》所谓“礼达而分定”。这里的“分”，不仅是政治地位，还包括家庭成员在家庭中的分工与角色，其意义有超出于政治等级之外者。前面已经引用《礼记 · 郊特牲》和《礼记 · 曲礼》，强调男女有别然后才父子有亲，意味着周礼之别异首先是别男女，男女有别才能父子相亲，从而有了家庭中最主要的两伦关系即夫妇伦和父子伦的建立。人类由男女有别而终结了乱性的自然状态，由此走向了族外婚制，形成夫妻家庭，标志着人类开始步入文明时代。“别异”目的之一是“尊尊”，而周代尊尊的核心是嫡长子制，这在现代社会无疑不能代表先进文化，但正如王国维指出的，从殷商的兄终弟及到周代的嫡长子继统制，为君位传承找到了天然客观标准，在当时乃是政治文明的巨大进步，所谓“任天者定，任人者争；定之以天，争乃不生”[①]。孔子赞赏周制为“文质彬彬”，正是由于周人在别异的基础上建立的系统发达的礼制，从而将文明向前推进了一大步。除了家庭伦理身份外，礼还规定了上下尊卑的政治名分，这就涉及近代以来对孔子维护等级权威进而阻碍现代转型的批评。毫无疑问，传统意义上的尊尊完全不适用于权利平等的现代社会，但是，正如史华兹指出的，等级制的权威“在所有处于疆土广阔的国家控制下的古代文明中都被看成是理所当然的”，“孔子本人似乎充分注意到了等级与权威的弊端，尽管他也同样地关注他生活的时代由于颠覆权威而造成的危害。历史给他的启示是：这两者都是致命

① 王国维：《殷周制度论》，周锡山编校：《王国维集》第四册，中国社会科学出版社，2008年版，第127页。

的"[1]。显然，孔子并没有直接否定等级权威，他或许意识到，即使没有贵族等级也会有新的等级出现，没有等级的时代远未到来，而新的等级未必更文明。孔子既想挽救由于政治失序所导致的生灵涂炭，又想解决等级制威权本身的僵化和异化，在他认为唯一的途径就是"克己复礼"(《论语·颜渊》)，"道之以德，齐之以礼"(《论语·为政》)，礼既能维系社会秩序，又能避免完全行政化对社会的戕害。

另外，除了"养"和"别"，礼的精神还有"让"和"敬"。《左传·襄公十三年》说:"让，礼之主也"，《左传·昭公二年》则说:"忠信，礼之器也;卑让，礼之宗也"，以让为礼的根本精神。《礼记·曲礼》认为:"夫礼者，自卑而尊人。虽负贩者，必有尊也，而况富贵乎？富贵而知好礼，则不骄不淫;贫贱而知好礼，则志不慑"，其中"自卑而尊人"，就是"让"的具体表现。《礼记·坊记》说:"君子贵人而贱己，先人而后己，则民作让"，其中的"贵人而贱己"，与"自卑而尊人"义近。"自卑而尊人"，表达的其实是对人的敬意，故在春秋关于礼的思想中，让与敬紧密相连。《礼记·曲礼》以"毋不敬"开篇，郑玄释为"礼主于敬"[2]。礼的目的之一是通过区分名分以防止人们彼此侵夺残害，这仅靠区分名分本身还不够，因为外在的规范如果没有内在的自觉，是不能奏效的，而让与敬正是礼的内在精神，二者源于古礼中的尊神之意，渐渐发展为人之间的互相敬让。此种敬让不仅适用于以下事上，而且适用于以上对下，孔子所谓"君使臣以礼，臣事君以忠"(《论语·八佾》)。古代国君之称孤道寡，体现的正是"自卑而尊人"的礼的精神。

由此而决定了宗周礼乐政治不同于古代一般威权政治的另一重要特点，即礼是双向的而非单向的，它同时规定了双方的道德义务，而不像秦制那样是单方面的强制与服从。孔子强调"君使臣以礼，臣事

①[美]本杰明·史华兹著，程钢译:《古代中国的思想世界》，江苏人民出版社，2004年版，第69页。

②〔汉〕郑玄注、〔唐〕孔颖达疏:《礼记正义》，〔清〕阮元校刻:《十三经注疏》，中华书局，2009年版，第2659页。

君以忠”，如果君不能使臣以礼，则臣也没有义务事君以忠，所谓“以道事君不可则止”（《论语・八佾》），故君主仅凭其势位而强迫臣下是非礼的，这是礼的双向调节模式的典型体现。政治责任并非来自上对下的强制，而是来自礼的约定，上级并不能外在于礼要求，而应率先行礼如仪，作为表率，以感动兴发属下，此种表率作用被孔子视为周制的要义所在，所以说“政者正也，子帅以正，孰敢不正”（《论语・颜渊》），“其身正，不令而行；其身不正，虽令不从”（《论语・子路》），由此总结出“恭己而正南面”（《论语・卫灵公》）的治国之道，作为“为国以礼”的精义所在。于是，“爱人不亲，反其仁；治人不治，反其智；礼人不答，反其敬。行有不得者，皆反求诸己，其身正而天下归之”（《孟子・离娄上》）。普通民众身上的一切道德缺陷，原因都不在于民众本身，而要从为政者自身的不仁、不智和不敬上去寻找。这种以修身为本的治理理念，将社会一切问题的根源统统追溯到为政者，与将一切责任推给民众并以权力高压作为治国手段的传统威权政治不可同日而语。为国以礼和为政以德的精神，虽然以孔孟的论述最为透辟，其内涵却早已经包含在宗周礼乐文明之中了。不仅君臣关系如此，先秦儒家的父子、夫妇、长幼与朋友伦理都是如此，先秦儒家重视双方伦理义务的五伦之道，与汉以后儒家强调单方面服从的三纲之说，具有本质的不同，此种不同源自于周制和秦制两种不同的文明形态。

敬与让已经作为礼的本质而内涵于礼乐规范之中，故礼让的精神是普遍而非特殊的，适用于所有礼乐实践者，这便在纵向的名分之间，植入了一种横向的平等精神。这并非权利的平等，而是人格的平等，这在古代世界中是弥足珍贵的，它在社会等级名分中注入了一种平等与温情，将僵硬的等差关系柔性化了，在政治关系中注入了“人道”精神，并且力图将政治权力的运作纳于“人道”的规范与约束之下。这乃是周礼与周道最值得注意的特征。

如果说养、别、敬、让代表了礼的功能，那么礼的本源何在？对此，春秋已降有礼本于天地之道说，《左传・昭公二十五年》太叔引子产的话："夫礼，天之经也，地之义也，民之行也。天地之经，而民实则之。""天地之经"即天地之常道；《礼记·乐记》则说："礼乐负天地之情，达神明之德，降兴上下之神，而凝是精粗之体"，都将礼乐追溯到天地之道，以探寻礼乐的宇宙论根源。礼乐本于天道之说一直为后世儒家所继承。但春秋以来，关于礼的起源的另一种说法——礼本于人情说——成为后来儒家人性论探索的基础。《礼记·礼运》认为礼是"报本反始"，提出礼"有本有文"；《礼记·礼器》说"礼也者，反本修古，不忘其初者也"，都提出了礼之本即根源问题，这个本就是人之情。《性自命出》说"礼作于情"，"道始于情"；《礼记·乐记》说"先王本之情性，稽之度数，制之礼义"，"合情饰貌者，礼乐之事也"；《礼记·三年问》说"三年之丧，何也？曰：称情而立文，因以饰群"；《礼记·礼运》说"故礼义者，人之大端也，……所以达天道顺人情之大窦也"，《礼记·坊记》则说礼是"因人之情而为之节文"。这些言说明确将人之情性作为礼乐建构的基础，礼乐之度数节目皆源于人情，礼义是顺着人情为之节文而不是相反，情与义并不处于对立的两极，而是因情以见义，由义以达情。情性与礼义的这种有机关系，恰好是周制中亲亲与尊亲互经为一的结果，也是周制不同于一般威权政治的内在原因。礼乐制度不同于一般威权政治，它基于一种特殊的人性论。《左传·昭公二十五年》子产的话："气为五味，发为五色，章为五声，淫则昏乱，民失其性。是故为礼以奉之。……民有好、恶、喜、怒、哀、乐，生于六气。是故审则宜类，以制六志。哀有哭泣，乐有歌舞，喜有施舍，怒有战斗；喜生于好，怒生于恶。是故审行信令，祸福赏罚，以制死生。……哀乐不失，乃能协于天地之性，是以长久。"礼之产生是为了调节好、恶、喜、怒、哀、乐六种感情，六情"生于六气"，须以礼节之，以防"淫则昏乱，民失其性"。显然，好、恶、喜、怒、哀、乐六种感情就是人性的内涵。这可以说是一种自然人性论，但不同于后来以欲论性的性恶论，它主要将性之内涵落实到情上，是一种以情论性的性情论，也是礼乐文明的人性论前提。虽然性情论春秋时期已经发端，但其思想内涵及其与礼乐文明的内在联系，直到七十子及其后学才得以充分阐发。《性自命出》说“喜怒哀悲之气，性也”，这是承接了子产以六气论六情的性情论。

《礼记》“因人之情”的情，首先是宗族人伦亲情，但又不局限于宗族。因为宗法社会的基本结构，是宗权与君权合一，作为嫡长子的周王本身是姬姓宗子，同时也是天下共主。尽管他不是外姓诸侯的宗子，却通过异姓婚姻建构起与其他诸侯国的亲缘关系，进而有了“宗周”的概念。其余诸侯与卿大夫在其辖区内同样也遵循着宗权君权合一的原则，因亲而尊。这种独特的社会结构，使得家礼在周礼中占有基础性地位，同时也使得家庭成为整个社会的模板。《礼记·昏义》说：“夫礼，始于冠，本于婚，重于丧、祭，尊于朝、聘，和于乡、射，此礼之大体也。”这里所认为的八种礼中，家族礼就占了四项。王侯卿大夫的首要职能是齐家，然后将齐家的经验推扩应用到封地辖区的治理。如此齐家本身就具有了政治意义，而且是其政治活动的核心部分，因为宗子地位是承重治民的必要前提，尊尊地位由此亲亲地位而确定。所以孔子才说“《书》云：‘孝乎惟孝，友于兄弟，施于有政’，是亦为政，奚其为政”（《论语·为政》）。由此而决定了家庭在中西古典哲学中的不同地位。史华兹曾经比较柏拉图和孔子的家庭观，认为柏拉图《理想国》中的精英“不会从家庭中吸取任何精神教训和道德教训。对孔子来说，正是在家庭中，人们才能学会拯救社会的德性。因为家庭正好是这样一个领域，在其中，不是借助于体力强制，而是借助于基于家庭纽带的宗教、道德、情感的凝聚力，人们接受了权威并付诸实施。正是在家庭内部，我们才找到了公共德性的根源”[①]。对孔子家庭观的分析十分到位。孔子所心仪的道德权威只能从家族文化氛围中培育出来，家族也有等级，甚至有家法以维护基本家庭伦理。但家族的等级与政治等级有质的不同，它是基于血缘亲情的伦理辈分，门内之治遵循着恩掩义原则，强制力量的使用必须受到亲情原则的严格约束，以不违背和破坏人伦亲情为前提。在家庭中，强制或者暴力

①[美]本杰明·史华兹著，程钢译：《古代中国的思想世界》，江苏人民出版社，2004年版，第71页。

乃是一种不得已的恶，它必须被控制到最小。这正是孔子德治思想的含义之一，孔子正是在齐家之道中发现了政治的规律与奥秘。柏拉图的城邦精神与家庭是对立的，孔子的大同世界却是家庭伦理的放大，进而超越家庭本身，建构更具有公共性的理想社会。这两种公共性采取了全然不同的建构方式，前者特别推崇理性的作用，而后者则把美好情操的培育与推扩视为主要途径，从而塑造了东西方的法治和礼治两种不同的治理形态。

从“天地之情”到人之情，表明孔子后学对礼乐文明的理解，进一步聚焦到人道。从亲亲、尊尊、长长、男女有别到“因人之情”，“道始于情”则是对人道界定的具体与深化。如果说前四者是人道原则，人之“情性”便是人道的内涵，如《乐记》所言，它构成了礼乐之“度数”乃至于“礼义”的基础。故荀子曰：“礼者，人道之极也。”(《荀子·礼论》)《礼记·乐记》则说：“是故先王之制礼乐也，非以极口腹耳目之欲也，将以教民平好恶而反人道之正也。”[①]礼乐之道即人道，礼乐法则即是人道法则，故《性自命出》说：“道四术，唯人道为可道也。”[②]

如果说，周制的原则是人道主义，那么，礼乐便是人道主义的具体形式，将人道原则落实到生活世界。当然，这里依然存在着人道与政治的关系需要说明，就像尊尊与亲亲的关系需要澄清一样。从《礼记》《周礼》的记载看，周代国子教育的主要内容是《诗》《书》《礼》《乐》，推行礼乐也是政治的主要任务。根据《礼记·王制》：“司徒修六礼以节民性，明七教以兴民德，齐八政以防淫，一道德以同俗，养耆老以致孝，恤孤独以逮不足，上贤以崇德，简不肖以绌恶”，在“六礼”“七教”之外尚有“八政”，但“八政”之作用主要在防范，与礼教相比显然处于次要地位。孔子明确主张“道之以德，齐之以礼”，反对“道之以政，齐之以刑”(《论语·为政》)，正是为了将政治置于人道的统领之下，也是对周代礼治精神的精要总结。

①〔元〕陈澔注，万久富整理:《礼记集说》，凤凰出版社，2010年版，第294页。
② 李零:《郭店楚简校读记》(增订本)，中国人民大学出版社，2007版，第136页。

礼乐之治的特点，是为政者本人率先垂范以感化民众，通过礼乐教化而一道同风。《礼记 · 乐记》这样描述礼乐教化的效果：“乐极和，礼极顺，内和而外顺，则民瞻其颜色而弗与争也；望其容貌，而民不生易慢焉。故德动于内，而民莫不承听；理发诸外，而民莫不承顺。故曰：致礼乐之道，举而错之，天下无难矣。”① 它将这种政治模式称为“揖让而治天下”，并感慨“先王之道，礼乐可谓盛矣”。这样一种理想的礼乐文明，在西周的全盛时期是接近达到了的，《史记 · 周本纪》所谓“故成康之际，天下安宁，刑措四十余年不用”，周代也是通过礼乐制度维系了长时间的国内和平稳定，并持续时间八百余年。

梁启超曾说周礼的“立法精神”在于“盖利用人类通性善导之”②，可谓抓住了问题的本质。周代礼乐文明的核心是人道主义精神，此种人道主义精神以家庭为基础发展而来，因为家庭是最富有人道主义精神的社会组织。周礼之人道精神，体现为亲亲和尊尊两方面，分别具有别异与合同两种功效。周礼的确包含尊卑等级，但是，尊卑等级必须服务于人道原则，它在周制中经过了礼的浸润与改造，被有意识地置于礼的统属之下，使得亲亲尊尊两不相悖，政治权力的运用始终受到人道精神的制约，并以不破坏人道精神为前提。孔子则进一步强调了周礼中人道主义面向，规定尊尊只具有手段的意义，人道主义才是最高目的。正如邹昌林所说：“儒家根本的立脚点是以父系血缘关系为基础的社会礼仪，而不是那种造成社会不公的、以君臣关系为核心的、严格的政治等级礼仪。儒家的全部努力，就是为了把这种政治等级制度纳入人生社会礼仪的系统中，而不是牺牲人生社会的利益去维护以君臣关系为核心的等级制度。”③ 正因为如此，周制得以保持亲亲尊尊二者的平衡。至于人道主义的内涵，除了男女有别、父子有亲、长幼有序、君臣有义这些具体要求外，孔门后学还通过人性论的考量与反思，产生了七十子及其后学的性情论。性情论的特征在于以情论性，将情

①〔元〕陈澔注，万久富整理：《礼记集说》，凤凰出版社，2010 年版，第 295 页。

② 梁启超：《先秦政治思想史》，天津古籍出版社，2004 年版，第 48 页。

③ 邹昌林：《中国古礼研究》，文津出版社，1992 年版，第 143 页。

作为人性的基本内涵，一切礼乐制度并非违背人性人情而是为了以文明的形式成就人性人情，此周文之所以为文，也是周礼人道主义的具体表现。周礼综合三代礼制，将自身奠基于人道、人性和人情的根基之上，才能取得良好的治理效果，并对孔子产生了巨大的吸引力。这种以人道主义为主导的礼乐文明，即使在现代社会，依然具有其重要参考意义。

周制的特点在于通过礼乐文明的熏陶，以亲亲之情经尊尊之义，从而将政治纳入人道的规范约束之下，从而大大降低了政治本身所具有的功利和戾气，将政治强制降低到了最低程度。在缺乏权力制衡与自由传统的古代东方，周代制度在政治生活中人道主义能够取得如此成就，从制度设计而言，主要依靠尊尊与亲亲二者的彼此调和；从社会教化而言，则却主要依靠礼乐文明的陶冶涵养，化解人心中的贪戾暴慢之气，养成威仪风范。礼乐制度将人道精神内置于政治生活，制约了政治的强制性，所谓“文之以礼乐”（《论语·宪问》），使得政治本身透露出人性和人道的光辉。这正是孔子心仪周礼的根本原因所在。当然，周礼毕竟是一种古典政治形态，礼乐制度的有效性以天命信仰为依托，此种依托一旦弱化，礼乐制度就失去了精神支撑，礼坏乐崩的局面就会出现。

四、孔子与刑鼎之争

孔子意识到，这样一种基于人道主义的礼乐文明，在古代世界具有不可多得的性质，从人道主义标准衡量，它代表着古典文明的最高水准。而正在孕育中的法家思想，从人道标准来看，或许不见得比周礼先进，由此才可以理解孔子对铸刑鼎的态度问题。

> 冬，晋赵鞅、荀寅帅师城汝滨，遂赋晋国一鼓铁，以铸刑鼎，著范宣子所为刑书焉。仲尼曰：“晋其亡乎，失其度矣！夫晋国将守唐叔之所受法度，以经纬其民，卿大夫以序守之，民是以能尊

其贵，贵是以能守其业。贵贱不愆，所谓度也。文公是以作执秩之官，为被庐之法，以为盟主。今弃是度也，而为刑鼎，民在鼎矣，何以尊贵？贵何业之守？贵贱无序，何以为国？且夫宣子之刑，夷之蒐也，晋国之乱制也，若之何以为法？”（《左传·昭公二十九年》）

有学者评价说：“孔子在这个动荡的变革的时代，明确地站在保守、落后的一方。”[①]孔子的确是保守的，但他到底要保守什么，以及保守是否等同于落后，尚需进一步分析。周制重视德礼，并非不要刑政。据《国语·周语上》载，穆王将征犬戎时，祭公有一段“先王观德不耀兵”的劝诫：

夫先王之制，邦内甸服，邦外侯服，侯、卫宾服，蛮、夷要服，戎、狄荒服。甸服者祭，侯服者祀，宾服者享，要服者贡，荒服者王。日祭、月祀、时享、岁贡、终王，先王之训也。有不祭则修意，有不祀则修言，有不享则修文，有不贡则修名，有不王则修德，序成而有不至则修刑。于是乎有刑不祭，伐不祀，征不享，让不贡，告不王。于是乎有刑罚之辟，有攻伐之兵，有征讨之备，有威让之令，有文告之辞。布令陈辞而又不至，则增修于德而无勤民于远，是以近无不听，远无不服。[②]

这表明周天子对违背礼制的诸侯有征伐权，所谓“刑不祭，伐不祀，征不享，让不贡，告不王”。但与一般威权政治不同的是，对于违礼的诸侯，周天子并非立即使用刑罚征讨，而是先要自省自修，依次修意、修言、修文、修名和修德之后，如果诸侯依然不履行义务，才有征讨刑罚之用，以期远近听服之效。这说明周礼本身具有两面性。它首先是礼，但在一定条件下会转化为法，以确保礼的权威性。但是，在礼乐文明中，礼向法的转化是有条件的，周公“明德慎罚”的训诰，

① 李泽厚：《中国古代思想史论》，天津社会科学院出版社，2004年版，第7页。
②〔旧题〕左丘明：《国语》，齐鲁书社，2005年版，第2–3页。

明确将德置于刑之上，祭公所说证明了这一点。但是一旦感化无效，便是“礼之所去，刑之所取”（《汉书·陈宠传》），这实际上已经确立了此后中国法律“出礼入刑”的指导原则。

周礼以细密著称，所谓“经礼三百，曲礼三千”（《礼记·礼器》），既然“礼之所去，刑之所取”，也就意味着周制同时织就了一副繁密的刑法之网，不过二者有阴阳之别罢了。所以萧公权指出周礼有“礼烦政苛之倾向”[①]，甚至有人认为《周礼》是一部法家著作[②]。不过明德慎罚的理念与相应的礼治秩序一直制约着这张刑法之网，一旦礼崩乐坏，刑罚也就成为必然选择。故尽管许多学者强调周秦之制的本质差异，秦制实际上是周制所内涵的一个构成要素。从制度史上看，晋国和楚国的历史表明，郡县制恰是从周制内部成长起来的，说明它并不是完全外在于周制。就此而言，一个法家社会其实已经内涵于周制之中，只要礼治秩序的主导地位稳固不变，这种潜在的法家化倾向就会受到抑制而只能处于从属地位，而一旦礼治秩序产生动摇，法家政制便会脱颖而出。所以，尽管法家政治最终取代了周制，但它并非完全是周制的对立面，而是周制内部的一种可能性，它在一定条件下就会成为现实。这自然是先秦史的一大关键所在，其明确的历史信号就是晋国铸刑鼎事件。

显然，孔子反对的并非刑法本身，礼乐文明并非不要刑法，曾经做过鲁国大司寇的孔子自然深知刑法的力量，他曾称赞晋国的叔向“治国制刑，不隐于亲，……杀亲益荣，犹义也夫”（《左传·昭公十四年》）；又曾肯定子产德刑并举的治国方略，认为“宽以济猛，猛以济宽，政是以和”（《左传·昭公二十年》），而“致中和”正是礼乐的主要功能。故孔子主张“夫晋国将守唐叔之所受法度”，这个法度的主要精神是为国以礼和明德慎罚，确保德礼对于刑法的优先性，防止政治权力的无限制扩张而背离人道原则。晋国显然正处在脱离这一法度指引的过程之中。孔子所说“贵贱不愆，所谓度也”，向来被作为落

① 萧公权：《中国政治思想史》（一），辽宁教育出版社，1998年版，第28页。

② 邹昌林：《中国古礼研究》，文津出版社，1992年版，第170页。

后反动的表现。实际上，“贵贱不愆”是指礼治秩序而言，铸刑鼎并没有取消贵贱，它不过是要确立新的贵贱原则，在新社会体系中政治权力将会成为贵贱的唯一标准，这将导致尊尊与亲亲二者远离平衡，违背别异与合同之间的中道，从而颠覆周礼中的人道主义精神，这是孔子真正担心的。铸刑鼎预示了治国理路将从“道之以德，齐之以礼”，转向“道之以政，齐之以刑”，这将导向一个行政权权力主导一切的社会，礼乐文明所孕育的人道精神和人性温情将会荡然无存，人本身将被工具化和异化，孔子敏锐地意识到了这种萌芽中的危险。周代礼治之特征，如王国维所说是贵族阶层首先自纳于道德进而纳天下于道德，贵族阶层本身是礼乐与德行的模范，他们的“贵”不仅表现在门第出身，更表现在道德涵养。但在法家那里，法乃君主的私器与工具，君权乃法外之地，君主以势行法而以术御众，而他本人则完全置身于礼法之外，而御民于权术之中。

如果说周制是用礼乐软化驯化权力，进而将权力纳入礼的约束之下，那么刑鼎的出现意味着礼治精神的倾覆，将以刑治取代礼治。所谓“今弃是度也，而为刑鼎，民在鼎矣”（《左传·昭公二十九年》），所谓“民在鼎矣”，其实是“民在刑矣”[①]。礼乐中的民众拥有人性和人格的尊严，刑鼎上的民众已沦为单纯刑法处置的对象，丧失其作为礼乐践行者的道德主体性与人格尊严，同时也意味着周礼所孕育的人道理想的幻灭。孔子因此主张晋国应该遵守当年周公所确立的法度，重返尊礼重信的“被庐之法”，并断言范宣子的刑鼎“乱制”。相似的看法，晋国叔向在昭公六年致子产信中也有清楚的表达：

> 始吾有虞于子，今则已矣。昔先王议事以制，不为刑辟，惧民之有争心也。犹不可禁御，是故闲之以义，纠之以政，行之以礼，守之以信，奉之以仁，制为禄位以劝其从，严断刑罚以威其淫。惧其未也，故诲之以忠，耸之以行，教之以务，使之以和，临之以敬，莅之以强，断之以刚。犹求圣哲之上，明察之官，忠信之长，

① 俞荣根:《儒家法思想通论》(修订本)，商务印书馆，2018 年版，第 203 页。

> 慈惠之师，民于是乎可任使也，而不生祸乱。民知有辟，则不忌于上，并有争心，以征于书，而徼幸以成之，弗可为矣。……民知争端矣，将弃礼而征于书。锥刀之末，将尽争之。乱狱滋丰，贿赂并行，终子之世，郑其败乎！肸闻之，国将亡，必多制，其此之谓乎！（《左传·昭公六年》）

叔向担心刑书的公布将开启民之“争心”：“民知有辟，则不忌于上，并有争心，以征于书，而徼幸以成之，弗可为矣。”这里的争心首先是争于利益，趋利避刑成了人们关注的焦点，所谓“锥刀之末，将尽争之”，只要“徼幸以成之”，可以无所不为，结果只能是“乱狱滋丰，贿赂并行，终子之世，郑其败乎”，这是“弃礼而征于书”的必然结果，它会将社会推向有功利而无廉耻的境地，加剧道德崩溃和社会败亡。应该说，孔子“晋其亡乎”的预言，叔向“郑其败乎”的预言，均被历史所证实。这两位被后世视为保守的贵族政治的代言人，对历史的预言都不幸而言中，足以表明他们的历史洞察力，也说明他们的思想并非仅仅“保守”二字就可以轻易打发掉。他们身处贵族制度衰亡和郡县制萌芽的时代，却对与西周贵族制相表里的礼乐文明的精神价值有深入洞察，并对孕育中的法家社会深表忧虑。

顾炎武在评论周制时说：“人君之于天下，不能以独治也。独治之而刑繁矣，众治之而刑措矣。古之王者，不忍以刑穷天下之民也，是故一家之中，父兄治之；一族之间，宗子治之。其有不善之萌，莫不自化于闺门之内，而犹有不帅教者，然后归之士师。然则人君之所治者约矣。……是故宗法立而刑轻。天下之宗子，各治其族，以辅人君之治，罔攸兼于庶狱，而民自不犯于有司。风俗之醇，科条之简，有自来矣。……夫惟收族之法行，而岁时有合食之恩，吉凶有通财之义。本俗六安万民，三曰‘联兄弟’，而乡三物之所兴者，六行之条，曰‘睦’曰‘恤’，不待王政之施，而矜、寡、孤、独、废、疾者皆有所养矣。……然后知先王宗法之立，其所以养人之欲给人之求，为周且豫矣。”[①] 顾炎武所言，指出了周制能够做到刑措而不用，关键在于宗法制具有“众治”的特点。天子将社会治理权分解到诸侯、大夫、士，而宗族成为社会治理的基本单位。宗族本身是个有效的教化组织，可以有效地通过教化和必要的惩戒相结合，确保家族成员改恶从善，天下宗子“各治其族”，从而将各种犯罪问题消灭在“闺门之内”，所以说“宗法立而刑轻”。不仅如此，作为最具有人道情怀的社会单位，血缘宗族还担负对其本宗族成员的救济责任，是早期的公益救助组织，在没有国家社保制度的情况下，实现了矜、寡、孤、独、废、疾者都能有所养，确保了基层社会的稳定与和谐。顾炎武的评论，揭示了周礼人道主义的治道根源。近代学界对宗法制作了简单化政治化的批判否定，这种“众治”模式的诸多优点，则无形中被忽视了。

这里无意于简单地将孔子的“保守”说成是“进步”，更无意将他打扮成现代政治的代言人，思想史的研究不是划分政治成分。我们力图对孔子思想作一些同情的理解，并致力于搞清楚他究竟要保守什么，然后加以客观研判。通过以上分析可见，简单地将孔子划归到哪一阵营，其实并没有太大意义。史华兹曾指出，孔子的选择，“并非在一个自由人与平等人组成的政府，与等级制的威权的政府之间，而是在一个充满了维持理想家庭生活的和谐精神的政府，与一个纯粹以粗鲁暴力或利益为基础的等级制的威权的政府（这个政府根本不受道德精神约束）之间进行的”[②]。其说甚是。实际上，在当时的历史背景下，孔子维护贵族制的努力本身注定将归于失败，但是，孔子所发现并珍视的周制中的人道主义精神，正如他本人所言，却是“虽之夷狄不可弃也”（《论语·子路》）；周礼的人道主义精神，不但在古典世界中熠熠生辉，而且具有永恒的魅力；它所展示的对人道的追求和人性的尊重，把人本身作为目的，即使在现代社会也依旧是人们孜孜以求的目标。

①〔清〕孙希旦:《礼记集解》下，中华书局，1989年版，第917–918页。

②〔美〕本杰明·史华兹著，程钢译:《古代中国的思想世界》，江苏人民出版社，2004年版，第71页。

第五章

孟子的气论与性善论

朱熹《四书章句集注·孟子序说》引程子的话说:“孟子性善养气之论,皆前圣所未发”,“孟子有功于圣门不可言。……仲尼只说一个志,孟子便说许多养气出来,只此二字,其功甚多”。程子以性善论和养气说为孟子对儒学的两大贡献,发前圣所未发。孟子的养气和尽心之间存在内在联系,如果没有了养气的配合,心性本善就只不过是一个理论预设,难以变成真正意义上的工夫。可是,后儒对孟子学的诠释,明显具有重心性而轻气论的倾向。在解读孟子人性论时,朱子并没有忽视气的存在,可是,基于理气二分的本体论,气被置于与本体对立的一极,未免对孟子心性与气论之间的内在关联有所割裂。牟宗三主心即理,认为心性为一,却断言心与气无关,亦非孟子本意。实际上,心性论与气论之融合,乃是证成性善论的关键。综观孟子有关性善论的论述,心性论的叙说与养气叙说具有不可分割的内在联系,以至于离开了其中的一方面,我们将无法真正理解另一面。

一、从食味之气到浩然之气

据杨伯峻《孟子译注》统计,气字在《孟子》中出现18次,主要集中在《告子上》《尽心上》《公孙丑上》等篇,其中以《公孙丑上》的知言养气说最为重要,代表着孟子对先秦气论的新发展,也展示了其气论与性善论之间的密切关联。气论的历史源远流长,为理解孟子气论的意义,有必要将其知言养气说置于先秦气论发展的历史背景下加以审视。

1. 食味之气。孟子知言养气章的核心问题,是气、志、言的关系问题,这一问题的探讨并不始于孟子。《左传·昭公九年》膳宰屠蒯说:“味以行气,气以实志,志以定言,言以出令。”《大戴礼记·四代》载孔子言:“食为味,味为气,气为志,发志为言,发言定名,名以出信,信载义而行之,禄不可后也。”两者均涉及味、气、志、言、令之间的联系,主张由食味产生气,由气形成志,志发而为言,由言出令,如此则志、言、令均本于食味之气。孔子的说法进一步强调“发言而定名”，由名以出信。在上述味—气—志—言—令—名—信的思想序列中，食味之气是决定心志、言论、政令乃至于信义的基础环节，关系着整个政教活动合理与否。据《左传·昭公九年》，晋平公在大臣丧葬期间不尊礼制，与乐师、外嬖饮酒作乐，膳宰屠蒯将平公的违礼责任揽到自己身上并自行罚酒，说是“臣实私味，二御失官，而君弗命，臣之罪也”（《左传·昭公九年》）。屠蒯这一看似可笑的举动，正反映了春秋时期以食味之气作为政教活动基础的思想。那么，食味是如何影响政教的？《国语·周语下》单穆公说：“口内味而耳内声，声味生气。气在口为言，在目为明……若视听不和，而有震眩，则味入不精，不精则气佚，气佚则不和。于是乎有狂悖之言，有眩惑之明，有转易之名，有过慝之度，出令不信，刑政放纷。”认为政教所以失序，是由于味入不精所导致的视听不和与气佚失和[①]，它会导致贵族精神与言行的一系列异常症状。由此可见，《论语·乡党》篇的“食不厌精，脍不厌细，食饐而餲，鱼馁而肉败，不食。色恶，不食。臭恶，不食”等饮食规则，一方面是当时礼的要求，同时反映了声味之气会影响政教道德的思想。此外，《管子·内业》篇有：“彼心之心，意以先言，意然后形，形然后言，言然后使，使然后治。不治必乱，乱乃死。”由于其中《管子》四篇中的心主要属于气的存在，其中包含的心（气）—意—形—言—使—治的思想线索，与前述味—气—志—言—令的思想结构之间的联系显而易见[②]，说明这一思想的影响并不限于儒家。

2. 治血气。春秋气论，除了食味之气外，还提出了“治血气”的主张。食味之气被人体吸收转化为血气，成为人体精力的主要来源。《国语·周语中》记周定王与晋大夫随会论礼说：“夫戎、狄冒没轻儳，贪而不让。其血气不治，若禽兽焉。”把能否治血气作为人与禽兽的区别所在，而治血气主要通过礼。治血气与“味以行气，气以实志”的思想重点显然不同，后者是探寻志、言、令的气论基础，前者则是对

①（旧题）左丘明:《国语》，齐鲁书社，2005 年版，第 60 页。

② 石一参:《管子今诠》，中国书店影印，1988 年版，第 149 页。

治血气的局限。孔子也重视治血气："君子有三戒：少之时，血气未定，戒之在色；及其壮也，血气方刚，戒之在斗；及其老也，血气既衰，戒之在得。"(《论语·季氏》)孔子的治血气固然要依礼而行，但已不仅限于礼。孔子以仁释礼，强调"克己复礼为仁"(《论语·颜渊》)，内在道德意志具有了根本性意义。另外，曾子说："动容貌，斯远暴慢矣。正颜色，斯近信矣。出辞气，斯远鄙倍矣。"(《论语·泰伯》)朱注"辞气"曰："辞，言语。气，声气也。鄙，凡陋也。倍，与背同，谓背理也。"可见"辞气"兼言语和声气而言之，乃言与气之统一，这在孟子知言养气说中有进一步发挥。《乡党》篇又有："摄齐升堂，鞠躬如也，屏气似不息者。出，降一等，逞颜色，怡怡如也。"孔子在庙堂礼容中以意念调摄气息，可谓以志帅气的具体表现。如果说《左传》《国语》强调的是食味之气对道德政教的影响，孔子则在肯定这种影响的基础上，通过"为仁由己"，突出道德主体意志的作用，开辟了志与气之间的交互作用的思想格局，为后来孟子以志帅气的思想奠定了基础。

3. 情气。七十子后学在探索礼乐之道时，突出了情气的作用。《礼记·坊记》说"礼者，因人之情而为之节文也"，《大戴礼记·礼三本》主张"情文俱尽"，都把情作为礼乐的基础。《礼记·乐记》说："诗言其志也，歌咏其声也，舞动其容也；三者本于心，然后乐气从之。是故情深而文明，气盛而化神，和顺积中而英华发外。"《乐记》以"心"和"乐气"之相互作用解释诗与歌舞的形成机理，内在的情感越是真诚深厚，诗歌舞乐就越发感动人心。"乐气"乃是一种"情气"，"和顺积中而英华发外"的正是这种"情气"。这就将气论从以往的食味之气、血气发展为"情气"。郭店楚简《唐虞之道》说："节乎脂肤血气之情"，"凡有血气者，皆有喜有怒"，表明情气是以血气为基础，血气由食味之气转化而来。如果说食味之气主要是一种物质性的气，血气主要是生理性的气，而情气则具有主客观融合的精神意涵了。《性自命出》则说："喜怒哀悲之气，性也"，又说"性自命出，命自天降"，明确将喜怒哀悲之情看作是气，视为人性的基本内涵。经由情气概念，气不但跻身于儒家思想的核心即心性论领域，而且被追溯到至高的天命，具有了终极意义，气论至此便与天命论和人性论走到了一起，这是对儒家气论思想的深化与发展。

情气不同于血气，后者是生理性的，它以维护个体自然生命为目的，以占有攻取为特性，具有自私性和排他性。情气则不同，情能感通他人的心灵，突破自我的藩篱而进入他者的精神世界，产生对他者的同情感，进而导致利他行为。《性自命出》以情说性，是对传统以生论性的重要发展，以生论性其实是以欲说性，人主要被视为血气性的存在，血气与道德被置于对立的两极。情气与道德的关系则不同，情气不再与道德相矛盾，而是被视为礼乐和道德养成的内在基础，道德是顺乎人情而非悖乎人情，故《性自命出》显现出强烈的贵情倾向，使得道德与情气建立了某种内在联系，开辟了气与道德融合的新思路，对孟子气论产生了直接影响。

4. 浩然之气。在儒家气论思想史上，孟子的独特贡献是关于浩然之气的思想，同时提出了一套养气方法：

> 曰："我知言，我善养吾浩然之气。""敢问何谓浩然之气？"曰："难言也。其为气也，至大至刚，以直养而无害，则塞于天地之间。其为气也，配义与道。无是，馁也。是集义所生者，非义袭而取之也。行有不慊于心，则馁矣。我故曰：告子未尝知义，以其外之也。必有事焉而勿正，心勿忘，勿助长也。……"（《孟子 · 公孙丑上》）

浩然之气是"至大至刚"之气，它须"以直养而无害"，赵岐注"直养"为"养之以义"[①]。朱熹《孟子集注》曰："惟其自反而缩，则得其所养"，"自反而缩"中的"缩"即"直"，也就是自反而不亏于义。可见它是一种合于义之气，"养之以义"以至于"充塞于天地之间"。"配义与道"，赵岐注为"重说是气，言此气与道义相配偶俱行"[②]，朱熹

① 李学勤主编：《十三经注疏 · 孟子注疏》，北京大学出版社，1999 年版，第 75 页。
② 同上。

《孟子集注》则曰:“配者，合而有助之意”，二说相近，皆指此气与道义相合而成。“无是，馁也”，朱注为“若无此气”，则“饥乏而气不充体也”，则“无是”之“是”，即指浩然之气。“是集义所生者，非义袭而取之也”，朱注:“集义，犹言积善，盖欲事事皆合于义也”，则浩然之气是在由道德本心所指导的道义实践中自然养成，而不是义理从外部强制作用的结果，故后文强调“必有事焉而勿正，心勿忘，勿助长也”，防止道德意志过分作用而产生拔苗助长的后果。“告子未尝知义，以其外之也”，指出告子不懂得义气合一而内在于人性，依然是在申说义气相合之意。总起来看，孟子在上面反复强调，浩然之气的特点在于义气之合一，它本质上是一种“义气”即道义之气，基于道义实践培养而成。就义与气的关系而言，义占主导地位，故本篇有“夫志，气之帅也”之说，但也应避免“义袭而取”，应逐渐培养而成。如此志气交养，才能有至大至刚之气，充塞于天地之间而使人臻于天人合一之境。如果说食味之气是自然之气，血气是生理之气，情气是情感之气，孟子的浩然之气便是由集义养气而来的“义气”，属于道德性的气，它不但实现了儒家道德原则与气的合一，而且确立了志对气的主导作用，是孟子对先秦气论的重要发展，也是先秦气论儒家化的标志。浩然之气是由七十子的情气发展而来，不过它与情气已有显著不同，这自然与孟子心性论密切有关。与《性自命出》等的性情论不同的是，孟子作为性善论基础的四端之情已经不再是一般自然情感，而是道德情感，四端之气也演变为道德性的气。四端之情分别经由四心来体认，四心也已经由郭店楚简中无定向的心变成了道德本心，心的转化由此获得了气论的支撑。关于浩然之气中心与气的关系等问题，将在下面进一步分析。

二、知言、尽心与养气

孟子说:“我知言，我善养吾浩然之气。”朱熹《孟子集注》曰:“知言者，尽心知性，于凡天下之言，无不有以究极其理，而识其是非得失之所以然也”，又说“知言，知理也”(《朱子语类》，卷五十二)。可见，知言是知言中之理义。知言与尽心、养气密切相关，三者关系也是知言养气章的核心线索。

告子主张“不得于言，勿求于心；不得于心，勿求于气”(《孟子·公孙丑上》)，意思是说凡是在言论上说不通的，就不再到心中求得印证；凡是心中无法印证的，就不再去求得气的证实，从而将三者割裂开来，这与其仁内义外的思想密切相关。告子论证“义外”的根据，是“彼长而我长之”，就像“彼白而我白之，从其白于外也”(《孟子·告子上》)，敬长的依据在于“彼长”的客观事实。在义外的前提下，道德法则奠基于外在的事实世界，所谓知言也就是对外在客观事实的把握，这便存在将义知识化的倾向。但是，由于中国思想没有知识论的理论支撑，这使他的道德学说既脱离了内在心性依据，也无法达到康德那种形而上的实践理性层次。

孟子并不否认敬长的道德行为须以长者存在的事实为前提，但他却不同意以此来规定道德的本原。“且谓长者义乎？长之者义乎？”(《孟子·告子上》)义的主体究竟是长者还是敬长者？这一执着的发问，意在将道德的根基拉回到人内心世界，从而将道德的本质视为主体的精神自律。告子认为“长之”是建立在客观事实判断的基础之上，孟子则将敬长的依据归结为敬长者心中的道德情感。孟子认为恻隐之心、羞恶之心、辞让之心和是非之心人皆有之，是仁义礼智四德之根据，由此确证仁义内在和性由心出。既然性由心出，尽心就成为孟子道德实践的首要环节。尽心主要包括本心的自觉与推扩两个方面。四端虽然人人本具，却时常处于放失状态，故孟子强调“心之官则思，思则得之，不思则不得”(《孟子·告子上》)，思即对四端的体认与自觉。不仅如此，在本心自觉的基础上，更要扩充本心，达之天下，所谓“苟能充之，足以保四海”(《孟子·公孙丑上》)。由于仁义内在，故“尽心”方能“知言”，如果说“尽心”是本心的呈现发用，而“知言”便是尽心的理论辨析。

在养气方面，孟子提出了独具特色的“夜气”说：“虽存乎人者，岂无仁义之心哉？其所以放其良心者，亦犹斧斤之于木也，旦旦而伐之，可以为美乎？其日夜之所息，平旦之气，其好恶与人相近也者几希，则其旦昼之所为，有梏亡之矣。梏之反复，则其夜气不足以存；夜气不足以存，则其违禽兽不远矣。"（《孟子・告子上》）"夜气"又称"平旦之气"，是拂晓时分人心未应物之时的清明之气，朱熹《孟子集注》注曰："故平旦未与物接，其气清明之际，良心犹有发见者"，可见这是一种与良知相伴随的气。夜气人人皆有，是故良知人人本具，但是，人一旦进入功名利禄的物欲世界，清明之气就会被浑浊之气所污染，天然良知也会被物欲所遮蔽，陷于孟子所说的放失状态。学者在本心的指引下集义养气，夜气就会逐渐长养壮大，进而充盈于形色，弥漫于天地之间，成为浩然之气。浩然之气的培养包括持志与养气两个环节，是志气交养的结果。

在早期味—气—志—言—令的思想结构中，志、言、令皆本于气，为气所决定。在孟子的养气说中则有所不同，如果说"体，气之充也"肯定了身体由气构成，"夫志，气之帅也"确立了志对气的统帅作用，"夫志至焉，气次焉"肯定了志气相随而动，"志壹则动气，气壹则动志也"表明了志气之间的相互影响，"持其志，无暴其气"与"勿忘勿助"（《孟子・公孙丑上》）则给出了养气的具体方法，这或许是为了回应道家"心使气曰强"（《道德经》）的批评，从而缓解德性与自然之间的紧张，确保儒家道德与自然天道之间的一致性。于是，孟子建构了以心志为主导的儒家养气论，意在通过气论与儒家道德思想的结合，将气论纳入到道德培育之中，使得尽心与养气彼此关联，共同成为一个道德实践过程。孟子论证仁义内在的理路，是继承了七十子后学以情论性的情气论，将四德之根据追溯到人心之四端，而四端皆情，故四端同时也是情气，不过是道德性情气，此种情气可以通过道德实践的涵养而成为浩然之气，浩然之气是义气合一的产物，是集义养气的结果。因此，尽心的过程同时又是养气的过程。

分析至此，才可以真正理解，孟子何以会在讲了一大段如何养浩然之气的话后，突然话锋一转，说"我故曰：告子未尝知义，以其外之也”，这显然是认为浩然之气为仁义内在说提供了论证，而告子之所以“不知义”是因为他主张义外，并将心、气、言三者割裂开来，也就无法理解浩然之气与尽心的内在联系。既然孟子认为检验言论是否合理的标准在于内心，“不得于言，勿求于心”的结果将是内外双失，故孟子说“不可”。“不得于心，勿求于气”，虽然强调了心的作用，却有可能割裂心与气之联系，所以孟子仅曰“可”。

如前所述，知言以尽心为前提，没有对四端的体认确证，就无法真正理解和把握儒家道德法则的内容，也就无法知言。同时，尽心又以养气为条件，没有从夜气到浩然之气的培养工夫，心性的推扩就缺乏质料与人格的支持而难以实现。如此一来，养气同时也成为知言的条件。由于本心与浩然之气一同长养而呈现，不养气就无法自明本心，就不可能具有真正的道义自觉，也就谈不上知言。如此一来，知言、尽心和养气三者的内在关联就充分显现出来了，尽心方能知言，养气方可尽心，它们相互作用，互为前提，确保了儒家道德工夫的连贯性和有效性。

所以，在完成了有关养气之方的叙述之后，孟子才道出了他所谓“知言”的具体内涵，即“诐辞知其所蔽，淫辞知其所陷，邪辞知其所离，遁辞知其所穷。生于其心，害于其政；发于其政，害于其事。圣人复起，必从吾言矣”(《孟子·公孙丑上》)。这段话自然使人想起春秋时期味—气—志—言—令的思想结构，孟子知言养气论的归宿同样落脚到政教层面，所谓“生于其心，害于其政；发于其政，害于其事”，不过气、志、言与政教的关系重心已然转移。四种言病皆源于不明心性，朱熹注谓“即其言之病，而知其心之失”，故不能知言在于不能尽心，尽心又以养气为前提，故养气的效果越显著，心性的自觉就越充分，也就更能深入地体认道义的内涵，从而有效判别辨析各种言论之是非得失，即“知言”。所以尽心、养气与知言在孟子这里便有机地结合在一起，其中以道德意志为主导的尽心与养气成为知言的前提，三者又共同构成了仁政的条件，与传统的味—气—志—言—令思想系统相比，确立了志对于气的优先性，显然是一种独创性的新说，标志着儒家道德思想进入了新阶段。

三、心性论与气论

牟宗三以“仁义内在，性由心出”概括孟子心性论，此说虽然精辟，却局限于心性论本身，并未涉及心性与气论的关系。实际上，在孟子性善论的论说中存在两条线索，一条是关于心性的，另一条是关于气论的，其中心性论的叙说突出而明确，气论的阐发则有些隐微费解。这两条线索通过养浩然之气思想而发生内在联系，通过理解这种联系，方可以合理理解孟子之心、气、情、性、才之间的内在关联，从而客观把握孟子心性论的本意。

关于心与气的关系问题，孟子说：

> 牛山之木尝美矣，以其郊于大国也，斧斤伐之，可以为美乎？是其日夜之所息，雨露之所润，非无萌蘖之生焉，牛羊又从而牧之，是以若彼濯濯也。人见其濯濯也，以为未尝有材焉，此岂山之性也哉？虽存乎人者，岂无仁义之心哉？其所以放其良心者，亦犹斧斤之于木也，旦旦而伐之，可以为美乎？其日夜之所息，平旦之气，其好恶与人相近也者几希，则其旦昼之所为，有梏亡之矣。梏之反复，则其夜气不足以存。夜气不足以存，则其违禽兽不远矣。人见其禽兽也，而以为未尝有才焉者，是岂人之情也哉？（《孟子·告子上》）

“虽存乎人者”之“存”，赵岐注曰“在也”[①]。这里的“在”是先天的“在”，先天存有之意。值得注意的是，孟子这段话中同时列举两种“存”，即仁义之心之“存”与夜气之“存”。孟子以牛山之木说明牛山之才，形容人先天具有仁义之心，也先天具有清明之气，以明人性本善。就像不能因放牧导致牛山濯濯而否定牛山本有的才性，也不能因为仁义之心之放失和清明之气之梏亡就否认人性本善。“其日夜之所息，

① 李学勤主编:《十三经注疏·孟子注疏》，北京大学出版社，1999 年版，第 305 页。

平旦之气，其好恶与人相近也者几希”，朱熹《孟子集注》注曰：“好恶与人相近，言得人心之所同然也”，此解甚是，不过令人“好恶与人相近”的竟然是“平旦之气”，表明气同样具有价值意义。下面又说“夜气不足以存，则其违禽兽不远矣”，按大体小体之论，应说没有仁义之心则“违禽兽不远”，可是这里却说“夜气不足以存，则其违禽兽不远矣”，也是强调夜气与仁义之心一样具有价值意义，孟子不但将价值赋予了心，同时也将它赋予了气，二者皆与人性本善的论证相关联。

那么，仁义之心与夜气究竟是何关系？朱熹《孟子集注》说：“昼之所为，既有以害其夜之所息，又不能胜其昼之所为，是以展转相害。至于夜气之生，日以浸薄，而不足以存其仁义之良心，则平旦之气亦不能清，而所好恶遂与人远矣。”根据此解，仁义之心并不是一种孤悬的精神，它需要以夜气作为质料性的存在基础，如果夜气浸薄而不足以持存仁义之心，人就会陷于“违禽兽不远”的境地。也就是说，人之道德本性的彰显依赖于夜气和仁义之心双方的联合作用，则夜气非但不与仁义之心相对立，而且相辅相成。杨儒宾认为：“‘气’是超自觉的，是与良知同根，但比良知的心理涌现更基源的基础。……气除了具备道德意义外，它还是一种前知觉的存在，在这种存在中，人与世界是种同质的合一。所以当气由潜能变为现实时，人与世界原始的合一关系，也势必由潜藏性的‘在己’状态变为可体证的朗现状态。”[①]这就意味着，在人之本性朗现的过程中，气比良知具有更加本源性意义。最终为性善论确立根基的，并非孤立的心性本身，也不是单纯的清明之气，而是二者的有机结合，二者的结合催生了孟子屡屡提及的另一概念——才。关于才，朱熹解为：“才犹材质，人之能也”，“能为之谓才”，“孟子说才皆是指其资质可以为善处”，又说“恻隐羞恶是心，能恻隐羞恶者才也”（《朱子语类》卷五十九）。朱熹将才解为人所以为善的资质或材质是恰切的，但似乎过分强调才属于“能”的一面，而将其与“恻隐羞恶之心”分开，导致能与所分离，却未必与孟子本意相合。孟子之才虽然具有来自清明之气的“能为”义，但它并

① 杨儒宾：《儒家身体观》，上海古籍出版社，2019 年版，第 167 页。

不外于仁义之心，此心正是人之才的核心部分，故才既是良知又是良能，是良知与良能之统一。同时，才还须通过人之四端之情体现并发用，它实际上是个统摄了心、性、情、气的概念，李景林将才概括为“以‘夜气’或‘平旦之气’为基础，在‘好恶’之情上显现出其‘良心’或‘仁义之心’的存在整体”[①]，又说孟子“围绕‘才’这一概念来说明仁义礼智诸道德规定先天内在于人的情感实存，揭示出善在人性中的先天内容与存在的根据”[②]，这一解读揭示了孟子之才的整体意蕴。孟子的才的确是一个统合性概念，它将与心性论有关的各个方面如心、性、情、气等统合起来，其中心与气的统合尤其重要，二者构成了先天性的道德主体。

心与气的内在联系，也表现为心与情的关系。张岱年指出：“恻隐、羞恶、恭敬、是非，孟子都认作是心之内涵；可见孟子所谓心，又包括后世所谓情。”[③] 朱熹也认为“四端者皆情也”（《朱子语类》卷五十九），且将情归属于气。以情属气，在早期儒学史上的渊源有自。《性自命出》有“喜怒哀悲之气，性也”，明确将喜怒爱悲之情说成是气，将情气规定为人性的内涵，形成早期儒家人性论中的性情论。从儒家思想发展史的角度看，孟子仁义内在的心性论乃是从性情论发展而来，当情从自然感情发展为道德情感（四端）时，自然情气转变为浩然之气，不定向的心转变为道德本心，儒家人性论就从以情论性发展为以心论性。这一过程实际是道德意义上的心、性、情、气相统一的过程，正是其统一构成并彰显了人之“才”。

浩然之气由集义养气而来，前面曾说它本质上是“义气”，可孟子本人毕竟没有使用“义气”概念，其中义与气的关系如何，具体来说，义是否为一种气？孟子亦未明言。然而，在一般被认为是孟子后学所作的马王堆帛书《五行》说文中，却出现了“仁气”“义气”“礼气”概念：

---

① 李景林:《教化儒学续说》，中国社会科学出版社，2020 年版，第 112 页。
② 同上书，第 65 页。
③ 张岱年:《中国哲学大纲》，中国社会科学出版社，1982 年版，第 234 页。

> “不变不悦。”变也者，勉也，仁气也。
>
> “不直不肆。”直也者，直其中心也，义气也。
>
> “不远不敬。”远心也者，礼气也。[①]

这里的仁气、义气和礼气概念，将仁、义、礼三个德目与气合一，形成了德气概念。如果马王堆帛书《五行》确为孟子后学所作，则这些德气概念，当是孟子后学对浩然之气论的归纳总结。孟子的浩然之气是志气合一的产物，它已经从思想层面完成了德与气的合一工作。儒家对于气的探讨从食味之气开始，经过血气和情气的过渡，最终抵达人的内心世界，并与心性合一，成为精神性的浩然之气。浩然之气是心气合一的产物，它将心气化，也将气心化了，标志着心气合一之完成。但这一概念具有强烈体证色彩，其中德与气的关系尚未得到进一步彰显，这一工作由其后学完成了，经由仁气、义气和礼气等概念，被孟子感叹为“难言也”的具有浓郁境界色彩的浩然之气，便获得了更为明确的概念表达，最终被界定为德气。

如何理解德与气的关系，学者有不同意见。杨儒宾认为：“任一行的‘德之行’都会带来与之一致的‘德之气’。比如：仁之行即有仁气，义之行即有义气等等。”“在‘德之行’与‘德之气’之间，我们发现‘志’扮演相当重要的角色，只要志之所向，气即可随之流行。”[②]梁涛不同意杨儒宾的观点，认为这是志气为二，孟子后学提出“德之气”，乃是对孟子志、气二分局限的克服，并认为仁、义、礼都是气[③]。从帛书《五行》说文的解读看，“变也者，勉也，仁气也”，“变”通“恋”，乃心中的爱恋之情，此爱恋之情即仁气。“直也者，直其中心也，义气也”，直是内心的正义感，此正义感是一种义气。“远心也者，礼气也”，“远”是心中对人的恭敬之情，而恭敬之心就是一种礼气。以上三句话都力图将心、情、德、气合一，乃是心即情即气即德的意思，

① 庞朴：《庞朴文集》第二卷，山东大学出版社，2005 年版，第 128–130 页。

② 杨儒宾：《儒家身体观》，上海古籍出版社，2019 年版，第 301 页。

③ 梁涛：《“浩然之气”与“德气”》，《中国哲学史》2008 年第 1 期。

这依然是孟子性善论的思路，不过更加突出了气的作用。这里的“即”是同体相即之意，心、情、德与气彼此相即合为一体。这是个什么“体”呢？是个活动性的工夫主体。按照程朱理气二分或者是康德质料形式二分原则，不该出现仁气、义气和礼气概念。可是，孟子心性论所依据的并非形式主义伦理学的原则，其重点不是落在抽象的知解上，而是落在心性的体证与工夫践行上。这一点，帛书《五行》说文对于仁气、义气和礼气的解释，提供了值得注意的信息：

> “知而安之，仁也。”知君子所道而𫄨然安之者，仁气也。
>
> “安而行之，义也。”既安之矣，而摋然行之，义气也。
>
> “行而敬之，礼也。”既行之矣，又愀愀然敬之者，礼气也。[①]

知君子之道且安于此道的是仁气之发用，这里的“安”具有实践指向，所以下文接着说“安而行之，义也”，又说“摋然行之”，毅然决然地践行仁道是义气之发用。在践行过程中保持内在的恭敬之心，所体现的是义气。后两句说文中的两个“行”字，表明心、性、情与气是在“行”动中合一，由此才形成了即本体即工夫的道德主体，彰显了孟子道德观的特色。

心气合一与德气合一，对于性善论的证成具有重要意义。庞朴说：“人何以要为善，又何以能为善？在《孟子》中，是以人心有善端和人性本善为预设而展开的。成书于战国后期的《五行》篇，自不能留停在这种回避问题的水平，而不免稍作变通，采取了当时流行的气观念，认为人之为善，乃由于种种相应的‘气’充斥体内而引起。”[②]实际上，以气善论证人性善并不始于战国后期的帛书《五行》说，而是始于孟子。

孟子引入气论来论证人性本善，使心性获得了实存性基础，也使性善论获得了当时各家普遍认可的气论宇宙观的支持。由此而建构起来的心性就不仅是一种抽象的主体精神，而是“实有诸己”的客观存

---

① 庞朴:《庞朴文集》第二卷，山东大学出版社，2005 年版，第 141 页。

② 同上书，第 225-227 页。

有，此心此气乃天赋于人，先验具有，故曰“非由外铄我也，我固有之也”（《孟子·告子上》）。孟子的集义养气思想，实现了儒家心性论和当时流行的气论思潮的融合，既完成了气论的儒家化，也为性善论提供了气论的基础。如此则仁义不仅根于心，而且也根于气，道德实践也从“行仁义”变成了“由仁义行”（《孟子·离娄下》）。心性论和气论的融合，使儒家道德也就获得了自然的根基，实现了自然与自由的统一，完成了对性善论的论证，也有力地回答《庄子·天道》中以老子质疑孔子的口气对于儒家道德观的挑战：“仁义，人之性邪？”[①]反之，告子的义外说，不但无法回应道家关于仁义不合乎人性的批评，反倒在一定程度上为这种批评提供了论据。

如何诠释孟子心性和气论的关系，也是理学思想建构中的关键问题之一。朱熹根据性即理和张载“心统性情”解释孟子心性论，《孟子集注》说：“恻隐、羞恶、辞让、是非，情也。仁、义、礼、智，性也。心，统性情者也。端，绪也。因其情之发，而性之本然可得而见，犹有物在中而绪见于外也。”朱熹以四德为性，性即理；四端为情，情属气，性情分属形而上与形而下，有了异质异层的分别，心则贯通形而上与形而下两个层次。他因此断言：“若孟子专于性善，便有些论性不论气。”（《朱子语类》卷五十九）实际上，孟子并非不论气，只是没有在理学的理气二分架构下讨论气，他以先天性的夜气与良知合一而论性善，心、性、情、气是一本而非二本，即性与心、情和气并不存在异质异层的区别，心性与道德性的情、气相即合一，成为具有超越性的工夫主体，此主体同时也是本体，反映了孟子本体论与理学本体论诠释之间的基本差异。

牟宗三将朱熹的孟子学诠释架构总结为理、气二分，心、性、情三分，并批评程朱的理只存有不活动[②]，违背孟子即心言性之本意。他本人则反对将孟子之性、心、情异质异层化：“孟子并非以仁义礼智等为性，以恻隐羞恶恭敬是非之心等为情者，孟子并无此异质异层之分

① 曹础基：《庄子浅注》，中华书局，1982年版，第197页。
② 牟宗三：《心体与性体》（下），上海古籍出版社，1999年版，第382页。

别”，认为孟子主心即理，即心见性，心性合一，进而恢复性体本身的活动义。他说：“理固然是超越的，普遍的，先天的，但这理不只是抽象而普遍的，而且即在具体的心与情中见，故为具体的普遍的；而心与情亦因其即为理之具体而真实的表现，故亦上提而为超越的、普遍的、亦主亦客的，不是实然层上的纯主观，其为具体是超越而普遍的具体，其为特殊亦是超越而普遍的特殊。”[①] 这一分析不但将孟子的性体落实到心与情上，而且指出了孟子心性本体具体与普遍、主观与客观相即不离的特征，看上去比朱熹的性二元论诠释，更符合孟子心性论的本来意蕴。但是，牟宗三的这一做法又面临新的问题，在理学思想中，心与情一般属于气而被归入形而下层面，而牟宗三却将心与情归入形而上层面，那么心与情与气的关系究竟为何？

在牟宗三看来，不仅朱熹的理只存有不活动，康德的实践理性也面临同样的困难。康德的实践理性论证了道德法则的先验性与普遍性，证明道德法则是完全不依赖于感性对象的自律法则，牟宗三对此深表赞许，并认为孔孟的仁义同样具有这样的先验性与普遍性。康德还认为，意志自由只是一个设准[②]，因为它无法通过经验来把握，无法成为知识对象，所以只是一个设准，牟宗三对此却不以为然。牟宗三认为康德的意志自由是倒逼出来的，他借由道德理性法则而推出了意志自由的存在，故曰道德理性法则是自由的认识条件；但道德实践之可能必须以意志自由为前提，故曰意志自由是道德法则的存在条件。道德实践活动的客观存在，说明人类的确存在意志自由，但由于无法从理性上证实它，康德遂将此问题排除在人类知识范围之内。牟宗三批评说，康德讲道德，“是只讲到理上当该如此，至于事实上是否真实如此，则非吾人所能知”[③]，“‘自由’既落了空，其他分析的讲法自亦全部都是空的，全部只是‘理上当如此’而不能确定其是否是事实上可呈

① 牟宗三:《心体与性体》(上)，上海古籍出版社，1999 年版，第 109 页。
② 同上书，第 124 页。
③ 同上书，第 114 页。

现的真实"[①]。因此，牟宗三认为康德只有道德的形而上学或者道德的神学，而没有道德的形而上学，即他只有道德的形上解析，而没有真正具有实践意义的道德理论。

牟宗三认为，康德的道德哲学之所以会落空，主要与他对"心"的理解和定位有关。康德为了使其实践理性法则区别于功利主义和幸福主义，将心与道德情感归之于人的自然性向与脾性[②]，也就是归结为人的自然气性，列入经验与后天，从而将其排除在道德法则之外，他认为："若以儒家义理衡之，康德的境界，是类乎尊性卑心而贱情者。"[③]应该说，牟宗三基于儒家心学原则对康德实践理性的批评，并非无的放矢。康德的形式主义伦理学后来引发了众多批评，舍勒提出了质料伦理学，认为质料也可以是先验的，情感也可以是理性的，与牟宗三的上述批评具有相近的思想指向。

由此可见，在牟宗三看来，朱熹的孟子学与康德的实践理性思想存在相似的问题，朱熹在理气二分基础上，否定心即理，导致心、性、情三分，使得形上之理只存有不活动；康德则是为了确保道德法则的先验性、普遍性和必然性，将心与道德感情排除在道德法则之外，结果是心与理义分割为二，分别被置于感性和理性两个不同层面，人心对道德法则不可能感兴趣，结果是心与情下落到形而下层面，无法挺立心体的主体作用[④]，使意志自由落空。

既然朱熹与康德共同的问题在于忽视心，将心归入形而下，牟宗三便通过将心提升至形上以确保其本体地位。他认为，心与道德情感是可以"上下其讲"，完全可以上提为超越的本心与道德情感。牟宗三认为只有"将心（兴趣、情感）上提而为超越的本心，不是其实然层面的才性气性之心，摄理归心，心即是理；如是，心亦是'道德判断之标准'：同时是标准，同时是呈现，此为主客观性之统一"[⑤]，心与道

① 牟宗三:《心体与性体》(上)，上海古籍出版社，1999年版，第115页。

② 同上书，第106页。

③ 同上书，第110页。

④ 同上书，第140-141页。

⑤ 同上书，第142页。

德情感经此上提而获得超越意义，心既是普遍的道德原则又是客观的实现力量，道德理性的实践功能由此而证成。

根据上面的说法，将心与情上提至超越层面的理由，在于他认定心并非“实然层面才性气性之心”，认为依靠经验和气性无法建立普遍先验的道德法则，他说：“心之能非可以气言，亦犹本心不可以气言，复亦犹诚体之神不可以气言。”[①] 他进而断定孟子之情与才是虚位字，“孟子无此独立意义的‘情’字，若恻隐之心等就是这独立意义的情字，则此情实只是心（良心、本心），亦是性，是以‘本心即理’言的情，是以‘性即心’言的情，……非如性情异层对言之情，非是以气言之情”[②]。总之，恻隐之情等当是超验的心、性、理，但绝不能是质料性的气，才与情也绝非以气性而言。显然，牟宗三在这里进行的是对孟子的心、性、情、才的一种思想提纯工作，务必要提取消解其中的质料性内涵，切断其与气的联系，以便将它们上提到超越层面，否则就是用气为性，从而使心性本体丧失其普遍性和先验性。他认为经过上提之后的心性既确保了普遍性和超越性，又具有了活动义，能够直贯到实然层面，将超验的应然与经验的实然打通，这是牟宗三道德形而上学证成的关键环节。

牟宗三的孟子学显示出非凡的创造性，但它究竟在多大程度上适合说明孟子心性论，仍存在讨论余地，而心、性、情与气的关系乃是关键所在。以恻隐之心为例，恻隐是心中所感受的道德情感，这是一种真实不虚的情感，正是这种真情实感感动着人，促使他从感动走向行动，否则所谓性善论就在实际上落空了。这样的情感不可能与气无关，气乃是四端之情之实存性的基础，也是道德本心发挥作用的前提。人气绝身亡后，既没有道德理性，也丧失了道德实践可能。《性自命出》明确说“喜怒哀悲之气，性也”，朱熹也将心与情归入气的层面，在朱熹那里，与气异质化的理，也只有通过心统性情才能真正开启道德实践历程。问题在于，气是否必定属于形而下，情感是否只能是非理性

① 牟宗三：《心体与性体》（下），上海古籍出版社，1999 年版，第 379 页。
② 同上。

的？而质料是否必定与普遍意义上的道德法则相矛盾？在康德那里如此，在程朱那里如此，而在孟子那里未必是如此。如果说朱熹孟子学的思想基础是理气二本，康德实践理性的前提是质料与形式二分，孟子思想中显然没有这样的思想预设，孟子也没有性情二本的观念，没有将性与情异质异层的划分与处理，牟宗三强调这一点无疑是有道理的。可是，牟宗三以通过隔断心、情、才与气的联系为前提，去解决所谓异质异层的问题，似乎维护了心性本体的先验普遍性和道德法则的纯粹性，却依然无法逃避他对程朱和康德所做的同样的质疑：基于理气二分的理究竟是否具有活动义？在传统中国哲学中，气是运动的动力源泉之所在。没有气，抽象的道德本体不可能具备活动能力。他批评朱熹的理只存有不活动，批评康德形式化的理性法则使道德实践落空，现在，他的与气无关的心也将不得不面临同样的难题。

牟宗三将心、情上提至纯粹形上层面而否定其与气关系的做法，表明他虽然批评朱熹的理只存有不活动，但他在建构其道德形而上学时，并没有放弃理本论观点，而是依然坚持着朱熹理气二本的立场，将心、理和气分别归入形而上和形而下，理气在他心目中依然是异质异层的关系，这正是朱熹理气论的核心所在。虽然他从朱熹的性即理转向心即理，但与气无关的心，实际上再度沦为抽象和形式化的理。事实上，牟先生在否定了朱熹理气二分和康德的实践理性观念之后，却依然坚守着其理气二分以及质料与形式二分的原则来解读孟子，而不是从孟子学本身的思想理路来理解孟子。因为孟子既然没有理学的本体论预设，没有理气二分的观念，其心性论只能是心、性、情一本，三者属于同一存有层次，如何界定这一层次内涵与意义，便成了问题的关键所在。

实际上，我们并不能断定孟子的心、性、情仅属于形而下的存在，也不能说它们是单纯质料的、特殊的，因而是不具备普遍性的，孟子本人也不会同意这种观点，他向来主张人性善的根是人同此心而心同此理的。那么，孟子的心性论的普遍性只能是这样一种普遍性，它是基于某种特定质料的普遍法则，是与特定感性相关联的理性法则，是普遍与特殊、情感与理性、形式和质料的统一。这种心性论虽然看上去不符合形式主义伦理学的原则，却与舍勒的质料主义伦理学有相通之处。舍勒突破了作为康德伦理学基础的先天后天划分原则，即以理性为先天以情感为后天，进而提出并非一切情感和感受都是无序的，而是存在着一种先天的情感，这是一种纯粹的情感，它同纯粹的思辨一样具有先验和普遍性，他由此建立起以先天情感为基础的质料伦理学，与康德的形式伦理学相对立。①

当然，舍勒是从现象学立场发展出质料伦理学，这与孟子性善论显然不同。孟子性善论之所以不适合于理气二本的论述原则，关键在于气的作用，以及心、性、情与气的关系，这又需要通过心性论与养气论两条线索的内在联系去澄清。孟子心性论中的情并非一般的情，它所关联的气也不是一般的气。四端并非一般的自然感情，而是纯粹的道德感情，它们所反映的不是小体的欲望，而是大体的意志，它具有其特定的质料性存在基础，就是夜气，孟子的夜气与道德情感相伴随，也可以说是一种情气，即道德性情气。因此，在孟子那里，本心并不是不能与气有关联，它只不过是与一种特定的道德之气即夜气相关联，而持志以养气的结果就是浩然之气，这是大丈夫人格形成的标志。如果完全否定心性本体与气的关联，心性就沦为抽象的理性，成为纯粹形式化的实体，从而失去了活动的动力，也就无法构成真正意义上的道德主体，所谓性善论就会因此而落空。

因此，孟子的性善论内在地具有心性论和养气论两个方面，他不仅以心善言性善，而且是以气善言性善，所以尽心、养性与养气是一非二。心性与情气的结合，不但使得性善获得了气论的支撑，使得性善论具有了天然的合理性；同时心气相合也造就了真正意义上的工夫主体，从而形成了孟子特有的心性化的儒家工夫，解决了存有与活动的理论难题，也解决了形而上下的贯通和普遍与特殊的链接问题，这一链接主要不是通过理性思辨而完成，而是通过孟子所建构的心性化

① 张任之:《质料先天与人格生成——对舍勒现象学的质料价值伦理学的重构》，商务印书馆，2014 年版，第 183 页。

的工夫去完成的。如果完全否定心性本体与气的关联，心性就沦为抽象的理性，成为纯粹形式化的实体，从而失去了活动的动力，也就无法构成真正意义上的道德主体，所谓性善论也将会因此而落空。

第六章 孟子的性善论与政教

“孟子道性善，言必称尧舜”（《孟子・滕文公上》），表明孟子的性善论与政教活动是一体相关的。孟子性善论的前提是仁义内在，以四端为四德的依据，从而确立了道德行为的内在基础。然而恻隐之心等并不仅仅具有心理学意义，尽心知性以知天的论断，将心性提升到本体论高度。这样一种心性具有践形生色之效，并在其推扩过程中实现儒家的人伦政教理想，最后达到上下与天地同流的超越境界。

一、性善论的内涵

关于孟子主张“性善”的资料，除了《孟子・滕文公上》的“孟子道性善”外，在与告子争论时，孟子认为“人无有不善，水无有不下”（《孟子・告子上》）。后来公都子列举了当时颇有影响的三种人性理论，进而问孟子：“今曰‘性善’，然则彼皆非与？”（《孟子・告子上》）孟子并未否认，反而为性善说辩护，可见“性善”当是孟子本人的观点，而且是当时一种与众不同的新说。孟子之所以能提出独特的人性理论，与他观察人性时特有的视角与立场密不可分。

（一）主张人禽之辨，反对“生之谓性”

孟子的性善论，是在与告子的争论中阐明出来的。告子主张“生之谓性”，实际是以人之自然本能为性，所以告子又说“食色，性也”（《孟子・告子上》）。在关于人性的价值判断上，告子持中立立场，认为“性无善无不善”（《孟子・告子上》），并将性比喻为水：“性犹湍水也，决诸东方则东流，决诸西方则西流。人性之无分于善不善也，犹水之无分于东西也。”（《孟子・告子上》）这显然属于自然人性论，正是孟子所明确反对的，孟子认为自然人性论混同了人性与动物性的差别，将导致人禽之辨的混淆：

> 孟子曰：“生之谓性也，犹白之谓白与？”曰：“然。”“白羽之白也，犹白雪之白；白雪之白，犹白玉之白与？”曰：“然。”“然则犬

之性，犹牛之性；牛之性，犹人之性与？”（《孟子·告子上》）

孟子的人性论是基于人禽之辨，在人与动物的差异处立论，通过人的类特性以彰显人性的内涵，这无疑更具有合理性。孟子并不否认人和动物也具有共同的属性，人也有动物性。他说“人之所以异于禽兽者几希”（《孟子·离娄下》），表明人与动物的相同处很多，而差异却甚微，只是一点（“几希”）。以生论性者侧重的是前者，孟子侧重的却是后者，因为在孟子看来，正是这一点（“几希”）的差异，把人与动物区别开来，将人提高到动物之上，因而是人之所以为人的特质之所在。剥离了动物性的人性必然是善的，因此性善才是真正的人性，也是孟子人性论的必然结论。

（二）反对命以言性，突显人的道德主体性

在反对以生言性的同时，孟子的人性论特别强调了命与性的区别：“孟子曰：口之于味也，目之于色也，耳之于声也，鼻之于臭也，四肢之于安佚也，性也，有命焉，君子不谓性也。仁之于父子也，义之于君臣也，礼之于宾主也，智之于贤者也，圣人之于天道也，命也，有性焉，君子不谓命也。”（《孟子·尽心下》）这就是说，味色声臭安佚之欲，对于人来讲也是天性，但是“有分不能皆如人愿”（《孟子集注》），所以君子称之曰命而不称之谓性；仁义礼智圣，虽是受命于天，却可“责成于己”（《孟子集注》），所以君子视之为人的天性而不称之谓命。这是孟子对传统人性观的变革。“性也”显然是基于告子的“生之谓性”而言，是从传统人性论言说。但在孟子看来，人生基于自然欲求的满足意义上的幸福的实现，并不取决于个人的努力，而是取决于个体命运的安排，比如颜回和子贡就是明证，这恰好彰显了人的有限性而非自由，所以接着说“有命焉，君子不谓性也”，这其实是重新定义人性，就像康德那样，将摆脱了自然必然性制约的自由意志作为人性之确证。仁义礼智是德，在传统天命观看来，德是天之所命，孔子说“天生德于予”（《论语·述而》），但是，在孟子看来，成德的关

键却不是外部的条件，而是取决于自我的努力，因而才确证了人的意志自由，彰显了人性的特质与高贵，所以才说“命也，有性焉，君子不谓命也”。这便从“君子”的角度，重新定义性与命，将人性论建立在全新的理念之上。

孟子又说：“求则得之，舍则失之，是求有益于得也，求在我者也。求之有道，得之有命，是求无益于得也，求在外者也。”（《孟子·尽心上》）这样，孟子根据新的标准重新定义并区分性、命，性是人所特有的那种求则得之、舍则失之的品性与能力，彰显了人的自由意志；命却是一种外在的客观必然，求无益于得，实现与否主要取决于外在的机遇环境。通过性与命的区分，孟子把求得舍失和操之在己确定为人性的基本特征，从而把人性与人的自然欲求严格区别开来，将性的认知提升到自由意志层次。就此而言，孟子的性善论是孔子“我欲仁，斯仁至矣”思想的开显广大，它进一步突显了人的道德自由，使人的道德主体性得以最终确立。

（三）仁义内在，以心言性

孟子反对告子的以生言性，并通过性命对举转化了传统的性命观，因仁义礼智可“责成于己”而将其视为人性，为了建立四德与人性的内在关联，孟子又在与告子的辩论中提出仁义内在说：

> 告子曰：“食、色，性也。仁，内也，非外也；义，外也，非内也。”孟子曰：“何以谓仁内义外也？”曰：“彼长而我长之，非有长于我也。犹彼白而我白之，从其白于外也，故谓之外也。”曰：“异于白马之白也，无以异于白人之白也。不识长马之长也，无以异于长人之长欤？且谓长者义乎？长之者义乎？”曰：“吾弟则爱之，秦人之弟则不爱也，是以我为悦者也，故谓之内。长楚人之长，亦长吾之长，是以长为悦者也，故谓之外也。”曰：“耆秦人之炙，无以异于耆吾炙，夫物则亦有然者也，然则耆炙亦有外欤？”（《孟子·告子上》）

孟子、告子对仁内并无分歧，主要分歧在于义的根据究竟是内在还是外在。告子认为敬长的依据是彼长于我的客观事实，而孟子依然坚持人禽之辨，认为“长人之长”是以内心的恭敬之情为基础，“长马之长”则仅仅是一种客观关系，并没有内在的恭敬可言。孟子弟子公都子答孟季子“何以谓义内也”之疑问时说：“行吾敬，故谓之内也”(《孟子·告子上》)，明确指出任何敬长的行为都是内在恭敬心的表达。这样，孟子就将仁与义的根据收摄于人的内心，由此完成了道德根据的内在化转向，从内心寻找道德法则的依据和道德行为的起源。孟子举过两个例子：

> 盖上世尝有不葬其亲者，其亲死，则举而委之于壑。他日过之，狐狸食之，蝇蚋姑嘬之，其颡有泚，睨而不视。夫泚也，非为人泚，中心达于面目，盖归反虆梩而掩之。掩之诚是也，则孝子仁人之掩其亲，亦必有道矣。(《孟子·滕文公上》)

身为人子，目睹至亲为狐狸所食，为蝇蚋所嘬，不觉额头汗出，睨而不敢正视，孝子的生理反应导因于哀凄之心，而哀凄之心又导致了归掩其亲的行为。在从心理、生理到礼的转进过程中，孝子的哀凄之心无疑具有本原性地位。此心完全是天然良心发现，没有任何外在目的，所谓“夫泚也非为人泚，中心达于面目”。在孟子看来，这种内在的天然良知正是葬礼的起源。孟子又说：

> 所以谓人皆有不忍人之心者，今人乍见孺子将入于井，皆有怵惕恻隐之心。非所以内交于孺子之父母也，非所以要誉于乡党朋友也，非恶其声而然也。由是观之，无恻隐之心，非人也；无羞恶之心，非人也；无辞让之心，非人也；无是非之心，非人也。恻隐之心，仁之端也；羞恶之心，义之端也；辞让之心，礼之端也；是非之心，智之端也。人之有是四端也，犹其有四体也。(《孟子·公孙丑上》)

“乍见”和“孺子将入于井”，营造了一种间不容发的紧急情境，这种情境下的心理反应，既摆脱了生理欲望之裹挟，又消除了世俗利害的算计，是人之内在本心的当下呈露，这种当下呈露的不忍人之心，正是孟子所谓性善的渊源之所在。具体言之，本心表现为恻隐之心、羞恶之心、辞让之心和是非之心，分别为仁义礼智之四端，四端又是四种道德情感，道德情感即道德本心的内涵。

通过人禽之辨和性命对举，孟子将道德而非自然欲求作为人性之内涵；通过仁义内在的论证，孟子又将道德法则的根源与依据收归人之本心。于是，人性便最终落实到人心，以心言性，以心善言性善，心善便成了性善之确证。如此一来，孟子也就重新定义了善。善在以前主要是德行，指善的行为。孟子以“求在我者”与“求在外者”区分道与命，其在我者就是人可欲可求的道德本心，此心既为性善之证明，善也就成为可欲可求操之在我的自由意志。所以《孟子·尽心下》才说：“可欲之谓善，有诸己之谓信，充实之为美。”在孟子看来，人人皆有恻隐、羞恶、恭敬、是非之心，四端作为内在的道德自由意志，不但是道德行为之根源，而且可欲可求，由此可证人性本善，这便同时革新了性与善的含义。

（四）孟子的本心又与气密切相关，以“夜气”或曰“平旦之气”作为其质料性存在形式

孟子说：

> 牛山之木尝美矣，以其郊于大国也，斧斤伐之，可以为美乎？是其日夜之所息，雨露之所润，非无萌蘖之生焉，牛羊又从而牧之，是以若彼濯濯也。人见其濯濯也，以为未尝有材焉，此岂山之性也哉？虽存乎人者，岂无仁义之心哉？其所以放其良心者，亦犹斧斤之于木也，旦旦而伐之，可以为美乎？其日夜之所息，平旦之气，其好恶与人相近也者几希，则其旦昼之所为，有梏亡之矣。梏之反复，则其夜气不足以存。夜气不足以存，则其违禽兽不远

矣。人见其禽兽也，而以为未尝有才焉者，是岂人之情也哉？（《孟子·告子上》）

这里将仁义之心、好恶与夜气相提并论，三者显然存在密切关系。良心伴随着平旦清明之气而发见，说明平旦之气乃是良心的质料载体。然而人白天沉溺于物欲，使得良心受到抑制遮蔽，夜气也同时受损而不足以存其仁义之心，说明本心和夜气是一体存在且相互影响的。这表明孟子以心言性，即情以言心，而心与情的质料基础则是气，这也与《性自命出》“喜怒哀悲之气，性也”的思想一脉相承。

值得注意的是，这段话反复提及“才”。朱子解释说“能为之谓才”，“孟子说才皆是指其资质可以为善处”，又说“才犹材质，人之能也”（《朱子语类》），可见“才”就是人天生具有的可以为善的资质与能力。具体而言，孟子的“才”具有多方面含义，“人见其濯濯也，以为未尝有材焉，此岂山之性也哉”（《孟子·告子上》），是就性以言才（材）；“非天之降才尔殊也，其所以陷溺其心者然也”（《孟子·告子上》），是就心以言才；“夜气不足以存，则其违禽兽不远矣；人见其禽兽也，而以为未尝有才焉”（《孟子·告子上》），是就夜气以言才；“人见其禽兽也，而以为未尝有才焉者，是岂人之情也哉”“乃若其情，则可以为善矣……若夫为不善，非才之罪也”（《孟子·告子上》），这是就情以言才。可见，孟子的“才”，乃是统合性、心、情、气的综合性概念，这种以夜气为存在基础、以本心为主宰、以好恶之情为动力而形成的人之为善的禀赋与能力，就是人之“才”，它综合以上诸要素而建构起一个实践工夫主体，以彰显人性的内涵与特质，最能体现人之道德主体性。

那么，孟子的性善是一种实然还是应然？一方面，孟子说“心之官则思，思则得之，不思则不得也。此天之所与我者”（《孟子·告子上》），人人皆有心官，皆能思维反省。又说“仁，人心也；义，人路也”（《孟子·告子上》），以仁说人心，将仁义礼智称为人之“天爵”（《孟子·告子上》），强调道德本心的先天性。还说“人之有是四端也，犹其有四体也”（《孟子 · 公孙丑上》），又以心为大体，耳目口鼻之官为小体，认为“从其大体为大人，从其小体为小人”（《孟子 · 告子上》）。这些说法都强调了人之善心善性，不仅是先天就有，而且是现实的存在，所谓“大体”“四体”概念，表明了心性的实存性。孟子以夜气作为心性的存在基础，无疑也强化了对善性之实然性的论证，徐复观就认为性善乃是人性的实然而非应然①。但孟子的许多说法又会让人对善的现实性产生疑问，他以四端言四德，朱熹《孟子集注》曰：“端，绪也”，端即端绪，表明四端只是四德的端绪萌芽，还不能等同于四德。孟子说：“今夫麰麦，播种而耰之，其地同，树之时又同，浡然而生，至于日至之时，皆熟矣。虽有不同，则地有肥硗，雨露之养、人事之不齐也。”（《孟子 · 告子上》）又说：“五谷者，种之美者也。苟为不熟，不如荑稗。夫仁亦在乎熟之而已矣。”（《孟子 · 告子上》）这就是说，人性中善的种子固然美，如果不能成熟，就连荑稗也不如。以五谷的种子为比喻，强调谷种需要一个熟的过程，这就将时间引入，成德是个需要时间展开的过程。这似乎又意味着善的非现成性。

或许实然与应然二分相对观念，并不适宜用来表达孟子的性善论的意蕴。以“才”的概念为例，孟子的才有天赋、材质和能力三方面的意思，无论是作为天然禀赋、天生材质，还是天生的能力，它无疑都具有现实性，是现实的品质与能力。然而才的现实性有其特殊性，它既是才又是能。才即材质，表明了性善的现实性，恻隐之心等都是其确证；才同时是“能”，能是达成目标的能力，此能力具有潜在性，其实现与展开有待于主客观条件的作用。比如人有成为圣贤或者数学家之才，表现为其禀赋上的优越性；但是，他最终能否成圣贤或者成为数学家，取决于其天赋才能能否充分发挥出来，而这又取决于一些客观条件。这就像孟子所说的种子一样，一粒种子能否结出丰硕果实，就看它最终能否成熟，而成熟与否则取决于灌溉培育之功。

① 徐复观在解释“孟子论性善，言必称尧舜”时说：“孟子说这句话，不是把它当作‘应该地’道理来说，而是把它当作‘实然地’事实来说。”徐复观：《中国人性论史（先秦篇）》，上海三联书店，2001 年版，第 142 页。

因此，如果把性善作为人之“才”，它应该兼有实然与应然的双重含义，它兼有性善的禀赋与才能之意，后一种意思尤其不应忽视。孟子将性善比喻为种子，种子的特征恰好在于它集现实性和潜在性于一身，一棵树的种子是颗现实的种子，同时是个潜在的大树，种子这一概念本身就意味着潜在性和成长性。因此，孟子一方面不断申明道德本心的先天性和实存性；另一方面又反复强调善的潜在性与可能性，强调它需要在一个工夫过程得以彰显和实现。在回答公都子的提问时，孟子明确指出：“乃若其情，则可以为善矣，乃所谓善也。若夫为不善，非才之罪也。”（《孟子·告子上》）孟子在这里明确指出他说的“性善”，是指人性“可以为善”的意思，“可以”是能的意思[①]，能为善的正是“才”，所以后面又说“若夫为不善，非才之罪也”。所谓四端，“仁义礼智根于心”（《孟子·尽心上》）之根，种子、才，这些概念共同指向了善的潜存性与可能性。钱穆曾引用陈澧释孟子性善旨意曰：“孟子所谓性善者，谓人人之性皆有善，非谓人人之性皆纯乎善。”[②]因此，就其本意而言，孟子所谓性善，虽不否定性善有实存的根据，但更强调的是人人皆有善根，人人具有善的禀赋与能力，因而是“可以为善矣”，此潜能需要在道德实践工夫中展开和实现，便是性善的达成。因此，在孟子这一看来是实然判断的性善论中，包含着人性应当如何的应然判断。正如李存山曾指出：“人性是人生的起点，是天道与人道交接的枢纽；人性奠定了人将怎样生活或应该怎样生活的基础。中国古代对人性的探讨主要是围绕着善恶起源问题而展开的。人性是怎样的？在这一看似事实判断的问题中蕴含着人应当怎样的价值预设。”[③]

① 梁涛引信广来观点，认为这里的“可以”是“能”的意思，表示一种能力。梁涛：《郭店竹简与思孟学派》，中国人民大学出版社，2008年版，第342页。

② 钱穆：《孟子研究》，开明书店，1948年版，第80页。

③ 李存山、邝柏林、郑家栋：《哲学志》，上海人民出版社，2002年版，第148页。

二、践形生色

与孟子尽心养气工夫密切相关的，是践形生色说。孟子说："形、色，天性也。惟圣人然后可以践形。"(《孟子·尽心上》)朱熹《孟子集注》注曰："人之有形有色，无不各有自然之理，所谓天性也。践，如践言之践。盖众人有是形，而不能尽其理，故无以践其形；惟圣人有是形，而又能尽其理，然后可以践其形而无歉也。"朱熹将"践形"之"践"释如"践言"之践，将"践形"解为形尽其理，显然是以理气二本观念为前提，这与孟子形上思想并不完全一致。赵岐注为："践，履居之也。《易》曰'黄中通理'，圣人内外文明，然后能以正道履居此美形。"[①]"履居"强调孟子以身体作为心性之展现场域的意思，似乎未能表达出孟子心性和身体之间某种先验的一致性，"正道"所以能"履居此美形"的机理并不明了。与践形说密切相关的是"生色"："君子所性，仁义礼智根于心，其生色也，睟然见于面，盎于背，施于四体，四体不言而喻。"(《孟子·尽心上》)朱注曰："盖气禀清明，无物欲之累，则性之四德根本于心，其积之盛，则发而著见于外者。"则生色同时关联着气与德，需要进一步阐明的是两方面的关系。

思想史上也有一些与孟子践形生色说相近的资料。董仲舒《春秋繁露·循天之道》所引公孙尼子的养气论中有"故君子道至，气则华而上。凡气从心，心，气之君也，何为而气不随也"[②]，认为有道君子之气会上升发出某种容色光华，近似于孟子践形生色说，"凡气从心"和以心为气之君，与孟子志至气次的思想相近。文献一般将公孙尼子作为孔子弟子或者七十子弟子，如此说不误，当是公孙尼子影响了孟子。《乐记》又说："诗言其志也，歌咏其声也，舞动其容也；三者本于心，然后乐气从之。是故情深而文明，气盛而化神，和顺积中而英华发外。"主张乐气从心而动，并积中发外显现为某种气象光华，与孟子的践形说属于同一思想谱系。此外，《管子·内业》有"充形"说：

① 李学勤主编：《十三经注疏·孟子注疏》，北京大学出版社，1999年版，第373页。
② 苏舆撰，钟哲点校：《春秋繁露义证》，中华书局，1992年版，第447-448页。

“夫道者，所以充形也，而人不能固”，石一参注为：“践形率性，乃合乎道。道与形未尝须臾离也，人不能固守耳”①，以“践形”释“充形”。《管子·内业》又说：“精存自生，其外安荣”，安喻容颜安泰，荣谓容颜有光②，说的也是内在的精气会在人的形体上呈现为某种容色。《管子·内业》还说：“全心在中，不可蔽匿。和于形容，见于肤色。善气迎人，亲于弟兄；恶气迎人，害于戎兵。不言之声，疾于雷鼓。心气之形，明于日月，察于父母。”石一参解释说：“谓心动则气动，心不可见而气可见，比之日月之明，由外生，而心之神明自具于吾身，故曰明于日月。父母虽察，虽一体相关而犹为二体，而心之明察，以我察我而全体毕见，故曰察于父母。”③此解甚谛。《管子·内业》的充形说同样以“凡气从心”为前提，正由于气随心动，流注于身体，进而心身一体，如人饮水冷暖自知，才有“明于日月，察于父母”之效。

在气从心动和内在德气呈现为某种身体容色方面，孟子的践形生色说与公孙尼子及《管子》有明显的共同性，三者之不同在于心的规定性。无论董仲舒所引录的公孙养气说，还是《乐记》，都还没有纯善道德本心的概念。同时，如果将孟子的本心与《管子·内业》的“全心”相比较，将孟子的“夜气”与《管子·内业》的“心气”相比较，由于对心的理解不同，心气的内涵也同样有明显差异。《管子·内业》中的心气乃是自然性质的“精气”，体现了道家“道法自然”的宗旨；孟子的心气却是以性善论为前提，是道德性的气，体现了儒家的仁义价值。因此，虽然二者都是践形生色的工夫，却指向了不同价值意义和人格风范。

孟子良知践形生色之机理，涉及其大体小体之分。小体是生理性身体，大体则是道德本心。小体产生各种自然欲望，这些欲望是自私且排他的，难以与他人沟通或者共享，故曰“小体”；作为大体的道德

① 石一参：《管子今诠》，中国书店影印，1988年版，第143页。
② 陈鼓应注译：《管子四篇诠释——稷下道家代表作解析》，商务印书馆，2006年版，第114页。
③ 石一参：《管子今诠》，中国书店影印，1988年版，第143页。

本心体现为四端之情，超越个体生命之局限而与他者的生命发生感通共鸣，故曰“大体”。如果说大小体具有不同的属性和价值，用康德的概念，它们分别代表了人的自然与自由两种属性，象征着自然王国和自由王国的鸿沟，那么，践形生色则意味着对鸿沟的跨越，这种跨越是如何实现的？《乐记》尚没有良知概念，君子人格养成依靠礼乐教化。《管子》四篇受道家思想的影响，采取的是祛除人的情感欲望以复性的路径，《管子·内业》说“能去忧乐喜怒欲利，心乃反济”[①]，《管子·心术上》则说“虚其欲，神将入舍；扫除不洁，神乃留处”[②]，故工夫的关键在于排除情感欲望对心灵的扰动，通过清静无为来复其本体之明。孟子则采取了另外的路向，他主张“养心莫善于寡欲”（《孟子·尽心下》），却不主张“去欲”，通过寡欲以降低感官欲望，进而扩充四端以践形生色，达之天下，四端的内涵主要是道德情感，而道德情感表现为情气。于是，孟子践形观的关键，就成了道德性的情气如何渗透进入生理身体的问题。

杨儒宾在分析孟子身体观时，以王夫之对孟子践形观的解读为基础，提出了汉宋之外关于践形说的第三种诠释模式。杨儒宾认为，王夫之一本论的原则是本体论上的“理气不二”“生性同一”，与工夫论上的体现论：“理渗入气，即气是理；心渗入身，即身是心。”[③]那么，通常被视为异质性的理与气、身与心，究竟是如何被打通的？杨儒宾认为，孟子的践形观建立在战国时期一种特定的身心观的基础上，它并不把身心视为两种异质性存在，“当人的主观意志（或道德意志）发动时，它可以带动（或许该说：它本身也是）一种生理性力量，这种生理性的力量可以滋润、转化或者体现我们的形体。……这种生理性的力量即《孟子》书中主要哲学术语之一的‘气’”[④]。那么，大体之气何以能够渗透入小体并转化之？王夫之认为：“合下粗浮用来，便唤作耳目

① 石一参：《管子今诠》，中国书店影印，1988年版，第143页。
② 同上书，第33页。
③ 杨儒宾：《儒家身体观》，上海古籍出版社，2019年版，第153页。
④ 同上书，第159页。

之官；里面密藏底，便唤作心。”[①]可见小体之气当为混浊粗浮之气，而大体之气则为清明精微之气，故大体能渗透浸润小体，有践形生色之功。因此，身体的精神化也就是气化，气化与精神化通过人的身体而统一，正是践形生色的成果。

杨儒宾借鉴王夫之理气不二、生性为一的一本论来解释孟子践形观，应更能切近于孟子践形观的本意，由于王夫之认为“天人之蕴，一气而已”[②]，主张“理只是气之理，气当得如此便是理，理不先而气不后”[③]，因此，王夫之的一本论是本于气。孟子并未在书中论及宇宙论，但综合孟子相关论述，能够为其心、性、情、才等概念提供一个统一宇宙论背景的，应是当时流行的气论思潮。如果说庄子、《淮南子》的气论重在宇宙论，《管子》四篇的气论重在养生论，那么孟子的气论则重在伦理学，将气论与儒家道德打通。他创立心性论，同时引入养气论，使养气与尽心相结合，这一努力，将心性论与工夫论统一起来，使得心性论同时变成了一种工夫论，而践形生色说正是心性论和养气论相结合产生的工夫环节。经过践形工夫，身体成为心性化的身体，原本为了凸显人的道德主体性而做出的大小体之分，通过践形工夫而再度合一，正是性善论在身体观上的证成。

践形生色说代表着一种新的儒家身体观。儒家身体观的历史原型，是周代的威仪观。如果说血气化的身体是自然性的身体，威仪化的身体则是礼仪化的身体，孔子则通过以仁说礼，打开了身体的精神向度，使身体首次具有了精神内涵，人成了身心合一的道德主体。孔子的身体是仁礼交融的身体，与之相应的工夫就是合外内之道，即孔子说的“兴于诗，立于礼，成于乐”（《论语·泰伯》）。但是，孔子对身心关系所言不多，合外内之道的机理有待于继续阐明。为此，七十子提出了以情言性的性情论，其身体观也相应地是一种性情化的身体

---

① 杨儒宾:《儒家身体观》，上海古籍出版社，2019 年版，第 150 页。

②〔明〕王夫之:《读四书大全说》，《船山全书》第六册，岳麓书社，2011 年版，第 1052 页。

③ 同上书，第 1055 页。

观。性情的内涵是自然性的喜怒哀悲之气，人心也是无定向之心，从《性自命出》“教，所以生德于中”的说法看，内心的善并不具有先验属性，亦非善的来源，倒是实践礼乐的结果，以身心之关系而言，似乎是身体在道德养成方面发挥着更重要的作用，所以才说“君子身以为主心”[①]。孟子以心性与气论的结合导致了践形生色说，身体也就从性情化的身体成为心性化的身体。心性化的身体既不是单纯的精神实体，也不是单纯的物质实体，它已经跨越了精神与物质之间彼此隔限妨碍的界域，在配义与道的实践工夫中泯然为一。

三、人伦政教工夫

践形生色之外，孟子的工夫必然要进入人伦日用。孟子在《滕文公上》提出五伦观念：“使契为司徒，教以人伦：父子有亲，君臣有义，夫妇有别，长幼有序，朋友有信。”人伦关系中，孟子又特重孝悌：“仁之实，事亲是也；义之实，从兄是也；智之实，知斯二者弗去是也；礼之实，节文斯二者是也；乐之实，乐斯二者，乐则生矣；生则恶可已也，恶可已，则不知足之蹈之、手之舞之。”（《孟子·离娄上》）所谓“仁之实，事亲是也；义之实，从兄是也”，是指仁义本于孝悌，是工夫论而非知识论。朱熹《孟子集注》解释说：“仁主于爱，而爱莫切于事亲；义主于敬，而敬莫先于从兄”，孟子心论性包含着以情论性，将四德归本于四端之情，而四端又以孝悌为根本，故仁义礼智皆归本于事亲从兄之情，故曰“孝悌也者，其为仁之本与”（《论语·学而》）。至于程子所说：“谓行仁自孝弟始，孝弟是仁之一事。谓之行仁之本则可，谓是仁之本则不可。”（《二程遗书》）乃是基于性即理与理气二分，对孔孟思想的新诠释，此说与孔孟原意并不等同。就工夫而言，它将原始儒家“因人之情而为之节文”的工夫，转变为“复其本体之明”的理学工夫，彰显了性情之间的异质异层和二元对立，同样与先秦儒家工夫不合。先秦儒家的人性论和工夫论，均以性情一本为前提，由

① 赵法生：《论〈性自命出〉性情化的身体观》，《齐鲁学刊》2019 年第 6 期。

此方可以理解孟子前文中由仁义礼智向乐的转变。由普遍性的仁义礼智四德本身，似乎难以与乐形成直接关联。但是，只要把四德归本于孝悌之情，则“乐亦在其中矣”(《论语·述而》)。血缘性的父子亲情和兄弟友爱，乃是天伦之乐，自然而然，有感斯应，无须造作，所以才说“乐斯二者，乐则生矣”，朱熹《孟子集注》解为“乐则生矣，谓和顺从容，无所勉强，事亲从兄之意油然自生，如草木之有生意也”，甚合文意。孟子还发现，这种人伦亲情之乐，一旦从心中发动，就会不可遏止贯通身心，以至于“不知足之蹈之、手之舞之”，这与《性自命出》《乐记》等所描绘的积中发外的礼乐思想完全一致，而身心一体化的前提正是“志至气次”的心气一体观，由此也可见五伦之道与践形观的内在联系，践形工夫与伦理实践密切相关，正与集义养气之说相合。

由于儒家一向重视本末先后，作为儒门工夫的根本所系的孝悌，便获得了非同寻常的意义。孟子说：“天下大悦而将归己。视天下悦而归己，犹草芥也。惟舜为然。不得乎亲，不可以为人；不顺乎亲，不可以为子。”(《孟子·离娄下》)孟子把孝悌看得比得天下更重要，因为“舜尽事亲之道而瞽瞍厎豫，瞽瞍厎豫而天下化”(《孟子·离娄下》)，如果说天下悦而归己只具有功利性意义，尽事亲之道则不但彰显了人性之本然，而且关乎天下之兴亡，所以才说“尧舜之道，孝悌而已矣”(《孟子·告子下》)。“瞽瞍厎豫而天下化”，说明孝悌之道即是化天下之道，这就涉及修身工夫与政治的关系。

孔子将儒学定义为为己之学，在政治与修身的关系上，孔子说“政者，正也”(《论语·颜渊》)，以“正”释“政”，认为“其身正不令而行，其身不正虽令不从”(《论语·子路》)，这便将政治变成了修身工夫，将政治工夫化了。孔子进而主张“修己以敬”“修己以安人”，认为“修己以安百姓，尧舜其犹病诸”(《论语·宪问》)，将“修己以安百姓”作为政治的最高境界，将善治的希望主要寄托于为政者的德性修养。孟子说“行有不得皆反求诸己，其身正而天下归之”(《孟子·离娄上》)，显然继承了孔子的工夫政治理想。但是，在心性论的视域下，孟子的工夫政治的内涵又与孔子有了明显不同。孟子认为，实现王道政治并不难，而是十分容易之事，甚至说是易如反掌，认为“地方百里而可以王”(《孟子·梁惠王上》)，“以齐王，犹反手也”(《孟子·公孙丑上》)，认为“入以事其父兄，出以事其长上，可使制梃以达秦楚之坚甲利兵矣”(《孟子·梁惠王上》)，只要其民孝悌敬长，他们手持木棍就可以抗击坚甲利兵的秦楚之军。这些说法当然不能仅视为战国游说之辞，而是具有更深一层意义的心性论依据。

孟子认为:“得天下有道:得其民，斯得天下矣;得其民有道:得其心，斯得民矣;得其心有道:所欲与之聚之，所恶勿施，尔也。”(《孟子·离娄上》)得天下的关键在于得民心，得民心之道又在于行民之所欲而勿行民之所恶。在孟子看来，做到这一点并不困难，因为人人皆有天然良知，自能知善知恶，感知他人的欲求，故天下之人心性本来相通，人心对于他人之苦乐也是休戚相关和感同身受的，所以才说“人饥己饥，人溺己溺”(《孟子·离娄下》)，以及“思天下之民匹夫匹妇有不与被尧舜之泽者，若己推而内之沟中”(《孟子·万章下》)。因此，孟子的性善论，预设了天下之人心性上的一体性，实行仁政的关键，就在于扩充其道德本心，推己及人，使得人类的心性一体性得以实现，故孟子说:“老吾老，以及人之老;幼吾幼，以及人之幼。天下可运于掌。……言举斯心加诸彼而已。故推恩足以保四海，不推恩无以保妻子。”(《孟子·梁惠王上》)又说，“先王有不忍人之心，斯有不忍人之政矣。以不忍人之心，行不忍人之政，治天下可运之掌上。”(《孟子·公孙丑上》)不忍人之心之推扩并非难事，因为它同时是良知良能，它本身具有自我实现的内在力量，正如梁惠王不忍衅钟之牛临死前的觳觫而易之以羊，否则他心中就会痛苦不堪。只要顺乎天性不加阻挠，它就会如火燃泉达，不可遏止地实现自己。“孟子道性善，言必称尧舜”(《孟子·滕文公上》)，“尧舜，性之也”(《孟子·尽心上》)，说仁政是顺乎人性，是自然而然的，表达了仁政与心性的内在一体性。通过性善论，孟子便将政治从一般的修身工夫提升为心性工夫，心性工夫的特征在于我欲斯至，无须外求，只要发明本心，顺乎天性即可。这样一种工夫既不取决于外部条件的限制，也不服从于自身之外的其他目的，充分彰显了人的意志自由。正因为如此，孟子才极言仁政之易，所以说“王之不王，不为也，非不能也”（《孟子·梁惠王上》）。

以心性为仁政奠基，将政治工夫化，进而将仁政的实施视为内在人性自然与必然的实现过程，只有这样的政治才是符合人性的，否则便是非人性的，这不但为政治确立了最高的价值准则，也赋予了孟子强烈的批判精神。他据此将桀纣等说成是残贼仁义的独夫民贼，认为人人都有得而诛之的权利。

四、超越境界

孟子实践工夫的最高层次指向一种超越境界。对于此境界的内涵，现代新儒学主要从心性本身的超越性加以解读，牟宗三认为：“在孔子，仁与性未能打并为一，……而在孟子，则将存有问题之性提升至超越面而由道德本心以言之，是即将存有问题摄于实践问题解决之，亦即等于摄‘存有’于‘活动’（摄实体性的存有于本心之活动）。如是，则是本心即性，心与性为一也。”[①] 又说，“尽心知性则知天，顺心性说，则此处之‘天’显然是‘实体’义的天，即所谓以理言的天，从正面积极意义看的天。所谓性之内容的意义，有其与天相同处，亦是从积极意义的‘天’‘实体’意义的天说。此所谓‘内容的意义’相同实则同一创生实体也。”[②] 牟宗三认为，在孟子那里，心、性、天为一，是将心体、性体和天命实体通而为一，使其心性同时具有了超越义和活动义。他说：“及心性显其绝对普遍性，则即与天为一矣。”[③] 这显然是受康德实践理性观念的影响，同时也与他关于用理为性和用气

① 牟宗三：《心体与性体》（上），上海古籍出版社，1999年版，第22页。
② 同上书，第23-24页。
③ 同上书，第24页。

为性的划分有关[①]。所以，他断言孟子的“尽心知性知天”之天是天命实体，如此则心、性、天是一；但“存其心，养其性，所以事天也”之“天”，和“夭寿不二，修身以俟之，所以立命也”之“命”，乃是“带着气化的天”，而气化之天即自然之天，非普遍性的义理之天，故心、性、天不为一，天不具有超越性[②]。牟宗三肯定孟子尽心知性知天的超越意义是合理的，但是，断言“带着气化的天”不具有超越义，则没有表达出孟子气论与超越性之间的联系。

孟子认为，浩然之气乃“集义所生”，“配义与道”，是一种道德性的气。这就意味着，在孟子那里，气可以划分为自然之气和道德性的气，《知言养气章》论勇与气的关系，其实就是要辨析道德性的气和非道德性的自然之气。从孟子养气论看，夜气正是培养浩然之气的基础。孟子后学所作五行说文中出现的仁气、礼气和义气概念，则可以为此种总结归纳提供证明，表明两种气的划分在孟子那里是客观存在的，也是孟子对气论思想的独特贡献。在孟子那里，心性论与养气论相互交织，尽心与养气是同一个过程，共同构成了孟子良知学的特色，使其心性同时具有了工夫论意义，也是孟学中的心性本体具有活动义的关键所在。如果忽视了气论的线索，孟子性善之含义就无法得到客观有效的阐明。

在孟子那里，浩然之气不仅是道德性的，而且是具有超越性的。他说:“其为气也，至大至刚，以直养而无害，则塞于天地之间。”(《孟子·公孙丑上》)浩然之气塞于天地之间，显然具有超越性，这种超越性的气是孟子通过养气工夫所把握到的。杨儒宾认为:“就此工夫存有论的依据而言，‘气’是超自觉的，是与良知同根，但比良知的心理涌现更基源的基础。……气除了具备道德意义外，它还是一种前知觉的存在，在这种存在中，人与世界是种同质性的合一。所以当气由潜能变为现实时，人与世界原始的合一关系，也势必由潜藏性的‘在己’

① 牟宗三:《心体与性体》(上)，上海古籍出版社，1999 年版，第 105 页。
② 同上书，第 24-25 页。

状态转变为可以体现的朗现状态。”[①]这便预设了一种先验道德之气的存在，而养气工夫不过是将良知与此先验德气的本原一致性充分展开。李景林根据朱熹《孟子集注》中“本自浩然，失养故馁。惟孟子为善养之以复其初也”，认为“浩然之气之养成，并非无中生有，而是具有先天的实存基础的”，气在孟子那里具有本体意义[②]。《庄子》《管子》四篇以及《黄帝内经》中，有诸多关于这种先天之气的叙述，《管子》四篇称之为“精气”或“灵气”,《黄帝内经》则称之为“元气”“真气”等，借以表明其先验属性和创生功能。牟宗三解释孟子心性论，依然以理气二分为前提，但这一前提在孟子那里其实并不存在。在孟子那里，恰如浩然之气所表明的，天人合一不仅仅是合于理，从更基源的意义上，天人合一还合于气。而如何将这种潜在的合一朗现为现实的合一，正是孟子工夫论的关键所在。这就意味着，孟子心性论与气论的关系，并非牟宗三所说的那样泾渭分明，完全对立，而是另一种更为复杂的关系类型。孟子超越境界之达成，是通过尽心和养气的同步操作而完成的，他对于此种境界的描述，明显具有气论的含义。《孟子·尽心下》中说:“有诸己之谓信，充实之谓美，充实而有光辉之谓大，大而化之之谓圣，圣而不可知之之谓神。”唐君毅解释说:“‘充实而有光辉之谓大’，则所谓浩然之气盛大流行，即德性充实于内者，其充于体之气，皆为其德性所弥漫，而其充体之气，皆如透体而出，以散为光辉，以塞乎天地之间之谓也。……集义之功，即由欲义，而使此义实有诸己也。则孟子之言养浩然之气之旨，固与其上文所及之存心养性，以及言善、信、美、大之旨，密切相关。”[③]唐君毅以集义养气解释善、信、美、大之旨，甚合孟子本意。集义养气的工夫实践，使得德气合一，充实于内，进而积中发外，散为光辉，充满宇宙，有存神过化之妙。故《孟子·尽心上》说:“夫君子所过者化，所存者神，

① 杨儒宾:《儒家身体观》，上海古籍出版社，2019 年版，第 167 页。
② 李景林:《教化儒学续说》，中国社会科学出版社，2020 年版，第 111 页。
③ 唐君毅:《中国哲学原论·原道篇》(上册)，中国社会科学出版社，2006 年版，第 117—118 页。

上下与天地同流，岂曰小补之哉？”所谓“上下与天地同流”，正是浩然之气弥漫于天地之间的独特体验，余英时曾指出孟子之“上下与天地同流”与《庄子・大宗师》中“游乎天地之一气”的“家族形式性”，二者显然都指向以气之感通为内涵的精神修炼。《孟子・尽心上》又说：“万物皆备于我矣。反身而诚，乐莫大焉。强恕而行，求仁莫近焉。”所谓“万物皆备于我矣”，同样是君子之浩然之气与天地万物相贯通的生命境界。因此，对孟子而言，天人合一包括合于气，终极境界乃是气的感通。天地合气而生人，人与万物乃一气之所化，宇宙元气与人本来不隔，良知正是人与宇宙元气感通处。孟子通过集义养气的工夫，在浩然之气的流行中体验到体内之气与宇宙之气的贯通会合，并在工夫中体证了它。离开了气论的视域，离开了养气工夫中的生命体验，我们也就无法真正理解那种“上下与天地同流”和“万物皆备于我”的话语，那是一种超越物体质碍的境界，所谓“物则不通，神妙万物”的神化之境，只有在养气工夫中加以体证把握。

余英时指出，在轴心突破之前，中国的天人合一的特权为巫师所垄断。他以孟子和庄子的气论为例指出，轴心突破之后，在当时流行的气论宇宙观的基础上，一种新的天人合一形式突破了巫师的特权，“‘心’对于气的操纵与运用取代了以前巫与鬼神沟通的法力”[①]，开辟天人合一的新渠道。此说甚谛。他从轴心突破的角度，分析了气论宇宙观与儒道心性思想结合之后，在天人观方面所催生的思想转向。他还认为：“‘浩然之气’虽然是存于心中的至精之气，却可经过陶养超越个人躯体，并由此与宇宙原初之气合而为一。”“有一个引领‘心’通往天的神秘途径，至此我们可明白，那就是‘浩然之气’提供的通路。”[②]以浩然之气为天人合一的新通路，乃是孟子的心性论吸收气论之后，为儒家天人观带来的新进展。孔子深受周公天命观的影响，他的天在很大程度上还是宇宙的主宰者，孔子对其充满敬畏，孔子也因此恪守着天人之际的界限，在肯定了人的道德主体精神的同时，依然

① 余英时：《论天人之际：中国古代思想起源试探》，中华书局，2014年版，第122、125页。
② 同上书，第123页。

不愿意将此精神过度张扬，以防其超越了天人之际的边界。就此而言，孔子更重视天人之际而非天人合一。天人之际既是一条连接线，也是一条分界线，它对天人关系具有双向规定性。但是，天人之际的界限，在孟子这里终于被突破了，突破的关键恰恰在于气。正如余英时所说，浩然之气不仅是人心中的至精之气，同时也与宇宙的原初之气合而为一。这是天人合一在气论基础上的完成，以志气合一为特征，它与孔子的天人之际，以及后来理学家的以理为基础的天人合一，具有明显不同。

总之，孟子的性善论与工夫论是一体的。人性无法仅仅在心性论的视域中主观地设定自身为善，却可以工夫证实其为善，在工夫论的意义上证实人性确然如此。如果说心性论所预设的善只是善的根源与可能，经由工夫所彰显的善才是善的达成和实现。现代新儒家对性善论的解读过于侧重于心性论，而气论的阐发不但揭示了孟子心性论与工夫论的内在联系，也使性善论的整体图景为之一变。孟子就心、性、情、气之统一以言人之才，不但肯定了人具有先天的心性本体，同时也肯定了心性本体是工夫主体。尽心与养气是孟子工夫论的基础，建构了孟子的心性工夫主体。尽心与养气工夫的深化，必将产生践形生色之效，实现大体对小体的转化，通过心性工夫实现身心合一。此外，孟子将人伦实践看作孝悌仁爱之心自然作用的结果，而实行仁政乃是先天仁义之心自我实现的内在要求，这就将人伦与政治一起转变为心性工夫。孟子工夫最终抵达的是上下与天地同流的境界，人与先验的本原之气合一，产生了顶天立地的大丈夫人格。通过尽心、养气、知言、践形、人伦、仁政的完整工夫实践，性善论的全部内涵才得以完整展现出来，这不单是性善论的证成过程，也是心性论与工夫论的内在合一性之证明。

第七章

荀子、儒家与法家

荀子罗综诸子，儒、道、法、名、兵诸家学说都可以在他的学说中找到影子。但就社会政治思想而言，对荀学影响最大的是儒家和法家，如果说其他学说都是作为思想元素发挥作用的话，儒法两家的思想构成了荀学的主干，共同塑造了荀子的社会治理蓝图。因此，我们将从荀学与儒法思想的渊源关系中追溯其思想源头，解析其思想内涵，进而判断其思想的学派归属。

一、荀子与法家

（一）荀子与法家的历史渊源

蒙文通曾经从中国古代民族文化比较的角度，指出儒法两种思想其实是周秦两个不同民族文化之反映。儒家思想发源于周民族，以贵族政治为基础；法家思想发源于三晋而实行于秦国，以君主专制政治为指归。在他看来，儒法之争实际是戎夏之争[①]。他由此认为："荀卿，三晋之士也，虽习儒家之言，然究不离法家之说，故立言异乎孔、孟而同于商鞅、吴起、韩非之徒。"[②]蒙文通从古代民族与学术的关系来断定荀学的学派归属，视角独特，颇有启发意义。但是，要对荀学的学派属性作出客观的判断，除了民族与文化的视野外，还需要从其学术本身源流的角度进行分析。

从荀子本人的人生经历来看，他与三晋的确存在密切关系。司马迁《孟子荀卿列传》说"荀卿，赵人。年五十始来游学于齐"，可知荀子正式与齐鲁文化相遇的时间当在五十岁以后。据汪中考证，荀子于赵孝成王元年入秦不遇后回到赵国，与临武君议兵于赵孝成王之前。赵孝成王九年、十年左右，荀子再返赵国。另根据韩非的记述，荀子曾游燕而未得重用："燕王哙贤子之而非孙卿，故身死为僇。"（《韩非子·难四》）汪中认为其事当在荀子游齐之前。《荀子·强国》篇记载，荀子曾对齐相国分析齐国与燕、魏、楚诸国的竞争态势，并预言了齐

① 蒙文通：《先秦诸子与理学》，广西师范大学出版社，2006 年版，第 154 页。
② 同上书，第 19 页。

国即将到来的亡国之变。荀子在《议兵》篇与临武君议兵时又详细列举魏国武卒军制的特征，在《臣道》篇赞扬平原君、信陵君功业，以上内容表明荀子对燕、魏、赵等北方各国的情况的确十分熟悉，说明在游学来齐之前，三晋一带应该是他活动的主要区域。

另外，根据汪中《荀卿子通论》，荀子所受《左传》乃经吴起后两传而得，所受毛诗乃是经魏人李克后两传而得。吴起是法家，司马迁《孙子吴起列传》称其"以刻暴少恩亡其躯"，又说吴起曾学于曾子，曾子薄其行而与之绝，则吴起乃是一个受儒家影响的法家。吴起生于卫国，正是孔子周游列国的核心地区，其受儒家影响亦在情理之中。而李克，据《孙子吴起列传》，是他将吴起推荐给魏文侯，《汉书・艺文志》儒家列有《李克》七篇，注云"子夏弟子，为魏文侯相"，一些学者认为李克是李悝的别名[①]，而李悝是早期法家代表人物，但作为子夏弟子，他应该受到儒家影响。因此，对于三晋早期法家之形成不能仅仅着眼于蒙文通所言秦晋之地戎狄风俗之影响，还有必要从战国时期百家思想相互激荡的形势去加以考察。

三晋之地的风俗和历史固然有利于法家之起源生长，但自子夏之教授河西开始，邹鲁思想就传到了这里，并在这里的法家身上打上了烙印，其结果是形成了三晋早期受到儒家影响的法家，李悝、吴起如此，即使商鞅身上依然可以看到此种痕迹。据《史记・商君列传》，商鞅初见秦孝公即说以帝道，孝公昏昏欲睡；继而说以王道，孝公依然打不起精神；最后说以霸道的强国之术，孝公于是大悦。可见商鞅本来也是一个受儒家影响的法家。

另外，三晋法家多喜好黄老刑名之学，《史记・商君列传》说"鞅少好刑名之学"，将慎到归入黄老，说"申子（申不害）之学本于黄老而主刑名"，又说韩非"喜刑名法术之学，而其归本于黄老"（《老子韩非列传》）。法家与儒家、道家与黄老学派之间的错综关系说明，法家思想尽管与三晋地风俗人情和政教传统密切相关，但它同样是诸子百家思想相互影响的产物。如按照蒙文通的说法推论，受戎狄风俗影响

① 郭沫若:《十批判书》，东方出版社，1996 年版，第 299 页。

之深者莫过于秦国，可实际上法家不是产生自秦国，而是产生于三晋，秦国的法家也几乎全部来自三晋。这是因为思想流派之形成除了风俗基础之外更有必要的思想文化基础，这方面晋国的条件无疑要优于秦国。因此，戎狄风俗的影响并非法家产生的充分条件，它还需要本地政教风俗与轴心时代思想的风云际会。《礼记》曾指出三代文化之演变遵循着文质交替之规律，那么，春秋以来列国文化之发展也显示出类似的特征，如果说邹鲁的仁义思想是基于其悠久深厚的文化传统，三晋的法家之学则是其相对较为原始质朴的风俗与外来文化相结合的产物。只有着眼于法家与其他各家彼此融合消长的过程，法家思想本身才能得到合理之说明。

《荀子》中评论过的三晋法家有慎到和申不害，《史记·孟子荀卿列传》说慎到为赵人，并将他列入黄老，《汉书·艺文志》则列为法家，从现有辑本《慎子》及相关文献内容来看，其思想受儒、道两家影响而归于法。

司马谈《论六家要旨》说道家“以虚无为本，以因循为用”，慎到则说：“古之全大体者，望天地，观江海，因山谷，日月所照，四时所行，云布风动；不以智累心，不以私累己；寄治乱于法术，托是非于赏罚，属轻重于权衡；不逆天理，不伤情性；不吹毛而求小疵，不洗垢而察难知；不引绳之外，不推绳之内；不急法之外，不缓法之内；守成理，因自然。祸福生乎道法，而不出乎爱恶；荣辱之责在乎己，而不在乎人。”（《慎子·逸文》）这是强调人事要遵循天道，因任自然而无为，反对以智累心和以私害己，尤其要排除主观好恶的影响，道家的影响显而易见。在宇宙观上强调自然之道的作用，在社会领域中则重视法，道与法都是客观的律则，所以他有时便合称“道法”。所谓“祸福生乎道法”，道是法的依据，法则是道的体现，要“寄治乱于法术，托是非于赏罚，属轻重于权衡”，如此方可“不逆天理，不伤情性”。如果说他在宇宙观上是道家，在社会观上则是法家。

慎到所谓“因循”，不仅仅是因循自然之道。他说：“天道因则大，化则细。因也者，因人之情也。人莫不自为也，化而使之为我，则莫可得而用矣。是故先王见不受禄者不臣，禄不厚者不与入难。人不得其所以自为也，则上不取用焉。故用人之自为，不用人之为我，则莫不可得而用矣。此之谓因。”（《慎子·因循》）这里提出要“因人之情”，人之情是什么呢？就是“人莫不自为也”，人人都是为自己打算的，如果非得让人不为他自己打算而是为了别人打算，那是违背人性的，人也无法为我所用。因此，人的自为之心正是先王借以用人的凭借，顺着人之自为之心而加以赏罚，人就为我所用了。他以“人莫不自为也”概括人性，不同于邹鲁文化传统中以“不忍人之心”说人性，但同样包含着对人性的某种洞见。“人莫不自为也”是否等同于人性为恶，现有《慎子》辑本尚无法证实，但他的“匠人成棺，不憎人死，利之所在，忘其丑也”（《慎子·逸文》）的说法，已经包含着人性恶的意思，对荀子和韩非都有影响。他肯定了人之自为之心，并在此基础上导出法治之必要，荀子对礼法与人性关系的看法显然与之接近。

因为重道法，故反对任用私智：“弃道术，舍度量，以求一人之识识天下，谁子之识能足焉？”（《慎子·逸文》）这同样与道家相近。在国家治理上，他提出：“君之智，未必最贤于众也，以未最贤而欲以善尽被下，则不赡矣。”（《慎子·民杂》）这与后期法家又有所不同。

影响慎到的不仅有道家，还有儒家。《慎子·逸文》引用孔子的话说：“有虞氏不赏不罚，夏后氏赏而不罚，殷人罚而不赏，周人赏且罚。罚，禁也；赏，使也。”这是从孔子那里追溯法家刑赏二柄的历史起源。慎到说：“法非从天下，非从地出，发于人间，合乎人心而已。治水者，茨防决塞，九州四海，相似如一。学之于水，不学之于禹也。”（《慎子·逸文》）这种从人心深处寻找法之起源的思想，颇似儒家对于道德的言说结构。《慎子·逸文》说：“君明臣直，国之福也；父慈子孝，夫信妻贞，家之福也”，显然受到儒家伦理观的影响。《慎子·威德》说：“明君动事分功必由慧，定赏分财必由法，行德制中必由礼”，重法而不废礼。他的“立天子者，不使诸侯疑焉；立诸侯者，不使大夫疑焉；立正妻者，不使嬖妾疑焉；立嫡子者，不使庶孽疑焉。疑则动，两则争，杂则相伤”，强调信对于治国齐家的意义。《慎子·威德》还说："古者立天子而贵之者，非以利一人也。曰：天下无一贵，则理无由通，通理以为天下也。故立天子以为天下，非立天下以为天子也；立国君以为国，非立国以为君也；立官长以为官，非立官以为长也。"这种对君民关系的说法，显然受到儒家民本思想的影响。可见，他的道法与儒家的道德并不完全矛盾。他力图将诚信、孝慈和礼等儒家道德与法结合起来，与李斯、韩非等反儒的法家有所不同，也显示了早期法家思想与儒道思想相错综的情形。

儒道两家是先秦轴心时代最先产生的两大学派，也是孕育诸子百家的思想母体，它们对慎到等早期法家的影响是显而易见的。早期法家的核心思想无疑是法，但他们的法一端连着儒家的德，法尚未中断与儒家民本思想的联系而沦落为单纯的治民之术；另一方面连着道家的道，力图为天下寻求到一条符合宇宙规律的治理之路。早期三晋法家与齐法家均没有后来法家那种极端的反仁义道德的思想。实际上，商鞅是卫国人而仕于魏，韩非是韩国人，李斯是楚国人，这些异邦人来到了秦国后演变为反儒的法家，又一次说明了那个橘生淮北的古老真理。先秦思想史表明，法家思想孕育于道家和儒家的母体而兴起于三晋，但是，当它继续向西推进时，却变得益加偏狭专制；而它向中原地区游移时，便沾染了更多的仁德之风。前者以商鞅、韩非和李斯为代表，后者则以管子、荀子为例。

荀子的思想只有在这样的先秦思想史版图中才能得到合理的定位。荀子之前的赵国正是三晋法家活跃的地区，也是法家受儒家影响较大的时期，此种学风很可能给早期荀子以重要影响，形成了他不同于秦法家而力图综合儒法的学术进路。《荀子》中对早期法家评论最多的是慎到，只有一次提到商鞅而不及其思想，对申不害的评论也只限于一句话。读那篇短短的辑本《慎子》，常常使人不由得想起荀子，不仅是因为其中法、儒、道互补的学理结构，甚至有些用语都是如此之近似，比如慎到说"故蓍龟，所以立公识也；权衡，所以立公正也；书契，所以立公信也；度量，所以立公审也；法制礼籍，所以立公义也。凡立公，所以弃私也"（《慎子·威德》），又说"法之功，莫大使私不行；君之功，莫大使民不争”（《慎子·逸文》），这些有关公与私关系的论述深刻地影响了荀子的公私观，其中“法制礼籍，所以立公义也”一语，显然已有将法与礼联合的意思，这可能影响到荀学的基本方向。慎到主张“因人之情”，他理解的“人之情”是“人莫不自为也”（《慎子·因循》），这里的情显然是情实之情而非情感之情。“人之情”同样也是荀子关注的重点，他认为：“人之情，食欲有刍豢，衣欲有文绣，行欲有舆马，又欲夫余财蓄积之富也；然而穷年累世不知不足，是人之情也。”（《荀子·荣辱》）显然，荀子“人之情”中的情也是情实而非情感，他对人性的看法似乎是以慎到的人性观为基础而又比慎到有所推进。另外，慎到说“两贵不相事，两贱不相使”（《慎子·逸文》），《荀子·王制》中则说“夫两贵之不能相事，两贱之不能相使，是天数也”。慎到说“君逸乐，而臣任劳”（《慎子·民杂》），这同样为荀子反复强调。慎到说“法之所加，各以其分，蒙其赏罚而无望于君也，是以怨不生而上下和矣”（《慎子·君人》），又说“一兔走街，百人追之，贪人具存，人莫之非者，以兔为未定分也。积兔满市，过而不顾，非不欲兔也，分定之后，虽鄙不争”[①]（《慎子·逸文》），这正是荀子所特别重视的明分思想的早期表达。荀子在此基础上，发展为更系统化的“明分使群”（《荀子·富国》）和“明分达治”（《荀子·臣道》）社会思想。

但是，荀子对慎到也多有批评。慎子主张因循人之情以立治道，结果是对于法的高度重视：“为人君者不多听，据法倚数以观得失。无法之言，不听于耳；无法之劳，不图于功；无劳之亲，不任于官。官不私亲，法不遗爱。上下无事，唯法所在。”[②]（《慎子·君臣》）这一段话说明法在慎到政治学说中居于核心地位，是一切施政行为的最终依据。《慎子·逸文》还说：“法者，所以齐天下之动，至公大定之制也。故智者不得越法而肆谋，辩者不得越法而肆议；士不得背法而有名，臣不得背法而有功。我喜可抑，我忿可窒，我法不可离也。骨肉可刑，

① 这段话申不害也引用过。参郭沫若：《十批判书》，东方出版社，1996年版，第314页。
②《诸子集成》卷5，上海书店影印，1986年版，第6页。

亲戚可灭，至法不可阙也。”认为法超越于智慧辩察、喜怒哀乐甚至骨肉亲情之上，将法提到至高无上之地位。慎到上述思想招致了荀子的批评。荀子首先批评慎到“慎子有见于后，无见于先”，并说“有后而无先，则群众无门”(《荀子·天论》)，“群众无门”究竟何意？荀子在解释“仲尼之门人，五尺之竖子，言羞称乎五伯”的原因时说：“诈心以胜矣。彼以让饰争，依乎仁而蹈利者也，小人之杰也，彼固曷足称乎大君子之门哉！”(《荀子·仲尼》)可见，荀子的门乃是指礼义而言，因为五伯正因为胜人以诈力却又用礼让来装点才不足以被称为“大君子之门”，所以荀子批评慎子对礼重视不够。荀子认为：“礼者，法之大分，类之纲纪也”(《荀子·劝学》)，又说“饰动以礼义，听断以类，明振毫末，举措应变而不穷。夫是之谓有原”(《荀子·王制》)，这是将礼作为治天下之所本，比较起来，慎子却对此一根本有所忽视。荀子还在《解蔽》中批评慎到说“由法谓之道，尽数矣”，这显然是对慎到前面所说的“据法倚数以观得失”而言。荀子认为忽视了礼的法治虽可以尽度数之用，但毕竟只是“道之一隅”(《荀子·解蔽》)，并非道之全体大用。

荀子对慎到的另一批评是“蔽于法而不知贤”，慎子重法也重势，但将贤能置于法与势之下。他说：“故腾蛇游雾，飞龙乘云，云罢雾霁，与蚯蚓同，则失其所乘也。故贤而屈于不肖者，权轻也；不肖而服于贤者，位尊也。尧为匹夫，不能使其邻家；至南面而王，则令行禁止。由此观之，贤不足以服不肖，而势位足以屈贤矣。……夫三王五伯之德，参于天地、通于鬼神、周于生物者，其得助博也。”(《慎子·威德》)在慎子看来，贤者之所以屈从于不肖者，是因为贤者权势轻；不肖者臣服于贤者，是因为贤者权势重，三王五伯的功业是因为他们所得的外部助力大。《庄子·天下篇》也讲到慎到不尚贤：“謑髁无任，而笑天下之尚贤也；纵脱无行，而非天下之大圣。”荀子因此批评慎到“蔽于法而不知贤”。与此相对应的是，荀子提出了自己的治法与治人理论，将治人置于更加优先的地位：“故械数者，治之流也，非治之原也；君子者，治之原也。官人守数，君子养原。”(《荀子·君道》）这些论述应该是针对慎子的思想而来。

《荀子·非十二子》进一步批评慎到“尚法而无法，下修而好作，上则取听于上，下则取从于俗，终日言成文典，反紃察之，则倜然无所归宿，不可以经国定分；然而其持之有故，其言之成理，足以欺惑愚众，是慎到、田骈也”。所谓“尚法而无法”，前一个法是法家之法，后一个法则是荀子所主张遵从的后王之典宪。所谓“上则取听于上，下则取从于俗”，应该是指慎子所说的“礼从俗，政从上，使从君”（《慎子·逸文》）。慎到主张礼应该尊重百姓的习俗，而政治则应遵从君上的政策，他比较尊重民间礼俗，将礼和政相对分开。荀子则主张礼乃圣王之制作，将礼政治化并作为法的根据，很少提到民间礼俗的意义。如此一来，他的礼法观便与慎到有了明显不同。慎子的礼与政具有二元的特点，而荀子则将礼法的本质等同起来，所以批评慎到“倜然无所归宿，不可以经国定分”。荀子将礼与法完全统一到圣王身上，与慎到相比较，其政治学说的集权性格显著增强了。从荀子对慎到的以上批评中，我们可以发现荀子礼法思想形成的历史线索。在慎到那里，法至高无上而近于道。或许是受到秦国“无儒”的激发，荀子将法追溯到礼，意欲用礼来统合法，这显然是要用儒家来中和法家。但是，此种中和并非没有代价，儒家的礼本身被政治化和外在化，以便它能够与法相协调。

荀子对申不害的批评是“申子蔽于势而不知知……由势谓之道，尽便矣”（《荀子·解蔽》）。《史记·老子韩非列传》：“申不害者，京人也，故郑之贱臣。学术以干韩昭侯，昭侯用为相。内修政教，外应诸侯，十五年。终申子之身，国治兵强，无侵韩者。”申不害重术超过重法，故《韩非子·定法》称“今申不害言术，公孙鞅为法”。申不害大大地发展了法家依靠权术驭人之阴暗面，而此一设计又纯是为了专制君主个人打算，从而极大地强化了法家的专制倾向。《韩非子·外储说右上》言：“申子曰：独视者谓明，独听者谓聪，能独断者故可以为天下王”，与慎到的“故立天子以为天下，非立天下以为天子也”相比，其思想差异不言而喻。荀子说他“蔽于势而不知知”，实在是很中肯的批评。《吕氏春秋·任数》曾引用申不害的话说“去听无以闻则聪，去视无以见则明，去智无以知则公。去三者不任则治，三者任则乱”，因为智性是靠不住的，所以他不任智而任术。

（二）荀子对法家的基本态度

荀子在《解蔽》中尽数诸子之蔽，所谓的“蔽”，按照他本人的解释：“此数具者，皆道之一隅也。夫道者，体常而尽变，一隅不足以举之。”“蔽”即在于一叶障目而不能见道之全体。由此可见，荀子之所以综合诸子的基本方法，他是要去诸子之蔽而归于道，加以批判吸收，对法家同样如此。他说慎子“蔽于法而不知贤”，所以要用重礼重贤去补足他的法；他批评“申子蔽于势而不知知”，于是用知识去补足他的势。其实荀子也是重视势与术的，主张“临之以势”，又探讨过能够获宠的“终身不厌之术”（《荀子·仲尼》）。荀子不愧为一个善于综合的大家，诸子的那些“蔽”大多都被他以某种形式整合到了自己的思想体系中。比如他批评“墨子蔽于用而不知文”，而他本人也高度重视功利；批评“宋子蔽于欲而不知得”，而他在人性论上的一大贡献是将欲望作为自己人性观之基础；批评“惠子蔽于辞而不知实”，他本人则从名辨思想中获益良多并有所发展。

其中他对法家的态度尤其值得注意。荀子严厉诟责子夏、子游和子张及思孟学派，但对法家的态度却平和得多。他对慎到和申不害并没有像对思孟学派那样的激烈批评，也是没有批评慎到、申不害的法家立场，而是力图弥补他们学说中的不足。儒法之别不在于细枝末节，而在于基本价值与社会理想。儒家之修身与为政一本于仁义，对君权则以道统或者贵族力量制约之，坚持民本思想而反对君权至上。可是，法家或重法，或重势，或崇术，以耕战为富国强兵之手段，对君权多采取放任态度，法家自身也多没有以道自任的历史担当意识。因此，无论从个体人格还是社会理想看，儒法两派的基本精神大相径庭，战国中期以后，儒法之间的斗争渐趋白热化，这在孟子那里可见一斑，他说：“城郭不完，兵甲不多，非国之灾也；田野不辟，货财不聚，非国之害也。上无礼，下无学，贼民兴，丧无日矣。”（《孟子·离娄上》）这显然是批评务耕战而弃礼义的法家，“丧无日矣”的警告比荀子以秦为“末世之兵”的断言更早。孟子还说：“今之事君者皆曰：‘我能为君辟土地，充府库。’今之所谓良臣，古之所谓民贼也。君不乡道，不志于仁，而求富之，是富桀也。‘我能为君约与国，战必克。’今之所谓良臣，古之所谓民贼也。君不乡道，不志于仁，而求为之强战，是辅桀也。由今之道，无变今之俗，虽与之天下，不能一朝居也。”（《孟子·告子下》）这大体是孟子对法家的历史定位，视之为助纣为虐的民贼。在援引了孔子对为季氏敛财的冉求的严厉批评后，孟子又说：“争地以战，杀人盈野；争城以战，杀人盈城，此所谓率土地而食人肉，罪不容于死。故善战者服上刑，连诸侯者次之，辟草莱、任土地者次之。”（《孟子·离娄上》）这是他对法家的历史审判。孟子之学，当时举世以为迂阔，但他上面之“虽与之天下，不能一朝居也”的预言是何等的准确！横扫六合的秦国竟然只存活了十五年。不是孟子太迂阔，而是世人太功利而短视了。法家确实能够富国强兵，但知功利而不知仁义，其学其政违天又背人，安能长久？

孟子之后的论者对秦治亦多有批评，贾谊说：“商君违礼义，弃伦理，并心于进取，行之二岁，秦俗日败。秦人有子，家富子壮则出分，家贫子壮则出赘。假父耰锄杖彗耳，虑有德色矣；母取瓢碗箕帚，虑立谇语。抱哺其子，与公并踞；妇姑不相说，则反唇而睨。其慈子嗜利而轻简父母也，虑非有伦理也，其不同禽兽仅焉耳。然犹并心而赴时者，曰功成而败义耳。”[①] 商鞅变法两年，秦国风俗浇薄至此，骨肉分离，人情如水，堪为一叹，原因正在于其“违礼义，弃伦理，并心于进取”的纯粹功利主义国策。正因为如此，齐国志士鲁仲连宁可蹈东海而死也不做秦国的子民，且看他的理由：“彼秦者，弃礼义而尚首功之国也，权使其士，虏使其民。彼即肆然而为帝，过而为政于天下，则连有蹈东海而死耳，吾不忍为之民也。”（《史记·鲁仲连邹阳列传》）对秦政本质的分析可谓是入木三分。《淮南子·要略》也说：“秦国之

①〔汉〕贾谊撰，阎振益、钟夏校注：《新书校注》，中华书局，2007 年版，第 97 页。

俗，贪狼强力，寡义而趋利。可威以刑，而不可化以善；可劝以赏，而不可厉以名。被险而带河，四塞以为固，地利形便，畜积殷富。孝公欲以虎狼之势而吞诸侯，故商鞅之法生焉。”这又从秦国民俗溯及商鞅之法的历史渊源。

可是，《荀子》中不但未见对法家基本思想与价值的批判，《强国》篇反而对秦国的治道、民风与人格赞赏有加，甚至视之为古代治道的典范，称之为“治之至也”。先秦两汉思想家中如此盛赞暴秦治道者可谓寥若晨星，这也与孟子、贾谊和鲁仲连等对法家治道的批判形成了鲜明对照。

荀子之所以没有对法家进行严肃的批评，与他在政治上最终选择了秦制密切相关。章太炎曾对蒙文通说过“荀卿不反法家”[①]，或许是基于此。如果说荀卿在政制上不反法家是事实，但笼统地说荀卿不反法家则未必准确，因为荀子已经看出了秦国“无儒”的弊端（《荀子·强国》），所以想用儒家思想补充法家学说的不足。徐复观曾经列举了荀学中的儒家通义，并总结出荀子思想与法家思想三方面的不同：对待历史文化的态度的不同、人本与法本的不同，以及对君主道德要求的不同[②]，这些差异都是客观存在的。另外，徐复观敏锐地发现荀子所描绘的社会蓝图中“人只有政治生活，而无私人生活、社会生活，且必至以不合于现实政治者为罪大恶极”[③]。他的结论是荀子“大体上尚能与法家划一界线，以保持其儒家的规格”[④]。这一结论有待于考察。在分析荀子走向集权专制的原因时，徐复观仅仅强调了荀子的性恶论以及由此而导致了礼的外在化和政治化，却没有认识到在政治体制上选择秦制才是症结所在，而对历史文化价值的肯定和儒家道德的引入无法改变社会本身的极权本质，因为个体的修身观念并不足以改变国家的权力结构，最多只能在极权国家里增添一点个人无关宏旨的道德自

① 蒙文通：《先秦诸子与理学》，广西师范大学出版社，2006 年版，第 19 页。
② 徐复观：《中国思想史论集续篇》，上海书店出版社，2004 年版，第 301 页。
③ 同上书，第 304 页。
④ 同上书，第 30 页。

律而已。

但是，荀子对法家的学说确实是有所不满的，从前述他对慎到和申不害的批评看，此种不满主要因为法家对礼、贤和智的忽视，所以他采用儒家道德去补充法家学说的不足，他并不是要否定法家的政制与治道。但是，从荀子不满意法家将法与德、礼对立起来而言，他又试图大幅度地修正法家的学说,《荀子》前八篇的主要篇章《劝学》《修身》《不苟》《荣辱》《仲尼》《儒效》和后来的《礼论》《乐论》都是在做将儒家道德与法家政制相融合的工作。

荀子之所以不反法家的政制，是因为他赞成法家的基本国策和在当时显现的政制效率，辟土地，充库府，擒敌力胜同样是荀子所追求的，而秦国正是这方面的典范。荀子年五十始来齐国稷下，他大概受三晋法家思想风气浸润时间已久；况且，到了他的时代，商鞅变法的现实功效已经充分显现，秦国统一天下的前景近在眼前。面对此种情势，荀子要做的，不是要否定法家之集权体制，而是要给它掺入一些儒家思想——他本人所理解的儒家思想。

二、荀子与儒家

就儒家影响而言，荀子称赞周公、孔子、子弓为大儒，说“天不能死，地不能埋，桀、跖不能污，非大儒莫之能立，仲尼、子弓是也”（《荀子·儒效》），并且以仲尼、子弓的继承者自居，他显然是将自己划归儒家学派了。这并不仅仅是自我标榜，除了以儒家礼义作为思想核心外，就师承关系而言，荀子与儒家确有渊源。汪中《荀卿子通论》引《经典叙录·毛诗》:“子夏传曾申，申传魏人李克，克传鲁人孟仲子，孟仲子传根牟子，根牟子传赵人孙卿子”[①]，则孙卿之毛诗传自子夏。《经典叙录》又介绍《左氏春秋》的师承关系说：“左丘明作传以传曾申，申传魏人吴起，起传其子期，期传楚人铎椒，椒传赵人荀卿。”[②]如此，则荀子的春秋学传自左丘明。汪中还总结了荀子在传礼和

①〔清〕王先谦撰，沈啸寰、王星贤点校:《荀子集解》，中华书局，1988年版，第21页。
②同上。

传《易》方面的贡献，认为："盖自七十子之徒既殁，汉诸儒未兴，中更战国、暴秦之乱，六艺之传赖以不绝者，荀卿也。"所以他断言"荀卿之学实出于孔子、仲弓也"[①]，又说"荀卿之学，出于孔氏，而尤有功于诸经"[②]。这并非夸饰之词，战国末期学者大概很少有人比荀子更熟悉六经。但是，其学是否只是出于孔氏，则需要对荀子本人的思想作更为深入的分析。

《荀子·非十二子》中有两部分涉及儒家，一是斥责子思、孟轲："略法先王而不知其统，犹然而材剧志大，闻见杂博。案往旧造说，谓之五行，甚僻违而无类，幽隐而无说，闭约而无解。案饰其辞而祗敬之曰：此真先君子之言也。子思唱之，孟轲和之。世俗之沟犹瞀儒，讙讙然不知其所非也，遂受而传之，以为仲尼、子游为兹厚于后世，是则子思、孟轲之罪也。"可谓上纲上线，声色俱厉。二是在本篇的结尾部分，再度痛斥子夏、子张和子游氏之儒："弟佗其冠，神禫其辞，禹行而舜趋，是子张氏之贱儒也。正其衣冠，齐其颜色，嗛然而终日不言，是子夏氏之贱儒也。偷儒惮事，无廉耻而嗜饮食，必曰'君子固不用力'，是子游氏之贱儒也。"荀子对上述儒家的批评力度远远超过对法家和其他学派的批评，毫无保留地将其说成是"枭乱天下"的"邪说"和"奸言"(《荀子·非十二子》)，这样的全盘否定颇为令人费解。以理而言，荀子以孔子继承者自居，游夏思孟之徒毕竟同属于儒家，同本于六经，尊崇孔子，何必同室操戈到如此程度？这背后有值得深入探讨的思想原因。

从荀子批评诸儒的言辞来看，他对子张和子夏氏之儒的批评大概是指他们在言行上过于拘泥于孔子关于礼的说教，这或许与他们对礼的理解与荀子不同有关。子游曾说："子夏之门人小子，当洒扫应对进退，则可矣，抑末也。"(《论语·子张》)子张则对"令尹子文三仕为令尹，无喜色；三已之，无愠色"(《论语·公冶长》)的表现赞赏有加。他还向孔子问行，在听了孔子的回答"言忠信，行笃敬，虽蛮貊之邦

①〔清〕王先谦撰，沈啸寰、王星贤点校：《荀子集解》，中华书局，1988年版，第22页。
② 同上书，第21页。

行矣”后，立即“书诸绅”（《论语·卫灵公》）。以上说明子夏、子张重视将礼作为个人修养的规范，这便与荀子将礼作为社会治理手段的定位有所不同。

子夏、子张、子游皆为孔门第一代高足，名列七十二贤人之列，《孟子》中也有关于三人的两条记载：一是孟子所说孔子去世后，“子夏、子张、子游以有若似圣人，欲以所事孔子事之，强曾子”（《孟子·滕文公上》）之事；二是孟子所说“昔者窃闻之：子夏、子游、子张皆有圣人之一体，冉牛、闵子、颜渊则具体而微”（《孟子·公孙丑上》）。这两条记录说明他们三人不但确能弘扬师学，同时也表明他们对夫子的深挚情感，结合荀子对三氏之儒的痛斥分析，正可以从正反两面证明他们在孔子去世之后的影响力。可以看出，三氏之儒被痛斥的真正原因，是他们对孔子学说的理解与荀子有所不同且又影响较大。

相对而言，荀子对思孟学派的批评却要具体得多，也提供了更多的学术史信息。批评的核心思想是“案往旧造说”的五行说，因为马王堆帛书的发掘而得以澄清[①]，而郭店楚简又加以证实。但是，荀子对五行说的批评即“甚僻违而无类，幽隐而无说，闭约而无解”的确切意思，学界尚有不同解释[②]。除了郭店楚简《五行》篇外，仁义礼智圣并列还见于《中庸》和《孟子》，因此，将上述思孟学派典籍的思想内容与荀子的思想本身作比较，即可见出荀子批评的具体义涵。实际上这三句话当各有侧重，所谓“僻违而无类”，主要应指天人观而言。荀子一向注重伦类的分别，对他来讲，最大的伦类的区分是天人之分，而思孟学派推天道以明人事，将人性与道德的终极源头追溯到具有超越意义的天，比如楚简《五行》说“德，天道也”，《中庸》更是明确提出了天地人相参之说，所以荀子批评思孟学派是“错人而思天”（《荀子·天论》），并针锋相对地提出了他自己的“能参”论：“天有其时，地有其财，人有其治，夫是之谓能参。舍其所以参而愿其所参，则惑

① 庞朴：《马王堆帛书解开了思孟五行学说之谜》，《文物》1997年第10期。

② 关于荀子批评五行说的几种主要解释，参梁涛：《郭店竹简与思孟学派》，中国人民大学出版社，2008年版，第218-227页。

矣。”(《荀子·天论》)在荀子看来，人只有认识到天人分途才是真正的“能参”，这种说法显然是针对《中庸》的人与天地相参思想而言[①]。

有学者认为“僻违而无类”系指楚简《五行》篇将仁义礼智圣说成是既“形于内”又“不形于内”，前者称之为“德之行”，后者称之为“行”，“似乎仁义礼智圣分别具有两种不同性质，似乎《五行》的作者不懂得逻辑中的矛盾律，不懂得概念、范畴的分类”[②]。此种解说有部分的合理性，这种既内又外的说法在荀子眼中的确也是“僻违而无类”。但是，察“僻违而无类”之本义，重点恐怕尚不在此种内外之分。“僻违”一词《荀子》中出现过三次，另两次在《修身》和《不苟》篇：

> 凡用血气、志意、知虑，由礼则治通，不由礼则勃乱提僈；食饮、衣服、居处、动静，由礼则和节，不由礼则触陷生疾；容貌、态度、进退、趋行，由礼则雅，不由礼则夷固僻违，庸众而野。故人无礼则不生，事无礼则不成，国家无礼则不宁。诗曰：“礼仪卒度，笑语卒获。”此之谓也。(《荀子·修身》)
>
> 小人能则倨傲僻违以骄溢人，不能则妒嫉怨诽以倾覆人。(《荀子·不苟》)

前一段讲礼的功用，其中的“夷固”，杨琼解“夷”为“倨”，解“固”为“陋”，王引之则认为：“杨分夷固为二义，非也。夷固犹夷倨也，夷固僻违，犹言倨傲僻违。《荀子·不苟》篇云‘倨傲僻违以骄溢人’是也。”他又根据《荀子·修身》篇“体倨固而心执诈”，解“固”为“倨”[③]，故夷与固都是倨傲之意，王说为是。《荀子》中的三个“僻违”，两个分别与“夷固”“倨傲”相连，这两个词都是傲慢之意，其一与“无类”相连。“僻违”之义，王念孙注曰：“僻、违，皆邪

① 金德建：《司马迁所见书考》，上海人民出版社，1963年版，第159页。
② 梁涛：《郭店竹简与思孟学派》，中国人民大学出版社，2008年版，第222-223页。
③〔清〕王先谦撰，沈啸寰、王星贤点校：《荀子集解》，中华书局，1988年版，第23页。

也。类者，法也。言邪僻无法也。”[①]在荀子那里，最大的法就是礼，可见僻违、倨傲、无类均与礼相关。荀子重视分，分的结果就是类，他要求认识要从区分事物之分类开始，因为“类不悖，虽久同理”（《荀子·非相》）。而荀子所划分的类，主要是基于经验认识的物类，因为其认识论的基本原则是“心有征知”（《荀子·正名》），征是证实和参验。那么如何征知呢？他的回答是“征知，则缘耳而知声可也，缘目而知形可也，然而征知必将待天官之当簿其类然后可也”（《荀子·正名》）。因此，荀子要求知识必须是以耳目口鼻等他所称的“天官”能够感知验证的客观存在物，比如《荀子·王制》中对水火、草木、禽兽与人的区分，对大儒、雅儒、俗儒，对态臣、篡臣、功臣、圣臣等的划分都是如此。对于那些“无稽之言，不见之行，不闻之谋，君子慎之”（《荀子·正名》）。

从《五行》篇的内容看，本篇经一章对儒家道德的论述从“形于内”和“不形于内”的区分开始，但在接下来的经二章中，此种区分被导向了天人关系，经文第二章说：“德之行五和谓之德，四行和谓之善。善，人道也。德，天道也。”接下来说，“君子无中心之忧则无中心之圣，无中心之圣则无中心之悦，无中心之悦则不安，不安则不乐，不乐则无德。”此后经三到十章分析与五行相对应的精神状态，第十一章论金声玉振时，“善，人道也。德，天道也”再次出现，而“不安则不乐，不乐则无德”也再次随现于其后，而在经三章中，“不安则不乐，不乐则无德”已经重复出现过一次。经十二章以后继续探究五行各自的精神活动相关问题，到了总结性的第二十六章到二十八章又多次提出天人关系问题：“几而知之，天也”（经二十六章），“天施诸其人，天也；其人施诸其人，狎也”（经二十七章），二十八章的最后一句是“闻道而乐者，有德者也”。从文章结构看，“形于内”的道德心理分析与“善，人道也。德，天道也”的形上追溯交替出现，构成了经文全篇的主旋律，最后三段再一次提醒我们“闻道而乐者，好德者也”，而德就是天道，强调以道德的内在自觉作为天道之内涵的意思昭然若揭，

①（清）王先谦撰，沈啸寰、王星贤点校：《荀子集解》，中华书局，1988 年版，第 94 页。

这正是思孟学派天人合一思想的核心之所。《中庸》也说："故君子不可以不修身；思修身，不可以不事亲；思事亲，不可以不知人；思知人，不可以不知天。"《中庸》许多段落的表达方式和《五行》篇近似，都是遵循着天人一贯的思路和天人对举的行文方式（比如："诚者，天之道也；诚之者，人之道也"；"大哉圣人之道！发育万物，峻极于天"；"肫肫其仁！渊渊其渊！浩浩其天！苟不固聪明圣知达天德者，其孰能知之"等）。

可是，荀子思想体系以天人二分作为前提，他自然认为将天道与人的道德混为一谈是明显的混淆和"不类"。因此，他的所谓"甚僻违而无类"，并不仅仅指"形于内"和"形于外"，更指向思孟学派天人一贯的思维模式和天人对举的表达方式。

所谓"幽隐而无说"，金德建在 20 世纪 60 年代就指出《中庸》中的"是故君子戒慎乎其所不睹，恐惧乎其所不闻。莫见乎隐，莫显乎微，故君子慎其独也"一段，作为"幽隐而无说"的典型①，朱熹《中庸章句集注》说这段话是要人"所以存天理之本然"，而楚简《五行》之出土又提供了子思学说"幽隐而无说"的新证据，说明子思学说之"幽隐"不仅体现在天道观。《五行》开篇就分别细说仁义礼智圣五行之"形于内谓之德之行，不形于内谓之行"，后面又对五行之"形于内"的心理状态进行了细致描写：

> 仁之思也精，精则察，察则安，安则温，温则悦，悦则戚，戚则亲，亲则爱，爱则玉色，玉色则形，形则仁。（经五章）
>
> 智之思也长，长则得，得则不忘，不忘则明，明则见贤人，见贤人则玉色，玉色则形，形则智。（经六章）
>
> 圣之思也轻，轻则形，形则不忘，不忘则聪，聪则闻君子道，闻君子道则玉音，玉音则形，形则圣。（经七章）②

这种颇具神秘感的内在精神体验，在重视经验和实证的荀子看来，

① 金德建：《司马迁所见书考》，上海人民出版社，1963 年版，第 161 页。
② 李零：《郭店楚简校读记》（增订本），中国人民大学出版社，2007 年版，第 101 页。

可谓是“幽隐”的典型了。

所谓“无说”，则是荀子基于其认识论对于思孟学说的批评。在思孟看来，他们是有一套系统的天人学说的，那么荀子何以称之为“无说”呢？这是因为荀子对于立“说”有自己的标准。荀子将认识活动分为认识能力和认识对象两部分：“凡以知，人之性也；可以知，物之理也。”（《荀子·解蔽》）认知能力是人之天性，而认知对象是事物之理。人的认识能力又分为两方面，即五官和心：“耳目鼻口形能，各有接而不相能也，夫是之谓天官。心居中虚，以治五官，夫是之谓天君。”（《荀子·天论》）五官和心之两种作用对于认识的形成都是不可或缺的，他称之为“心有征知”：“心有征知。征知则缘耳而知声可也，缘目而知形可也，然而征知必将待天官之当簿其类然后可也。五官簿之而不知，心征知而无说，则人莫不然谓之不知，此所缘而以同异也。”（《荀子·正名》）征，张岱年引用郑注《洪范》解为“征验”，又引杜注《左传·襄公二十八年》“以征过也”为“审也”[①]，因此，征知就是通过审查验证而知之之意。心固然是认识的前提，但没有五官提供的感知与印象，心是无法形成知识的。他说：“五官簿之而不知，心征知而无说，则人莫不然谓之不知，此所缘而以同异也。”那些五官接触之后不能认识的事物，或者经过审查验证而难以说明的，都不是真正的知识。他在《正名》篇给知识确定的任务是“故知者为之分别，制名以指实，上以明贵贱，下以辨同异”，他在《性恶》篇也强调“凡论者，贵其有辨合，有符验。故坐而言之，起而可设，张而可施行”。可见，荀子的知识不但必须以经验性认知对象为前提，而且必须能够付诸实践，这就将思孟基于内在心灵体验且以天人合德为归趣而形成的德性之知排除在外了。在荀子看来，所谓“仁之思”“智之思”等神秘莫测的心理体验，没有感官对象的征验，自然也属于“幽隐而无说”之列了。

至于“闭约而无解”，“闭约”和“无解”既有联系又有区别，前者指思孟学派的论证方法，后者指思孟学派的思想趋向与知行关系。

① 张岱年：《中国哲学大纲》，中国社会科学出版社，1982年版，第235页。

楚简《五行》篇说：

> 思不精不察，思不长不得，思不轻不形，不形则不安，不安则不乐，不乐则不德。
>
> 不仁，思不能精。不智，思不能长。不仁不智，“未见君子，忧心不能惙惙；既见君子，心不能悦。亦既见之，亦既觏之，我心则悦”，此之谓也。
>
> 不仁，思不能精。不圣，思不能轻。不仁不圣，“未见君子，忧心不能忡忡；既见君子，心不能降”。①

庞朴指出，这里“一处说思轻则仁，一处说仁则思轻；圣智亦然。这种循环论证的做法，不仅是逻辑上的悖论，也使人陷入神秘的气氛”②。然而，从思孟学派的立场而言，思轻则仁和仁则思轻乃是从事物正反两面加以说明，并不存在循环论证的问题。再如《中庸》中也有“自诚明，谓之性；自明诚，谓之教。诚则明矣，明则诚矣”的说法，在强调逻辑的荀子看来，这同样属于“闭约”之辞，可是在思孟学派看来，这是讲人的先天善良本性与后天学习教化之彼此促进和交相为用，何“闭约”之有？朱熹《中庸章句集注》解释这段话说：“德无不实而明无不照者，圣人之德，所性而有者也，天道也。先明乎善而后能实其善者，贤人之学，由教而入者也，人道也。”根据朱熹的解释，这段话是讲天道与人道之关系的，通过发挥人性中本有的善而实现道德是由诚而明，从为学的进路明白人性中之善进而使行为合于善则为由明而诚。可是，在荀子看来，这种完全从心性上来定义善的做法，恰恰只能在主观领域内绕圈子而无法真正进入道德实践领域，因为他对善的定义与思孟完全不同。他说：

> 孟子曰：“人之性善。”曰：是不然。凡古今天下之所谓善者，正理平治也；所谓恶者，偏险悖乱也。是善恶之分也矣。今诚以人

① 李零:《郭店楚简校读记》(增订本)，中国人民大学出版社，2007 年版，第 101 页。
② 转引自梁涛:《郭店竹简与思孟学派》，中国人民大学出版社，2008 年版，第 224 页。

之性固正理平治邪？则有恶用圣王，恶用礼义矣哉？虽有圣王礼义，将曷加于正理平治也哉？今不然，人之性恶。故古者圣人以人之性恶，以为偏险而不正，悖乱而不治，故为之立君上之势以临之，明礼义以化之，起法正以治之，重刑罚以禁之，使天下皆出于治，合于善也。是圣王之治而礼义之化也。今当试去君上之势，无礼义之化，去法正之治，无刑罚之禁，倚而观天下民人之相与也，若是，则夫强者害弱而夺之，众者暴寡而哗之，天下之悖乱而相亡不待顷矣。用此观之，然则人之性恶明矣，其善者伪也。(《荀子·性恶》)

荀子所谓的善不是内在于人的良知，而是"正理平治"的社会治理效果，达到这样的效果依靠的是君上之势、礼法教化和刑罚之禁这些现实的措施。孟子认为王道的实现是一个尽心知性而后达之天下的过程，是一个体认良知之善并外推的过程。可是，荀子既以人性为恶，他认为这种由内而外的路径完全不能成立，它的出发点就错了，不是将良治的希望寄托于礼义法正，而是寄托于完全内在和封闭的尽心知性，这样的理路注定是"无解"的，因为它无法提供有效的社会治理的解决之道。荀子对人性恶的论证完全采取经验的方法，然后又采取了有针对性的礼法措施，在他看来自然不是"闭约而无解"了。

荀子接着批评"案饰其辞而祗敬之曰：此真先君子之言也。子思唱之，孟轲和之"。也就是说，思孟不仅构造了一个庞大的天人体系，而且将它说成是"先君子"的话。这里"先君子"大概是指孔子，《中庸》和《孟子》中都引用了许多孔子之言。那么，这些"先君子之言"可靠吗？《孔丛子》中引用了子思的一段话，似可以视为对此一问题的说明：

穆公谓子思曰："子之书所记夫子之言，或者以谓子之辞也。"子思曰："臣所记臣祖之言，或亲闻之者，有闻之于人者，虽非其正辞，然犹不失其意焉。"①

① 王钧林、周海生译注：《孔丛子》，中华书局，2009年版，第116页。

子思说明自己所记述的孔子之言，都有直接或间接依据，而非杜撰之辞，这应该是对荀子之疑问的回答。

由上可见，如果说“甚僻违而无类，幽隐而无说，闭约而无解”是针对思孟学说方法论和学术路向的批评，它背后反映的是荀子与传统儒家思想在天人观、心性论和认识论上的深层分歧。

三、儒法归属之衡定

荀子对思孟五行说的批评反映了荀学与它以前的儒学在基本精神方面的明显差异。如果说荀学从方法上是以分为基础，那么，之前的原始儒学则是以合为特征：天与地彼此通泰，天与人相合相通，人与人相亲相与，国与国相交相敬，以此为社会秩序的基础，对于此种精神，《易传》多有阐发，《泰》卦的彖传说：“天地交而万物通也，上下交而其志同也。”《大象》则说：“天地交，泰。后以财成天地之道，辅相天地之宜，以左右民。”《否》卦的彖传说：“天地不交而万物不通也，上下不交而天下无邦也”，从反面说明了事物之间不能交通和合的危害。《易传》认为上下否塞是国家治理之大患。为合的精神奠定基础的是孔子，“天生德于予”（《论语·述而》）、“孔子罕言利，与命与仁”（《论语·子罕》）、“樊迟问仁。子曰：爱人”（《论语·颜渊》）等，都是对此种精神的阐发。如果说天命观是孔子对西周宗教中的超越精神的汲取，仁学则是他基于礼乐文明所作的理论创造。孔子在“与命与仁”的同时高度重视礼，“非礼勿视，非礼勿听，非礼勿言，非礼勿动”（《论语·颜渊》），强调仁与礼的内在联系。总起来看，孔子的天、仁与礼，呈现出一个天人一贯、内外相合的思想体系。如果说四库全书馆臣所总结的《周易》推天道以明人事是天人合，《泰》卦彖辞的“上下交而其志同也”是上下合，那么，《中庸》说的“合内外之道”就是内外合，它们综合起来构成了原始儒家以合为基调的学术精神，此后，思孟学派、宋明理学和现代新儒家等儒家流派都遵循了这种精神。

原始儒学体系上的合的精神，体现在事物之间的关系就是和。合表达了事物之间的一致性和整体联系，和则表现了事物之间的相互影响和彼此调适，它并不否定个体的独立性和个性，同时强调每一个个体都是敞开的，彼此处于交流、反应和调和之中，由此方能生出一个鸢飞鱼跃的和谐世界。这就是《易传》说的"乾道变化，各正性命"，"保和太和，乃利贞"。所谓"太和"，就是万物各遂其性，各尽其命，各得其所而又彼此调和的理想状态。钱穆以《中庸》的"尽性"解说西学中的"自由"，自有其理据。因此，原始儒家思想充满了多元、包容和自由的气息，它更具有现代气息，而与秦以后的君主专制颇多冲突。因为它源于明显具有多元精神的封建时代，而荀学的产生正是此种多元精神即将发生根本性逆转的思想标志。

荀子在批判了思孟五行说之后，毅然走向了另一种以"分"为核心的学术思想，并依此建立了一个严整庞大的思想系统。

在天人观上，荀子通过天人二分消解了天的超越意义。蒙文通指出："故言天言仁者，阴阳、儒、墨之所同，而与法家根本反异者也。法先王，贵仁义，重诗书，尚文学，非攻而畏天，儒、墨、阴阳之所共也"[①]，以"言天言仁"作为法家与儒、墨、阴阳家的重要区分。荀子以孔子的继承者自居，却将天完全自然化和质料化，彻底消解了天的超越意义。如果说程子的"吾儒本天，释氏本心"是儒家基于儒释之辨而完成的形上自觉，那么荀子在这一本原问题上已经偏离了儒家而近于法家。对于天的形上意义的否定，不仅改变传统儒学作为天人之学的基本结构，也解构了儒家道统的根基，因为道统的超越性正是通过天的超越性来维系的。因此，天论的差异成了荀子与传统儒家的最大分歧之一，他对天的看法不仅与孔子和思孟对立，也与汉儒以及宋明理学和现代新儒家具有根本差异。

在天人分途之后，便是他对人性的分析，即性恶论。理学和现代新儒学都将荀子的性恶论作为主要批评对象，实际上，荀子性恶论与

① 蒙文通：《先秦诸子与理学》，广西师范大学出版社，2006年版，第21页。

孔子人性论的距离，比荀子天论与孔子天论的距离要小。孔子的性近论既不是简单地以气论性说理，也不是简单地以理说性；既非单纯的性善论，又不是单纯的性恶论。在孔子那里，人性之相近，不仅表现在道德之潜能，即道德情感，更表现在人的自然欲望。孔子对人的欲望有可能产生的危害有着高度的警觉，“吾未见好德如好色者也”（《论语·卫灵公》）、“三年学，不至于谷，不易得也”（《论语·泰伯》）等，都是如此。因此，荀子说顺着人的自然欲望发展必然导致父子无亲和兄弟相争，从而导致道德秩序的瓦解，这一说法本身并不完全违背孔子的思想。但是，孔子看到的却不仅仅是人性的消极面，他还非常重视人的性情中向善的方面，从中探寻礼乐文明的内在依据，故以情论性遂成为孔子之后儒家人性论的主流。荀子的性恶论则扭转了传统儒家论性的基本方向，将论性的立足点放到人的自然欲望，可以说是抓住了孔子人性论的一个方面，傅斯年甚至认为：“荀子之论学，虽与孟子相违，然并非超脱于儒家之外，而实为孔子之正传。……言性则孔荀表面上颇似不类。若考其实在，二者有不相干，无相违也。”[①] 傅斯年的结论之所以难以成立，在于荀子只是打开了孔子人性论的一方面而忽视了另一更重要的方面，即人本身的道德情感和道德潜能，就如同孟子的大体小体之论仅抓住了人的道德情感而割舍了人的欲望一样。就此而言，他们的人性论都是偏至的。由于荀子以欲论性，仅仅看到人性中的阴暗面，不仅不合乎孔子对人性的看法，也使得他的人性论难以与法家区别开来，结果在荀子那里，人与天都不再具有道德属性而完全沦为被治的对象，这便使他在本体论和人性论上都偏离了儒家正统。

以其天论和人性论为基础，荀子开始建构与其礼法结合的社会政治思想，主要是通过对礼的重新诠释完成的。先秦礼论大体分为三派：一是本天地之道以说礼，这是超越性的礼论，是春秋时代的礼学思想。《左传》表明，春秋时期人们立身为政皆本于礼且对礼心怀敬畏。昭

① 傅斯年：《性命古训辨证》，刘梦溪主编：《中国现代学术经典·傅斯年卷》，河北教育出版社，1996 年版，第 146 页。

公二十五年，子大叔与赵简子论礼与仪之别说:“夫礼，天之经也，地之义也，民之行也。天地之经，而民实则之。”赵简子听了后感叹说:“甚哉，礼之大也！”子大叔又说:“礼，上下之纪，天地之经纬也，民之所以生也，是以先王尚之。”赵简子的感叹并非偶然，春秋时期人们对礼与仪的划分[①]表明对于礼的理解已经超越了仪文形式而以天地之道为依据。《左传・文公十五年》说:“礼以顺天，天之道也”，《左传・昭公二十六年》晏子答齐侯问说:“礼之可以为国也久矣，与天地并”，都显示了同样的思想。春秋思想大势是道逐渐取代命成为思潮的核心，礼也作为天地之道的体现而备受重视。二是就人的性情以言礼，将人的内在性情作为礼的根据，这种内在化的礼论由孔子所开创。孔子礼学博大精深，非一方面的归纳所能概括。但是，孔子礼学的开创性贡献是将礼奠定到了内在性情的基础之上，这方面，他对林放问“礼之本”的回答最具有代表性:“大哉问！礼，与其奢也，宁俭；丧，与其易也，宁戚。”(《论语・八佾》）相对于外在形式而言，内在情感的真诚才是最重要的，此一转向将礼学和整个儒学思想奠定在新的基础之上。三是将礼主要看作是贵贱上下的等级名分，是单纯外在化和形式化的礼，此种礼论为荀子所提倡。荀子既主天人二分，又将人性论视角从以情论性转到以欲论性，反对从人的内在性情中探寻道德的基础，于是他的礼论实际上也只有外在化和形式化这一条路子可走了。所以他说“礼者，贵贱有等，长幼有差，贫富轻重皆有称者也”(《荀子・富国》)，这一定义在《荀子》中反复出现，表明它是荀子对礼的基本定义。荀子将礼的来源说成是为了给贪婪和相互冲突中的人们制定度量分界的现实需要，于是礼的起源就主要被看作是一个社会功利问题。如果说春秋思想家从天道言礼，孔子以仁说礼，荀子则着眼于礼的第三维度——非天道、非人心，而是为了人类生存所必须制定的名分与等级，并将这样的礼看作是人类区别于其他动物的族类特征。

与孔子的礼相比，荀子的礼缺少人与人相与、相亲和相敬的内在

①《左传》昭公五年晋女叔齐与晋侯的对话也将礼与仪分开，表明此种思想对春秋时期的影响。

意蕴，而多了些外在的政治强制。所以，有学者认为荀子把礼的概念发展到几乎和法的概念一样的地步，也有学者认为荀子的礼与法是一个东西的两种说法[①]，从荀子礼论的思想本身而言，这些说法是合乎实际的。儒法学术最大的差别，在于儒家思想以仁义为核心，而义又以仁为本，而荀子的义却是礼义，他由此重新诠释仁礼关系："君子处仁以义，然后仁也；行义以礼，然后义也；制礼反本成末，然后礼也。三者皆通，然后道也。"（《荀子·大略》）仁和义统统要通过礼来获得自己的规定性与意义，从孔学角度看，这无疑意味着仁与礼关系的倒转。因此，不管是从社会学还是道德思想看，荀子对礼的诠释路向最终使他走近了法家，荀子理解的礼正是荀学向法家过渡的桥梁。

蒙文通指出："周、秦之间，夷、夏交争于中原，兵相荡，道相激，法家之说，冲击儒者之坊表而败之，戎狄之肆虐，逼诸华而困之。"[②]那么，儒者之坊表究竟是什么？他又说："仁义者，儒、墨、阴阳之所同，节俭者，墨与阴阳家之所同，仁义固东方学术之坊表也。"[③]蒙文通此说可谓中的。荀子主观上是要实现法家之治与儒家道德的结合，但是，这一融合的过程开启了法家思想侵入儒家学说进而使之异化的过程。

荀子将礼看作是组织国家的主要手段，对于礼的新诠释不能不影响他的国家观。在以前的儒家那里，国家或者服从于天命或者服从仁义的要求，而荀子将礼仅仅看作是解决人们之间物质利益争端的手段，国家也就顺理成章地被视为一种强制性和功利性的制度安排，所谓"国者，天下之利用也"（《荀子·王霸》）。为了发挥国家的这种功能，富国强兵在荀子那里便具有了非同寻常的意义，所以才有了《富国》《强国》《议兵》《王霸》等探讨富国强兵之道的篇章。这方面他也深受法家影响，又试图在富国强兵的体制中引入儒家的道德。然而，儒家的道德的引入没有改变富国强兵作为国家的最高目的，荀子的主

① 韩星：《儒法整合：秦汉政治文化论》，中国社会科学出版社，2005年版，第49页。

② 蒙文通：《先秦诸子与理学》，广西师范大学出版社，2006年版，第21-22页。

③ 同上书，第30页。

张是“道德诚明，利泽诚厚”（《荀子·王霸》）。在富国强兵为导向的国家观中，人本身的地位已经发生了重要变化。在孔孟那里，人是目的，国家政治必须为人服务；荀子固然也强调人民福祉，但是，由于对富国强兵的高度重视，人不得不服从于国家富强这一听上去神圣不可侵犯的目的，他向李斯解释政与民的关系说：“政修则民亲其上，乐其君，而轻为之死。”（《荀子·议兵》）这是将百姓作为富国强兵的炮灰和工具，与孟子的“行一不义，杀一不辜，而得天下，皆不为也”（《孟子·公孙丑上》）不啻河汉！因此，荀子的富国强兵必然导向国家主义，他最终也无法使自己的国家观与法家划清界限。

至高无上的国家利益必须有一个人格化代表，这就是君主。从孔子开始，先秦儒家常常是君主的批评者，而荀子却极度尊君。他的君主是君师合一的典范，所谓“势至重而形至佚”，“居如大神，动如天帝”（《荀子·正论》），如同天神一般。其实尊君是荀子伦理政治思想的必然结果，非此不能完成富国强兵的使命。从天人分途到性恶论再到社会观，荀子一直走在“分”的路上，但是物极必反，现在，他需要统之有宗而汇之有元了，这就是“一”。礼义的本质是分，但分却是为了合：“明礼义以一之。”（《荀子·富国》）又说：“法先王，统礼义，一制度，以浅持博，以一持万。”（《荀子·王制》）一是多的消解，是自由和多元的消解，是即将到来的法家社会的精神写照。最后，荀子的君主要达到的是“推礼义之统，分是非之分，总天下之要，若使一人”（《荀子·儒效》）。这就要完全消除个体的思想和独立性，将他们变成如同器官一样的工具。那么，这一目标如何达成呢？《荀子·子道》中说：“若夫志以礼安，言以类使，则儒道毕见矣，虽舜不能加毫末于是矣！”荀子的礼义最终不但要严格统一人们的思想，而且要统一人们的言论和行动。在荀子所构想的社会中，不仅没有任何个人的思想和言论自由，所谓“辨说恶用矣哉”（《荀子·正名》），而且要毫不留情地对那些人从肉体上消灭，所谓“才行反时者死无赦”（《荀子·王制》），这自然也就谈不上个人独立人格的存在了。可见，荀子追求的不仅仅是逻辑上的一致，那个逻辑空前严密的思想体系最后导致的是一个空前整齐划一的社会。

不仅如此，荀子也和法家一样将贵族视为君权至上的首要敌人，要废公族而杜私门，以求“公道达而私门塞矣，公义明而私事息矣”（《荀子·王霸》）。其实，君主集权下所谓的“公”，在没有任何权力制约的情况下，本质就是君主的一己之私，也就是黄宗羲所说的“使天下之人不敢自私，不敢自利，以我之大私为天下之公”[①]。相比较而言，孟子说“所谓故国者，非谓有乔木之谓也，有世臣之谓也”（《孟子·梁惠王下》），以及在回答齐宣王问贵戚之卿时所说的“君有大过则谏，反覆之而不听，则易位”这样令齐宣王“勃然变乎色”的话（《孟子·梁惠王下》），却是明显要维护封建制下多元主义的政治权力格局。在以前的批孔思潮中，人们将孔孟的上述政治思想视为保守和落后，但是，如果以尊重多元和个性的标准来衡量，孔孟上述思想倒更为先进。

徐复观和李泽厚都将荀子归为儒家，也都提及了荀学中的尊君倾向，但解释各有不同。徐复观指出了荀学中“毕竟包含着走向独裁政治的因素”[②]，并将原因归结为“因其在对人性的根源自信不及”[③]；李泽厚也认为“荀学中的原始民主和人道遗风毕竟大大削减”[④]，他基于其社会历史观，将原因归结为社会形态从氏族社会过渡到阶级社会[⑤]。其实，荀学的集权倾向并不完全是因为性恶论，性恶论在欧洲反而促进了民主制度的建立；也不是李泽厚所说的社会史的演进，而是因为荀子在政制上选择了秦制，并在思想上以法化儒，这双重因素导致荀学转向法家。对此种必然性，顾准对商鞅变法的分析显示了更为深刻的见地：

> 这是一种急剧地破坏宗族财产关系，转为个人所有权关系的变革。这种变革的目的，是打破宗族这个硬核，使之成为“原子式”

①（明）黄宗羲著，孙卫华校释：《明夷待访录校释》，岳麓书社，2011年版，第8页。
② 徐复观：《中国思想史论集续篇》，上海书店出版社，2004年版，第302页。
③ 同上书，第305页。
④ 李泽厚：《中国古代思想史论》，人民出版社，1985年版，第108页。
⑤ 同上书，第112页。

的个人，直接隶属于专制主义的国家。这种变革，是自上而下的，是在击破先前法权关系下的人权财权的目的下实行的。它绝不是自下而上的，目的在于保障原子式的个人的人权财权的那种变革。其结果是破坏了先前的保障，而没有任何可以代替它的新的保障。

新旧两种制度下，“普天之下，莫非王土，率土之滨，莫非王臣”，这两句话的意思完全改变了。礼治下这两句话的意思是，天王，神权下的最高权威，有权要求贵族对他臣服，贵族的封地是天子授予的，他对天子相应地具有臣服、贡赋的义务等等。专制制度下，这四句话的含义，改变为“贵为天子，富有四海”了。①

顾准从法权关系的演变出发，分析了法家体制的建立对个人与国家关系的重大影响。传统宗法制度为个人提供了一种保障，这是一种基于家族血缘伦理的保障，不是法律的或者政治性的保障。这一层保障固然有其历史局限，无法充分地保护个人权利，但它毕竟是一种基于伦理情谊的保护。法家变革破坏了传统的宗族保障，却没有为个人提供新的保障。君主专制的建立和贵族制的瓦解将天下从天子与贵族的共产变成了天子的私产，也将原子化的个人变成了纯粹的国家政权的附庸，国家权力的空前强化不仅使得人的财产权利失去了保障，也使得贵族制下的君子人格失去了生存空间。顾准对商鞅变法所作的分析，正是荀学国家权力集中而削弱个体独立人格的根本原因。

四、结论

荀子的天人观、人性论、礼法观、国家观，构成了一个完整的思想体系，这一体系是荀子的独创，如果仔细辨析，会发现其中的许多思想乃至基本精神近于法家而非儒家。从儒法关系而言，大致可以将荀子思想体系分为三部分：一是他所传承的以前的儒家通义，这些思

① 顾准:《顾准历史笔记》，光明日报出版社，2013 年版，第 282 页。

想并非荀子本人的创造而是“从孔子以来儒家相传的根本大义”[①]。二是他基于融合礼法的立场而形成的思想，例如他的礼论、他的治人与治法思想、他的“入孝出弟，人之小行也；上顺下笃，人之中行也；从道不从君，从义不从父，人之大行也”（《荀子·子道》），以及“请问为人妻？曰：夫有礼，则柔从听侍；夫无礼，则恐惧而自竦也”（《荀子·君道》），开始将早期儒家双向互动的五伦关系转向单向度关系，并且出现了将政治性的义放到父子亲情之上的动向等，预示了从五伦到三纲的历史性转变。这些思想其实是对孔子思想的修正与变异，是荀子融合儒法的思想媒介。三是荀子本人提出而本质上更近于法家的思想，比如天人分途的天人观、化性起伪的人性论、明分达治的社会观和尊君思想等，它们与此前的原始儒家思想彼此对立，这也正是他激烈抨击孔子弟子及思孟学派的原因之一。对于判定荀学的学派归属，第二部分是至关重要的，由于这一部分是以法化儒，使得荀学在社会政治思想上偏向了法家，使其学说客观上成了儒家道德理想与法家极权政治的奇特混合体，其中的儒家道德表面上焕发出炫目的光彩，却只能作为法家社会的外层装饰材料而无法改变社会的基本性质。荀子融合儒法的意图是真诚的，但是他的思想努力本身并不完全成功，由此导致了研究者们经常抱怨他的学说中的矛盾性。

因此，无论是从思想体系本身，还是从其所选择的政治体制而言，荀子都更近于法家而远于儒家，但这并不完全否定荀子对儒家思想的贡献。荀子的一个前无古人的贡献是，他在秦国统一的前夜，从理论上完成了儒家道德与法家政制的融合。由于原始儒家思想的政治基础是多元主义的封建制而非一元君主制，是分封制下的大一统而非秦制下的大统一，将这两种完全异质的思想融合为一体，不仅需要高度的想象力，而且需要非同寻常的综合性和创造力，荀子的思想体系证明了他的创造性。但是，一个法家式的坚硬政制与原始儒家的道德思想毕竟是具有排异性的。为了成功地实施这一高难度的“手术”，他不得不对原始儒家思想进行系列修正。尽管荀子所诠释的儒学已经不是真

① 徐复观：《中国思想史论集续篇》，上海书店出版社，2004 年版，第 293 页。

正意义上的原始儒学，但他毕竟使得儒学在秦制中具有了合法性意义，并因此开辟了中国社会儒表法里的新时代。荀子实际上为秦以后两千余年的中国政治提供了思想模型。如果说孔子是中国政治思想的奠基者，荀子则是秦以后中国政治与社会体制的设计师，如果他在思想上的影响力不及孔子，他在形塑秦以后中国古代社会政治体制方面的影响力大概与孔子处于伯仲之间，而他的这种影响力往往为我们所忽视。

第八章

荀子天论与先秦儒家天人观的转折

儒学对人道问题的思考向来是与天道问题密切相关的，其中的天与人总是互相规定的，对天的理解往往折射出对人的看法，反之亦然。可是，到了战国末期，当原始儒家的思想大幕即将闭合之际，儒家的传统天人观迎来了一位颠覆者，他就是荀子。在天人观上，荀子是一位激进的革新者，荀子天论的核心在于将天完全物质化和功利化，这使他不仅在对天的诠释方面迥异于孔子和孟子，而且在完全消解天的形而上的意义方面，也与道家和墨家根本不同。由于天人关系在儒家思想中居于重要地位，天论的转向，必然预示着人性论与工夫论的转向。

一、从天命到天道：先秦儒家天论的思想线索

荀子之前的儒家天论，大体是沿着从天命到天道的方向发展的。天命思想最早见于西周初年，从《尚书》《诗经》中的相关内容看，那时的天无疑是一个人格性的至上神，周初的诰辞反复强调，殷周易代是天命的体现，天帝曾发布过明确的指示："帝谓文王，予怀明德。"（《诗经·大雅·文王之什·皇矣》）《尚书·周书·泰誓》又说："天视自我民视，天听自我民听"，"民之所欲，天必从之"。天命的核心内容是德，敬德保民因此成为西周政治哲学的基本准则，这无疑为"德"平添了几分神圣性，德成了天人之际的主要表征。

先秦中儒家最重视天命的是孔子。孔子的天主要是人格神，是社会和自然背后的决定力量，"天之将丧斯文""天之未丧斯文"等说法表明了天对文明发展的决定性影响，而"天何言哉"一段话，则表明了天是一切自然现象背后的决定者[①]。不仅如此，孔子甚至认为自己的德行也是天所赋予的："天生德于予。"（《论语·述而》）对于这样一个至上人格神，孔子既充满敬畏，又感到亲切，孔子说君子有三畏，而"畏天命"居于首位，又说："知我者其天乎。"（《论语·宪问》）孔子说自己"五十而知天命"（《论语·为政》），可见对天命的证知绝非一

① 冯友兰：《中国哲学史》（上册），华东师范大学出版社，2000年版，第52页。

件轻而易举之事。综观《论语》中孔子谈到天命的内容，大多充满了强烈的感情色彩，如“天丧予”（《先进》）、“天厌之”（《雍也》）、“天生德于予”（《述而》）、“获罪于天”（《八佾》）、“欺天乎”（《子罕》）等，说明天在孔子心目中的重要性。他继承了殷周之际人格化的天命观，又进一步将其道德化，将自己对天命的信仰深深地融入了精神生命的深处，成为他极高明而道中庸的圣贤人格的精神基础。

孟子依然重视天命，他说“天子不能以天下与人”，而是“天与之”（《孟子·万章上》），不过“天不言，以行与事示之而已”（《孟子·万章上》），还说“天之降大任于是人也”（《孟子·告子上》），“君子创业垂统，为可继也。若夫成功，则天也”（《孟子·梁惠王下》）。在解释自己终于未能与鲁平公相见的原因时，孟子说：“吾之不遇鲁侯，天也。臧氏之子焉能使予不遇哉？”（《孟子·梁惠王下》）。上述内容与孔子有关天命的说法是一脉相承的，孟子的天仍然保留着某种宇宙主宰者的色彩。但孟子对孔子的天命观又有重大发展。在如何证知天命时，孔子强调下学上达，至于人的心性与天的关系并未明言。孟子思想的核心在于以心论性，以心善说性善，他说：“尽其心者，知其性也。知其性，则知天矣。存其心，养其性，所以事天也。”（《孟子·尽心上》）孟子开辟了尽心知性以知天的心学路径，在很大程度上将天内在化了。比较而言，孟子继承了孔子关于主宰之天的思想，但他更侧重于从自己的内在心性来把握天命。如果说孔子的天命观是一种中道的超越方式，天与人之间保持着一种特有的张力，使得天不至于吞没人，人也不至于遗失天，而在孟子那里，天向着人的天平明显倾斜了。所以，孟子很少面对苍天发出孔子般的深沉的呼吁，也缺少了几分孔子式的对于天命的拳拳服膺的情怀。因为天的人格化色彩进一步降低，其理性化程度进一步提升，人只要从自己的内心中省察出良知，就是知天了，天命与心性由此合一。

在先秦思想史上，道的概念的出现意味着学术典范的一次重要转移，它在很大程度上取代了命在过去所曾经拥有过的地位。这一转移的影响是如此之大，任何学派都不能不重新审视自己与道的关系，并通过阐发这种联系以证明其思想的合理性。对儒家来说，这就意味着重塑其形而上学思想，为儒家道德观提供新的证明，其代表性成果就是以《易传》为代表的儒家天道观的形成。

这意味着要首先处理命与道的关系。儒家并没有像老子那样通过否定命的至上性来突出道的地位，而是通过将天命的内涵嫁接到天道上面，实现了命与道的连续性发展，以此完成思想典范的转移。因为天命的核心价值是德，如果能够证明天道不但不违背德，而且与德相一致，这种衔接和转移也就完成了。

但是，在这一转变过程中，儒家的道德形上观念的表述形式注定要发生相应的变化，比如天命概念所包含的天的人格化色彩，在天道概念中更加淡化了。《论语》中的孔子极少言天道，他经常谈的是天命和命，其中天道一词只出现一次，那是子贡感叹“夫子之文章，可得而闻也；夫子之言性与天道不可得而闻也”（《论语·公冶长》）。但这句话并不意味着孔子不言天道，子贡这句话透露的含义是，孔子是言性与天道的，问题只在于“可得而闻”与“不可得而闻”。何以如此？朱熹《论语集注》解释说：“言夫子之文章，日见乎外，固学者所共闻；至于性与天道，则夫子罕言之，而学者有不得闻者。盖圣门教不躐等，子贡至是始得闻之，而叹其美也。”朱子认为，孔子所言性与天道问题之所以“有不得闻者”，是因为“圣门教不躐等”，只有少数优秀弟子才能有此机会，而子贡应该是初次聆听了夫子有关性与天道的思想才发出如此感叹。

新文献资料的出土似乎为朱子的看法提供了新的依据，帛书《易传》中有孔子晚年与子贡论《易》的篇章，天道正是其中的重要内容，说明孔子的天道思想主要反映在晚年的《易传》中。另外，孔孟之间的《郭店楚简》中的儒家文献是七十子及其弟子的作品，其中有大量探讨天道的内容：“义，天道也”[①]，“知天所为，知人所为，然后知道，

① 李零：《郭店楚简校读记》（增订本），中国人民大学出版社，2007年版，第234页。

知道然后知命”[①]，“察天道以化民气”[②]，“易，所以会天道人道也”[③]，“善，人道也；德，天道也”[④]，“圣人知天道也”[⑤]等，这些论述不仅提出了命与道的关系，而且提出了天道与人道的关系问题，意在为儒家道德思想探寻新的形上基础。简文中一再提到圣人与天道的关系、德与天道的关系，难免使人想起子贡“夫子之言天道”的话，如果孔子从未涉及性与天道问题，也很难解释七十子会有如此丰富的天道思想。

先秦儒家天道观的代表是《易传》。天命思想在《易传》中也有体现，《大有 · 大象》所说“君子以遏恶扬善，顺天休命”，《无妄 · 象》中“天命不祐，行矣哉”，以及《易传》中曾多次出现的“自天祐之，吉无不利”。但是，天命在这里只是作为一种价值的源头被提及，而不再是新建立的思想大厦的主干。《易传》对道的最重要说明是“一阴一阳之谓道”，《易传》作者为大自然“云行雨施，品物流行”(《周易 · 彖传》) 的壮美景象所吸引，对宇宙大道发出了由衷的赞叹。但当他将思维的触角深入自然内部，发现催生和主导着宇宙万象的，正是以阴阳对待流行为内涵的天道，“乾道变化，各正性命”(《周易 · 彖传》)，永恒的天道产生了如此品类繁盛的天地万物，维护着万物之间的和谐共处，从而赋予了宇宙永不枯竭的生命力。这样一种天道显然具有自然规律的含义，但是，《易传》对于天道的解读并没有仅仅停留在自然层面。天道是自然的，但同时又是有“德性”的，天道的德性就是一个“生”字:“天地之大德曰生”，“生生之谓易”。因此，《易传》是从天地的自然功能中发现了“天德”:《乾文言》曰:“飞龙在天，乃位乎天德。”《易经》正因为揭示了天道的奥秘，故能“广大配天地，变通配四时，阴阳之义配日月，易简之善配至德”(《周易 · 系辞》)。在《易传》看来，人为天地所生，而且能够对宇宙的生生之德达到心性的自觉，故能师法天道，安土敦仁，崇德广业，在成就自身的德性人格

① 李零:《郭店楚简校读记》(增订本)，中国人民大学出版社，2007 年版，第 208 页。
② 同上。
③ 同上书，第 209 页。
④ 同上书，第 101 页。
⑤ 同上书，第 102 页。

的过程中达到天人合一。所以，《易传》对人的期望是与天地相参：“夫大人者，与天地合其德，与日月合其明，与四时合其序，与鬼神合其吉凶。”（《周易·乾文言》）与“天地合其德”成为儒家人生修养的最高目标，天道成为人道的基础，天德成为人德的目标，天人之际由此而打通。如此，《易传》成功地将儒家的道德观建立在天道观的基础之上，实现了道与德的统一。

二、明于天人之分：天的物化以及天与道的割裂

从孔子到《易传》，儒家对人性和道德问题的思考一直与天命和天道密切相关，然而，到了荀子这里，儒家的天人观孕育着一个根本性转向，其天论的全部努力都是要为儒家传统的天祛魅，从而将天道和人道、天文和人文彻底分开，他要努力斩断天与人之间曾经具有的内在联系，从天人合一转向天人二分，天和人二者都要进行重新定位。

荀子天人观的核心是“明于天人之分”，他说：“明于天人之分，则可谓至人矣。”（《荀子·天论》）这里的分，既是职分之分，又是分别之分[①]。荀子认为天和人各有各的职分和规律，应当各行其道、各安其分。“明于天人之分”的思想使他对天和人双方都作出了独特的论述。荀子认为天的运行有其客观规律：“天行有常，不为尧存，不为桀亡”（《荀子·天论》），“天不为人之恶寒也，辍冬；地不为人之恶辽远也，辍广”（《荀子·天论》），天的客观规律是不以人的意志为转移的。那么，天本身是什么呢？荀子的天是指自然之天，他对天的论说都是就各种自然现象而言之：“天地合而万物生，阴阳接而变化起。”（《荀子·礼论》）天地乃是一种纯粹的自然现象。

荀子所理解的天，是“列星随旋，日月递照，四时代御，阴阳大化，风雨博施，万物各得其和以生，各得其养以成，不见其事而见其功，夫是之谓神。皆知其所以成，莫知其无形，夫是之谓天”（《荀子·天论》）。这里“各得其养以成”以前的上半句，容易使人想起孔

① 冯友兰：《中国哲学史新编》（上卷），人民出版社，1998年版，第689页。

子的“天何言哉”一段话以及《易传》的天道观，显示了荀子天论与此前儒家思想的联系；后半句则显然受到老子的道无为而无不为的影响，但荀子的天却完全没有老子道的超越性。

因此，荀子的天是列星、日月、四时、风雨等自然物的总和，也就是他所说的“大共名”（《荀子·正名》）。他说：“大天而思之，孰与物畜而制之？”（《荀子·天论》）径直将“天”和“物”相提并论。因此，荀子的天不仅是一般意义上的自然之天，而且是纯粹的物质之天，是纯粹的物质材料而已。荀子将天物质化的程度是如此彻底，以至于他某种意义上将心的功能也看作了物质器官的附属物，他说：“心居中虚以治五官，夫是之谓天君。”（《荀子·天论》）冯友兰指出：“荀况在这里所说的心，就是五脏之一的心，他似乎认识到，人类的思维也是一种物质器官的产物。”[①] 荀子说“形具而神生”（《荀子·天论》），似乎是将神思的功能看作形体功能的产物。

荀子重新界定天的属性，是为了探求人对天应有的合理态度。首先，荀子提出了“唯圣人为不求知天”（《荀子·天论》），反对追问天的形上意义。孔子说自己“五十而知天命”（《论语·为政》），“知我者其天乎”（《论语·宪问》），又说“不知命无以为君子”（《论语·尧曰》），“小人不知天命而不畏”（《论语·季氏》），将知天命看作是成为君子的前提。可是，在荀子看来，既然天人具有质的不同并各行其道，人就完全没有必要知天，探寻天的形上意义是不必要的。

其次，荀子反对畏天。孔子以“畏天命”（《论语·季氏》）作为君子三畏之首，他本人亦是“迅雷风烈必变”（《论语·乡党》），在孔子看来，大自然的非常之变中包含着足以让人类敬畏的意义。荀子则相反：“星坠、木鸣，国人皆恐。曰：是何也？曰：无何也，是天地之变，阴阳之化，物之罕至者也，怪之可也，而畏之非也。”（《荀子·天论》）星坠、木鸣等完全是天地的自然变化，因为不常见，以为奇怪是可以的，以为可畏就错了，这分明是针对孔子畏天说的批评。从自然科学的角度看，荀子的看法不无意义，但从人文思想的角度看，他的

① 冯友兰：《中国哲学史新编》（上卷），人民出版社，1998年版，第691页。

说法就要打一个大大的问号，他显然混淆了自然与人文的差异。对于自然现象的格物致知，就像在孔子那里一样，与对天地的敬畏并不必然矛盾。可是，在以族类辨物为首务的荀子的心中，二者却是难以并立的。

再次，人也没有必要慕天。孔子说：“天何言哉！四时行焉，百物生焉。天何言哉！”（《论语·阳货》）语气中透露着对天的神奇主宰功能的由衷赞叹和景仰。《易传》的“十翼”同样充满着对天的敬慕，形成了推天道以明人事的义理架构，《易传》中乾坤两卦的《大象传》说：“天行健，君子以自强不息”，“地势坤，君子以厚德载物”，完全是以天道作为人事的典范，可以作为《易传》师法天地精神的代表。可是，荀子主张“故君子敬其在己者，而不慕其在天者；小人错其在己者，而慕其在天者”（《荀子·天论》），以慕天作为小人的标志，与孔子和《易传》的君子观恰成比照。

复次，不怨天。孔子也主张不怨天。子曰：“莫我知也夫！”子贡曰：“何为其莫如知子也？”子曰：“不怨天，不尤人，下学而上达。知我者其天乎！”（《论语·宪问》）这段对话以孔子“莫我知也夫！”的感叹开始，却以“知我者其天乎！”的回答终结，说明天才是孔子的知己。孔子不怨天的意思，如朱熹《论语集注》所解：“不得于天而不怨天”，首先是有一个至上的主宰之天在那里，即使它没有保佑孔子实现自己的政治理想，孔子依然无怨无悔。荀子不怨天的意思与此截然不同：“故水旱未至而饥，寒暑未薄而疾，祆怪未至而凶。受时与治世同，而殃祸与治世异，不可以怨天，其道然也。”（《荀子·天论》）同样的春去秋来，四时代序，他人能够天下大治而你却搞得天下大乱，有何理由怨天呢？这里的天只是客观的自然条件，毫无主宰性可言。春秋时期出现过怨天思潮，但人们之所以抱怨甚至诅咒老天，是因为那个昔日的至上神不再保佑他们，是以那个至上主宰的存在为前提。荀子的不怨天，是因为天只是一种物质化的自然存在，既然如此，人们就不必要怨天，正如人们不必要埋怨一块石头一样。

最后，荀子反对相术、鬼神等一切发端于原始宗教时期的信仰形式。他认为“故相形不如论心，论心不如择术。形不胜心，心不胜术”（《荀子·非相》），他还否定鬼的存在：“凡人之有鬼也，必以其感忽之间，疑玄之时正之。”（《荀子·解蔽》）他认为鬼的存在是一种主观幻觉，这同样不同于孔子的“敬鬼神而远之”。对于鬼神，孔子首先持恭敬之心，然后保持适当距离。据刘向《说苑传》，关于人死后是否有知的问题，孔子和子贡有一段有趣的对话：“子贡问孔子：死人有知无知也？孔子曰：吾欲言死者有知也，恐孝子顺孙妨生以送死也。欲言无知，恐不孝子孙弃而不葬也。赐，欲知死人有知将无知也，死徐自知之，犹未晚也。”（《说苑·辨物》）这里对人死后是否有知此一问题的说法，与孔子“未知生，焉知死”（《论语·先进》）和“慎终追远，民德归厚矣”（《论语·学而》）的说法表明，孔子并没有仅仅将鬼神看作是一个科学命题，也没有简单将鬼神列为迷信，人死后究竟有没有鬼神是一回事，人相信或者不信鬼神所产生的伦理后果是另一回事，人对于死亡问题的看法直接影响到人的生活态度和道德意识，因此，这绝不是一个单靠客观事实的研究所能回答的问题。根据“知之为知之，不知为不知”（《论语·为政》）的原则，孔子也不主张对此一问题作出轻率的结论。显然，如果跳出了狭隘肤浅的拜物教立场，孔子在此问题上的思考要比荀子深刻得多。

从宗教史上看，畏惧乃是各种信仰最初的精神动因；由敬畏而产生对神灵的仰慕，由仰慕而产生出要解读神灵意志也就是“知”的要求。但是，由于人间德福的明显不一致，或者祈求祭祀后的效果不彰，以及种种人间不公现象，就难免产生失望以及因此而来的怨恨。荀子不愧是一个善于分析的儒学大师，他的畏、慕、知、怨已经浓缩了人类宗教发展史上的主要心理轨迹。然而，无论是畏、慕、知还是怨，都是预设了一个至高神灵的存在，而荀子的天论正是要通过将天完全物化，彻底消解天的精神性和神圣性，从而斩断人与那个至上者的一切精神联系。他要对西周以来的天命观在儒家思想中的强大影响力进行一次彻底清算。

荀子的天脱去了一切形而上学的特性，它尽管不可畏，不必慕，不必怨，却“可用”：

> 大天而思之，孰与物畜而制之？从天而颂之，孰与制天命而用之？望时而待之，孰与应时而使之？因物而多之，孰与骋能而化之？思物而物之，孰与理物而勿失之也？愿于物之所以生，孰与有物之所以成？故错人而思天，则失万物之情。（《荀子·天论》）

这段话曾经受到高度评价，认为荀子发出了物化天道观的最强音，这在某种程度上是正确的。在先秦儒家思想史上，荀子的确将天彻底自然化、质料化、功利化了，天现在只是用来满足人们功利需要的一种原材料而已。天的任何神秘性和道德性都被彻底解构，“制之”“用之”“化之”“使之”，这一系列强有力的动词表现了荀子昂然挺立的人文精神。

在消解了天的神圣性进而完成了天人之分后，荀子对天字的用法发生了引人注目的变化：

> 天职既立，天功既成，形具而神生，好恶、喜怒、哀乐臧焉，夫是之谓天情。耳目鼻口形能，各有接而不相能也，夫是之谓天官。心居中虚，以治五官，夫是之谓天君。财非其类，以养其类，夫是之谓天养。顺其类者谓之福，逆其类者谓之祸，夫是之谓天政。暗其天君，乱其天官，弃其天养，逆其天政，背其天情，以丧天功，夫是之谓大凶。圣人清其天君，正其天官，备其天养，顺其天政，养其天情，以全其天功。如是，则知其所为，知其所不为矣，则天地官而万物役矣。（《荀子·天论》）

在传统天命论的视域下，普通人是和天字无缘的，但是，在上面这段话中，荀子却在人之情感、感官、认知、奉养和政事之前统统冠以天字，从而有了天情、天官、天君、天养、天政、天功等概念。对于此一段话的开头一句，杨倞解释说：“言人身亦天职、天功所成立也。”[①] 说人身也是天职与天功作用的结果，看上去依然是天人相合的意

①〔清〕王先谦撰，沈啸寰、王星贤点校：《荀子集解》，中华书局，1988 年版，第 309 页。

思，但是，其旨趣与传统的天人相合具有根本性差异，因为他已经将传统儒家天论的内涵作了彻底的转变，天不过是物化自然，人同样是物化自然而已，那么人的诸种作用功能为何不可以冠以天字呢？对于善于举类相从的荀子而言，这是合乎逻辑的结论。所以，荀子给人加上这样多的天字，并非要提升人的地位，而是要将天从以往的圣坛上拉下来与人平起平坐。这样不但天失去了曾经拥有的神圣意蕴，人也已经没有什么神圣性可言，人的诸般功能如同天的其他物质化的自然功能，并没有本质区别，比如人的情虽然被称为天情，但在荀子那里，它们依然不具备善的意义，荀子完成了天和人的神圣性的双重解构。

基于其彻底的天人相分观念，荀子提出了独特的人与天地相参思想。人与天地相参的思想早见于《周易》《中庸》,《周易·文言》说："夫大人者，与天地合其德。"《中庸》说："唯天下至诚，为能尽其性；能尽其性，则能尽人之性；能尽人之性，则能尽物之性；能尽物之性，则可以赞天地之化育；可以赞天地之化育，则可以与天地参矣。"《周易》《中庸》的天人相参，是从天人合一处讲，天德具有某种神圣性，人德须与天地之德相合，人道须与天地之道相通，人道能够成就和开显天地之道，所以人与天地相参。荀子的相参论则不然：

> 不为而成，不求而得，夫是之谓天职。如是者，虽深，其人不加虑焉；虽大，不加能焉；虽精，不加察焉，夫是之谓不与天争职。天有其时，地有其财，人有其治，夫是之谓能参。舍其所以参，而愿其所参，则惑矣。(《荀子·天论》)

既然天不过是自然而已，则圣人不求知天，否则就是与天争职了。天有天时，地有财物，人有治道，三者各有其职，各尽其职，互不混淆，就是荀子所谓的“能参”。人被从天地中割裂出来，孤立出来，所以能与天地相参。如果说《周易》《中庸》的天地人相参是参于天人之合，荀子的天地人相参是参于其异，二者恰成背反。这其中包含着荀子对天地人的独特定位：

> 故大巧在所不为，大智在所不虑。所志于天者，已其见象之可以期者矣；所志于地者，已其见宜之可以息者矣；所志于四时者，已其见数之可以事者矣；所志于阴阳者，已其见和之可以治者矣。官人守天，而自为守道也。（《荀子·天论》）

荀子在这段话中分别论述了人应当关注的天象、地宜、四时和阴阳的内涵，其中的“志”，俞樾引用郑注《礼记·缁衣》中“为上可望而知也，为下可述而志也”中的志字曰：“志，犹知也”[①]，则“所志于天者”就是所知于天者之意。荀子认为人类知天只要识其象即可，知地只要知其所宜种植蕃息者即可，对四时只要知其历法意义就行了，对于阴阳只需知其生杀以效赏罚即可[②]。

荀子上面一段话似乎与《易传·系辞》中如下内容相关：“古者包牺氏之王天下也，仰则观象于天，俯则观法于地，观鸟兽之文与地之宜，近取诸身，远取诸物，于是始作八卦，以通神明之德，以类万物之情。”前者的天象、地宜的说法，似是承袭后者而来，前者的四时与阴阳，也与后者所言的八卦所象征事物相关。荀子善易，受《易传》影响自在情理之中。但是，荀子对天象、地宜、四时、阴阳作了与《易传》全然不同的解说。《易传·系辞》表明包牺氏作八卦，是将天象、地宜、近身、远物打通的结果，故此八卦蕴含了天地人一贯之道。可是，荀子明确将认知的范围仅仅界定在象、宜、事与治上，对于天地、阴阳之任何进一步的形而上的探究都是他所坚决排斥的。这种意义上的相参，不是通过人道来彰显天道，也不是通过天道来规范人道，而仅仅是人利用天地为自己谋福利，天地对于人只剩下功利性意义。

荀子明确地在天和道之间划开了一段距离，并小心翼翼地守护着它。根据前面的说法，天只是象而已，并没有更深一层的意义。《荀子·天论》开篇中有这样一段话：“养备而动时，则天不能病；循道而不贰，则天不能祸。”只要循道而行，天是奈何不了人的，天与道被故

①〔清〕王先谦撰，沈啸寰、王星贤点校：《荀子集解》，中华书局，1988 年版，第 310 页。
② 同上书，第 311 页。

意置于对待的两端。尽管他创造不少与天相关的新名词，如天君、天官、天养、天政、天功，却唯独不见天道一词，整个《荀子·天论》中竟然没有天道概念。对于素来以分析见长的荀子而言，这并非偶然的疏忽，荀子已经将道与天完全隔离了，他的道与天无关。荀子天人之分的目的，就是要切断天地与道的联系，他因此给出自己对道的新解读：

道者非天之道，非地之道，人之所以道也。（《荀子·儒效》）

显然，荀子的道仅仅是人道，与天道无关，与地道也无关。至此，荀子不仅否定了天命观，也否定了天道观。荀子试图为孔子以及七十子等数代原始儒家所建立的儒家形而上学基础画上一个句号。在他看来，儒家传统的天人观其实是“甚僻违而无类”的（《荀子·非十二子》）。他一反儒家传统的天人论，彻底将人道与天地之道的联系切断，从《尚书》开始探求的天人合一之道，现在只剩下一个孤悬的人道了。

三、蔽于人而不知天：天人断裂与寡头人文主义

尽管荀子以孔子思想的正宗传人自居，但他本人的天论与孔子的形而上思想完全对立，可谓儒家传统天人观的颠覆者。可是，以往学界对这种对立缺乏深入分析，这当然不是没有原因的。综合以往学者对荀子天论的评价，可以发现其中受制于两种考虑，一是荀子天论与科学思想的关系，二是荀子天论与人文主义的关系。

20世纪的许多学者大多肯定荀子天论与科学精神的联系，牟宗三尽管批评荀子的天论“大本不立，……故性与天全成被治之形下的自然的天与性，而礼义亦成空头的无安顿的外在物”[①]，但他依然认为：“荀子之天非宗教的，非形而上的，亦非艺术的，乃自然的，亦即科

① 牟宗三：《名家与荀子》，吉林出版集团有限责任公司，2010年版，第132页。

学中‘是其所是’之天也。”[①] 鉴于科学在20世纪中国思想史上所享有的崇高地位，既然把荀子的天说成是科学意义上的天，则尽管它与孔子的天论截然对立，在评判的时候也就不能不有投鼠忌器之嫌。徐复观对此有更为深入的分析，他说：

> 从荀子思想本身，并不能如许多人所期待的，可以开出科学知识的系统。第一，科学知识与道德的连结，中间须要有一种精神上的乃至处理上的转换。荀子的精神可以成就知识，但他的目的并不在知识而在道德；因而处处直接落脚在伦理道德之上，这便使知识与道德，两受牵制，两面都不易得到发展。第二，科学知识，固然系立足于经验界中，并非以常人感官所能接触者为限。把不可见、不可量的东西，变为可见可量的东西，这是科学家永恒的努力；在此种努力里面，常须有一基本假定，即假定在经验现象后面，常潜伏着一种东西，作为经验现象的根据，值得去追求。因此，知识的形而上学，在西方常常是推动科学前进的力量。[②]

应该说，徐复观的分析是中肯的，过分强调荀子天论所具有的科学意义，其实是道德和科学的错置，因为荀子思想的立足点完全放在道德和社会秩序上，荀子的思想也只有从这方面才能得到客观公允的评价。

我们进一步分析后会明白，荀子的天论不但不利于发展出科学，反而堵塞了科学发展之路。第一，荀子的天不是通常意义上的自然之天，而是物化之天。20世纪学术界对荀子之天的基本结论是自然之天[③]，这一结论并不确切。自然之天的概念最初由道家提出，老子主张“人法地，地法天，天法道，道法自然”（《道德经》），庄子主张“无以人灭天，无以故灭命”（《庄子·秋水》），老庄所谓的“自然”显然

① 牟宗三:《名家与荀子》，吉林出版集团有限责任公司，2010年版，第143页。
② 徐复观:《中国人性论史（先秦篇）》，上海三联书店，2001年版，第229—230页。
③ 冯友兰:《中国哲学史》上册，华东师范大学出版社，2000年版，第216页。徐复观:《中国人性论史（先秦篇）》，上海三联书店，2001年版，第198页。韦政通:《中国思想史》（上），上海书店出版社，2003年版，第215页。

是具有形上性质并且堪为人所师法的自然。可是，如果我们将荀子的天也称为自然，则此一自然与道家的自然并不相同，它不但不具有任何超验意义，更不足以为人所师法。因此，荀子的天从性质上讲并非通常意义上的自然，而是物，是丧失了形上意义的自然，是道家自然的物化和退化。荀子的天是完全物化的天，可惜这种完全物化的天并不足以发展出科学。在世界各大文明中，古希腊是唯一发展出了科学的民族，古希腊哲学的核心概念是逻各斯，这一概念引导人们探测大自然背后不以人的意志为转移的内在规律，对这一规律的好奇和惊讶成了古希腊哲学和科学最初的精神动力①。正是这种探究自然深处奥秘的思想趋向促进了古希腊哲学和科学的诞生。然而，一个完全物化的、除了功利目的之外不再具有其他意义的天，注定无法成为科学的对象。

第二，荀子不仅否认天的形上意义，而且呼吁人们“不求知天”（《荀子·天论》）。他将天仅仅设定为“象”，主张“其于天地万物也，不务说其所以然而致善用其材”（《荀子·君道》）。那种对自然现象刨根问底式的科学追问精神，恰恰是荀子所反对的，在他看来，那就是“错人而思天”，有“失万物之情”（《荀子·天论》）的危险。因此，不论是荀子对天的定义，还是他所主张的对天的态度，都是远离科学精神的。对中华文明缺少科学精神的痛切反思，使得20世纪的思想史家对荀子的物化之天给予了过高的希望，其实，荀子离科学的距离，比道家和对天道具有形上关怀的儒家（比如朱熹）离科学的距离更远，道教的炼丹术具有一定的科学成分，而朱熹的格物致知理论同样也包含着科学探究的精神，因为他们各有其形上思想的源头：道和理。而荀子将道和天剥离，就注定使他的天论难以步入科学精神一途。

20世纪评价荀子思想的另一维度是肯定荀子为天除魅的人文主义价值。在这方面，徐复观的观点具有典型性：“由周初所孕育的人文精神，到了荀子而完全成熟。由周初所开始的从原始宗教中的解放，至

①［德］E·策勒尔著，翁绍军译：《古希腊哲学史纲》，山东人民出版社，2007年版，第3页。

此而彻底完成。从这一方面说，荀子的人性论有其特别的意义。”[①]徐复观单纯地将西周以降人文精神的发展看作是解放，背后的思想前提是将宗教视为人文精神的桎梏，这显然是五四运动前后所形成的过度否定宗教的文化观在起作用。由于这样一种片面的文化观，他不仅无法客观解读孔子思想的基本性格，即孔子在古代宗教和春秋人文主义之间所实现的中道的历史意义，也无法对荀子偏颇的人文主义作出客观评价。的确，宗教的过度发展有可能压抑人文理性，但这并不意味着宗教本身天然就与人文理性相对立，更不意味着人类可以没有宗教。实际上，人类的本性必然使他去探究世界的形上意义，寻找自己的终极关怀，尽管各民族表达和实现终极关怀的形式各不相同。另外，宗教和人文精神并不必然构成矛盾，二者完全可以构成相辅相成的关系。但荀子完全不理解超验价值对于文明的意义，他将人文价值和超验关怀截然对立起来，从而使他的天人观和人文主义面临一系列问题。

首先，荀子的天论消解了从西周以来所形成的儒家道德的形而上学基础，其天论思想的基本性质是非儒家的。任何一种伟大的成德之教，必有其超越性的向度，超越性代表着此一成德之教的精神高度，使之具有永恒的生命力，儒家自然不能例外。《论语》中的天命、《易传》中的天道、理学的天理，都是在探寻儒家成德之教的超越性基础。儒学被称为天人之学，天是儒家超越性的根本，当程颐说到“圣人本天，释氏本心”（《程氏遗书》卷十一）时，他无疑从儒释之辨的角度完成了对儒教超越精神的自觉。在儒家的形上思想史上，从天命、天道到天理，天的人格化色彩逐步减弱，理性化色彩逐步加深，但天作为儒家价值本原的地位始终未变，儒家推天道以明人事的义理格局始终未变。儒教之所以成为覆盖东亚的思想，孔子之所以跻身于人类伟大的思想家行列，儒学之所以不同于一般的伦理学道德学说，天人之

① 徐复观:《中国人性论史（先秦篇）》，上海三联书店，2001 年版，第 201 页。韦政通也指出：荀子的礼义思想，“在儒家内部，代表人文思想发展的高峰，对原始的天神崇拜的传统而言，则已宣告结束”［韦政通:《中国思想史》(上)，上海书店出版社，2003 年版，第 210 页］。

际的关注是至关重要的。天与人之间的连续性是儒家学派的重要特征，性与天道的向度使得儒学具有了安身立命的功效，因为儒家伊始就将其根本牢牢系缚于天命和天道的基础之上。

在先秦儒学史上，荀子的天论是传统天道观的颠覆者，他对天的定义截断众流，构成了一道与众不同的奇特风景。他并非推进或者改良儒家的形而上基础，而是试图消解此一基础。一旦消解了这一基础，儒家思想的大厦就丧失了地基，儒学作为天人之学的基本性格就要发生根本性变异。没有了形而上的天道观，不但孔子、七十子、易学和孟子学将不复存在，儒学之所以为儒学的重要前提也就不复存在了。就此而言，荀学的天论是非儒学的，荀子背离了儒学天道观的基本精神，尽管他依然要维护儒家礼义的价值。

其次，荀子的天论使他的人文主义变成寡头人文主义。现代学者一般用人文主义转向来概括孔子思想在中国思想史上的意义[①]，这无疑具有重要参考价值。但是，必须看到，孔子的人文主义是具有强烈的形上关怀的，这就是他一直念兹在兹的天命。作为西周文化的仰慕者，孔子对涵养西周人文主义的那个形上基础有深刻体悟，他充分理解天对西周文明的重要性，因此，尽管他本人从西周礼乐文明中开发出了儒家道德的基本精神——仁、礼、忠、恕和民本等，但他始终没有忘记这些人文价值与那个终极本原之间的联系。因此，在孔子那里，天道与人事、天命与道德是具有内在关联的，他并没有因关注人文精神而忘却甚或遗弃那个承载着这一切的形而上的本原。钱大昕曾指出："有神而后有郊社，有鬼而后有宗庙。天统乎地，故言神可以该示。人死为鬼，圣人不忍忘其亲，事死如事生，故有祭祀之礼。经言鬼神，皆主祭祀而言。卜筮所以通神明，故《易传》多言鬼神。精气为物，生而为人也；游魂为变，死而为鬼也。圣人知鬼神之情状而祭祀之，礼兴焉。"[②]钱大昕在这里分析了天地、生死、鬼神、卜筮与礼之间的

① 陈荣捷编著，杨儒宾等译:《中国哲学文献选编》，江苏教育出版社，2006 年版，第 1–14 页。徐复观:《中国人性论史（先秦篇)》，上海三联书店，2001 年版，第 44–53 页。

②〔清〕钱大昕:《十驾斋养新录》，上海古籍出版社，2011 年版，第 28 页。

内在联系，是对儒家天道与道德之间关系的深刻揭示，如果没有天地、鬼神的观念，就不会有祭礼的诞生，而祭礼乃是礼的起源，所谓“国之大事，在祀与戎”（《左传·成公七年》）。

与孔孟思想比较，荀子的道德思想看上去具有更为彻底的人文主义性格，这在他对卜筮的评价中可见一斑。相比起对天命、鬼神和相术的完全否定，荀子对卜筮的态度要温和得多，这或许与他善易有关。他说：“卜筮然后决大事，非以为得求也，以文之也。故君子以为文，而百姓以为神。以为文则吉，以为神则凶也。”（《荀子·天论》）荀子并没有完全否定卜筮，但他认为卜筮并非神道，而是人文。可是，从文化史的角度看，龟卜与数占都是古代宗教时期的产物，《礼记·表记》指出：“昔三代明王皆事天地之神明，无非卜筮之用。”卜筮如同鬼神和天命一样，都是要寻找事物背后的超自然力量。而荀子将卜筮与神道彻底分开，同样明显地反映了其文化观的问题：将文明和信仰对立起来，并否定历史上形成的信仰形式对文明的意义。而“慎终追远，民德归厚矣”（《论语·学而》）、“不知命无以为君子”（《论语·尧曰》）和“天生德于予”（《论语·述而》）等说法，表明孔子不但不将天命、祭祀等信仰形式与人文道德对立起来，反而强调二者的密切联系。《易传·贲卦·彖传》说：“刚柔交错，天文也；文明以止，人文也。观乎天文，以察时变；观乎人文，以化成天下。”这正是儒家对天文与人文关系的经典说明，儒家从不脱离天文以谈人文，也不脱离人文以谈天文，儒家的天与人向来是密切联系而相互规定的，从未用一方完全取代和消解另一方，天与人之间从未完全断裂，这是由儒家连续性突破的义理特征所决定的。

显然，荀子将人与天彻底二分，否定了天的任何形上意义，目的在于充分发挥人的作用。表面看来，荀子将儒家的人文主义发展到了最高峰，但是，这种以完全解构天命天道的本原意义为特征的人文主义，已经完全溢出了儒家创始人孔子所开辟的思想轨道。因此，原始儒家的人文主义是有信仰的人文主义，它既保留着对天命和天道的终极信仰，以其作为道德的最终依据；又充分肯定人性本身具有证知和践行天命的潜质，从而确立了人作为道德主体的地位。有信仰的人文主义是天命信仰与道德理性的有机结合，是二者之间的中道。但是，在荀子思想中，儒家思想的结构发生了严重倾斜，原先的两个支点变成了一个支点，孔子所开辟的中和的人文主义也变成了寡头人文主义。所谓寡头人文主义，就是缺少终极关怀的人文主义，就是失去了天道依托的人文主义。这样的人文主义，从表面上看突出了人的地位，但是，由于切断了人道与天道、人文与天文的联系，人文将成为无源之水，人自身的精神生命也势必萎顿。荀子曾经评价庄子"蔽于天而不知人"(《荀子·解蔽》)，而他本人的天人观则是"蔽于人而不知天"。

最后，荀子的寡头人文主义将对古代思想的演变产生怎样的影响？荀子思想的核心是礼义。初期儒家向来强调礼义与天命的联系，《春秋左传·成公十三年》载："刘子曰：'吾闻之，民受天地之中以生，所谓命也。是以有动作礼义威仪之则，以定命也。能者养以之福，不能者败以取祸。是故君子勤礼，小人尽力……'"刘子将人生看作是天之所命，将礼义威仪之则看作是定命的手段。孟子则进一步发展了礼义的心性基础，强调了道德法则的内在依据。天命也好，本心也好，都是超越于政治之上而为政治确立指导准则的，这就是孔子坚持"以道事君，不可则止"(《论语·先进》)，将道统置于君统之上的原因。可是，荀子既否定了天命又否定了人性有向善的潜质，则礼义只剩下政治意义可言，礼义的唯一意义在于明分使群，即构建社会秩序。于是，在超越性的意义被消解之后，礼义就只有工具性意义了。既然礼义只具有工具的意义，那么，一旦人们在现实中发现作为工具的礼义其实并不像原本想象的那样有效，它立即就会被更加实用的工具所取代。

因此，表面上看，荀子将儒家的人文主义提高到前所未有的高度，但是，由于荀子的人文主义失去了超越和心性的地基，这种孤悬的人文主义已经显示出危如累卵之势，天命与天道的式微和天的物质化、功利化已经为这种寡头人文主义的逆转留下了缺口，它自身已经包含着走向反面的可能，这种可能终于在荀子的弟子韩非和李斯那里变成了现实。韩非的法家思想是中国历史上最反人文的专制思想，它将一切传统的道德价值和古圣贤的前言往行踩在脚下，公开膜拜赤裸裸的功利和暴政。这自然不是荀子本人的意思，但是，在荀子的寡头人文主义中，确实存在着有可能转向法家的缺口。因此，从儒家思想史上最高扬的人文主义到最彻底的反人文主义的演变，并非没有思想上的原因可寻。荀子总方略，重礼法，壹统类，齐言行，明制度，目的是要落实礼义而建立一个儒家化的社会秩序。但是，当韩非发现依然具有自律性质的礼远不如强制性的法更有利于加强国家统治时，就毫不犹豫地用法取代礼了。韩非公开宣称法、术、势都是“帝王之具”，将它们变成了赤裸裸的君人南面之术，于是一切人文价值也就不在话下了。不仅如此，“故明主之行制也天，其用人也鬼。天则不非，鬼则不困。势行教严，逆而不违，毁誉一行而不议”（《韩非子·八经》）。当年荀子花大气力否定了的天，现在又借尸还魂，不过它这次已经披上了君主的衮服，君主本人变成了天；被荀子否定的鬼，它们的灵明也没有消亡，同样附体到了君主身上。由于寡头人文主义否定天命天道以及一切神圣意义，才有可能使得凡胎肉身的君主本人被推向神坛，变成天帝。这样的“天帝”已经不需要道德作为其权力合法性的依据，这与儒家的道德观是根本冲突的。

总之，荀子在明于天人之分的主张下将天定义为质料化的存在物，消解了传统上天在儒家思想中所具有的神圣性和超越性，从而瓦解了儒家道德形而上学的根基。这使得他的天论颠覆了以孔子的天命观和《易传》的天道观为代表的儒家形上思想。但颠覆传统天论的形上意义并没有使他的天论为科学的自然观开辟道路，因为对自然现象背后的奥秘与规律的坚定信念乃是科学产生的必要条件，此种信念却是荀子所坚决排斥的。荀子既否定了天的神圣性，也不承认大自然深处的奥秘对于人类的意义。他意在突出人道与人文的价值，但是，由于失去了天道和人文的支撑，使得这种表面看来达到了顶峰的人文主义却成了寡头人文主义。寡头人文主义本身已经包含着走向自身反面的可能，也为韩非的法家思想提供了一个可突破的思想缺口。

第九章

荀子的政制设计与学派归属

中国古代社会地方行政体制主要经历了周代封建制与秦以后郡县制两种形态。五四运动以降，学界多将中国专制制度难以变革的原因追溯到孔子身上，其实，孔子仰慕周文而曰“吾从周”，他更倾向于分权型的周制。孟子对于“辟草莱，任土地”（《孟子·离娄上》）的批评，实际上也是针对法家而来的。从儒家政治思想史上看，孔子在当时更倾向于维护周制的精神，而荀子的政治思想则对塑造秦汉以后的政治体制发挥了更大影响力。

一、王制蓝图

先秦诸子百家都是对周文疲敝这一时代课题之回应而取径不同，孔子、荀子亦然。孔子将礼坏乐崩的原因追溯到人的内心世界，认为是由于人心中对礼乐的情感的淡漠导致了礼乐的废弛，所以他摄礼归仁，以激活礼乐文明的内在活力，并开创私学，试图通过教化复兴礼乐文明。孔子对周礼的诠释是创造性的，他从中发现了更为内在和永恒的价值，其意义已经超越周制本身。荀子身处战国末期，社会正在加速从封建制转向君主专制，他便以制度重构为先，故摄仁归礼，将礼义作为“治辨之极”“强国之本”“功名之总”（《荀子·王制》），本礼义以构建王道政治。与孔孟不同，荀子论礼更偏向了礼作为客观制度的意义。

周人最长于制度建设，周公制礼作乐，使得中国的文物制度灿然大备，孔子所谓“郁郁乎文哉”（《论语·八佾》）。从《礼记》“经礼三百，曲礼三千”的叙述，以及《论语》有关周代礼制的内容中（“觚不觚”“八佾舞于庭”等），我们依然可以回想周文之繁盛细密。周人以“敬德保民”作为治国大纲，周文的基本精神固然是德治，但并非不重法，周文其实包含着德治和刑法两方面。萧公权认为：“若就《周书》《周礼》等观之，则周人所注重而擅长者为官制、礼乐、刑法、农业、教育诸事”[1]，则刑法亦为周人所擅长者。他将周礼与殷礼比较后，

---

① 萧公权:《中国政治思想史》(一)，辽宁教育出版社，2011年版，第28页。

认为殷礼尚宽大质朴，而周礼则有“礼烦政苛之倾向”[①]。他进一步认为“孔子之轻视政刑，殆为其对周政的一种改进”[②]。这是十分透辟的观察。王国维也指出：

> 周之制度、典礼，乃道德之器械，而尊尊、亲亲、贤贤、男女有别四者之结体也。此之谓“民彝”。其有不由此者，谓之“非彝”。……“非彝”者，礼之所去，刑之所加也。……殷人之刑惟“寇攘奸宄”，而周人之刑则并及“不孝、不友”。故曰：“惟吊兹，不于我政人得罪。”又曰：“乃其速由文王作罚。”其重民彝也如此。是周制刑之意，亦本于德治、礼治之大经，其所以致太平与刑措者，盖可睹矣。[③]

可见，周人将“不孝、不友”之类的家庭伦理也纳入了刑法的范围，用法律维系宗法道德基础，其重礼与重法同时并举。不仅《尚书·康诰》中要求对不孝、不友者“速由文王作罚，刑兹无赦”，《尚书·酒诰》更是布满了杀气：

> 厥或诰曰：“群饮。”汝勿佚。尽执拘以归于周，予其杀。又惟殷之迪诸臣惟工，乃湎于酒，勿庸杀之，姑惟教之。有斯明享，乃不用我教辞，惟我一人弗恤弗蠲，乃事时同于杀。

这篇诰辞要求对参与群饮者一律拘捕到京城杀死，殷商旧臣参与群饮者可以先进行教育，教育不改者同样处死。可谓治乱世用重典，也体现了周礼重刑的一面。

周人畏天敬德，但西周之“德”并不同于孔子以后儒家的“德”，如果说后者已经具有了心性自觉的意义，则前者尚远未达到这种自觉。西周之德的根源是天命而不是心性，是祈天永命的凭借。因此，西周

---

① 萧公权：《中国政治思想史》(一)，辽宁教育出版社，2011 年版，第 60 页。

② 同上书，第 63 页。

③ 王国维：《殷周制度论》，周锡山编校：《王国维集》第四册，中国社会科学出版社，2008 年版，第 135-136 页。

的“德”是一个具有浓郁古代宗教色彩的概念。由于没有经过心性的浸润而直接落实到一系列客观性的礼仪制度规范，周礼自然侧重于客观性的制度规范，而刑法同样是周礼的重要构成部分。因此，如果说孔子重仁政轻刑法是对周礼的一大改进，那么荀子在将礼外在化的前提下隆礼重法，在某种意义上反倒是对重刑的复归。

在制度设计上，荀子自称要遵循三代之法度：“天下之人，唯各特意哉，然而有所共予也。言味者予易牙，言音者予师旷，言治者予三王。三王既已定法度，制礼乐而传之，有不用而改自作，何以异于变易牙之和，更师旷之律？”（《荀子·大略》）擅自改变三王法度在他看来是不明智的。但是，三王既已久远，文献不足，究竟该师法谁呢？他说：“欲观千岁，则数今日；欲知亿万，则审一二；欲知上世，则审周道；欲知周道，则审其人所贵君子。故曰：以近知远，以一知万，以微知明，此之谓也。”（《荀子·非相》）荀子主张“审周道”，一个“审”字大堪玩味。荀子去西周已远，加上时异势变，荀子对周道之继承显然是下过一番辨别审查之功的，他要从西周君子的为人处世中探寻周道之精神。

尽管荀子自称要“审周道”以建制，但他所设计的政治体制是否为周制，需要更为深入的分析。荀子的制度设计主要体现在他“王制”的蓝图中，具体包括王者之政、王者之人、王者之制、王者之论、王者之法等方面。首先看他的王者之政：

> 请问为政？曰：贤能不待次而举，罢不能不待须而废，元恶不待教而诛，中庸民不待政而化。分未定也则有昭缪。虽王公士大夫之子孙也，不能属于礼义，则归之庶人。虽庶人之子孙也，积文学，正身行，能属于礼义，则归之卿相士大夫。故奸言、奸说、奸事、奸能、遁逃反侧之民，职而教之，须而待之，勉之以庆赏，惩之以刑罚，安职则畜，不安职则弃。五疾，上收而养之，材而事之，官施而衣食之，兼覆无遗。才行反时者死无赦。夫是之谓天德，王者之政也。（《荀子·王制》）

王者之政包括官吏任用、民众教化、赏罚实施以及社会救助等内容，高度强调政府的作用，荀子要建立的是一个在儒家德治思想指导下的全能政府。

其次是王者之人：

> 饰动以礼义，听断以类，明振毫末，举措应变而不穷。夫是之谓有原。是王者之人也。(《荀子·王制》)

“王者之人”，杨倞注为“王者之佐”，郭沫若从之，解为宰相[①]，其说殆非。钟泰以为“王者之人”兼指君臣[②]，似乎也非原意。荀子凡讲到与“类”“统类”有关内容时，都用以形容圣人或者君主，比如《荀子·非十二子》之“总方略，齐言行，壹统类”便是圣人之功，《荀子·性恶》篇所说“多言则文而类，终日议其所以，言之千举万变，其统类一也：是圣人之知也”。这里的“王者之人”同样如此，正是作为“治之原”(《荀子·君道》) 的圣王。

接下来是王者之制：

> 道不过三代，法不二后王；道过三代谓之荡，法二后王谓之不雅。衣服有制，宫室有度，人徒有数，丧祭械用皆有等宜，声则凡非雅声者举废，色则凡非旧文者举息，械用则凡非旧器者举毁，夫是之谓复古。是王者之制也。(《荀子·王制》)

这是要法后王以立制度，凡衣服、宫室、人徒、丧祭械用等制度皆须恢复古制。

继而是王者之论。他的王者之论，就是在“礼义以分之”的前提下，“德以叙位，能以授官”(《荀子·致士》)，“论德而定次，量能而授官，皆使其人载其事而各得其所宜”(《荀子·正论》)，使得“德必称位，位必称禄，禄必称用”(《荀子·富国》)，如此则能“无德不贵，

---

① 郭沫若:《十批判书》，东方出版社，1996 年版，第 224 页。

②〔战国〕荀况著，王天海校释:《荀子校释》(上册)，上海古籍出版社，2005 年版，第 366 页。

无能不官，无功不赏，无罪不罚，朝无幸位，民无幸生”（《荀子·王制》）。可见其“王者之论”就是王者吏治与赏罚的基本原则，依据德能任用管理，通过“无功不赏，无罪不罚”来统一民众行动。

最后是王者之法：

> 王者之法等赋、政事、财万物，所以养万民也。田野什一，关市几而不征，山林泽梁以时禁发而不税。相地而衰政，理道之远近而致贡，通流财物粟米，无有滞留，使相归移也。四海之内若一家。故近者不隐其能，远者不疾其劳，无幽闲隐僻之国莫不趋使而安乐之。夫是之谓人师，是王者之法也。（《荀子·王制》）

王者之法多与经济活动有关，规定的是具体的贡赋田税、市场管理、货物流通制度，其中的“关市几而不征，山林泽梁以时禁发而不税”等说法，多与《礼记·王制》和《孟子》中的有关记载相合。

荀子在其他篇章中对行政制度也有一些说明，《荣辱》篇将官僚政治中的人员分为“士大夫”和“官人百吏”两类，前者的职能是“志行修，临官治，上则能顺下，下则能保其职”，后者的职能则是“循法则、度量、刑辟、图籍，不知其义，谨守其数，慎不敢损益也，父子相传，以持王公”，前者既要负责治国理政又要注重志行修养，以承担道义责任，后者则只是“谨守其数”的职员，具体落实国家政令。

荀子对官僚机构的部门也有详细规划，《王制》规定了宰爵、司徒、司马、大（太）师、司空、治田、虞师、乡师、工师、伛巫、治市、司寇、冢宰、辟公等部门长官的职责与权限，并论及不同部门官吏的衣服、宫室、人徒、械用等礼制规范，《富国》《强国》《君道》《致士》等篇对军政钱粮、政令刑狱、官员的选拔考核等作出了具体的规定。于是，在这种新的等级秩序之下，“农以力尽田，贾以察尽财，百工以巧尽器械，士大夫以上至公侯莫不以仁厚智能尽官职……或禄天下而不自以为多，或监门御旅、抱关击柝而不自以为寡”（《荀子·荣辱》）。这样，士农工商、百官百吏，各司其职，各尽其力，各安其分，于是，一个组织原则明确、部门体系完整、尊卑秩序井然、礼仪制度完备的官僚体制已经大体成形了。这样一个较为完备的治道体系在以前的儒家那里未曾见到的，它是长于典章制度之学的荀子的一大贡献。

荀子的政体中不乏周制的因素，他所列举的官职名称多见于《尚书》《诗经》《周礼》等，显露出借鉴周制的意图。王者之制在衣服、宫室、人徒、丧祭械用等制度要法后也是要取法周制，王者之法规定的贡赋田税、市场管理、货物流通制度也近于周制而远于法家①，但是，他的王者之政、王者之人、王者之论多与周制不相类，流露出另一种不同的制度精神。政治制度的核心是权力结构的安排，就此而论，荀子号称“审周道”而建立的政体与周制相去甚远。周制的核心在于封建即封土建国，王室册封诸侯，诸侯分封境内的卿大夫，如此“王臣公，公臣大夫，大夫臣士”(《左传·昭公七年》)，天下共戴一周天子，形成了自上而下的大一统政治格局。诸侯国均实行宗法制度和世卿世禄制度，并在政治、军事和经济方面拥有高度自治权。可是，荀子所设计的政治体制显然近于郡县制而非封建制，其王者之政规定“虽王公士大夫之子孙也，不能属于礼义，则归之庶人。虽庶人之子孙也，积文学，正身行，能属于礼义，则归之卿相士大夫”，这显然已经废除了世卿世禄制度，将各级官僚的任命权统一于君主。他的“王者之法”提出“四海之内若一家”，正是要完全废除诸侯国及其他贵族所曾经拥有的经济政策和财政收入的自主权，将一切权力收归到天子手中。显然，作为政治组织基础的国家权力的分配体制已经发生了深刻改变，即从以封建制为基础的贵族制演变为以郡县制为基础的君主专制，这一转变显然具有革命性意义。

过去人们一般将荀子的政体称为“大一统”，但是，就其内涵而言，荀子所建构的大一统，与西周以及孔子的大一统有明显的差异。“大一统”系《公羊传》对《春秋》“王正月”的解释，《公羊传》曰：“王者孰谓？谓文王也。曷为先言王而后言正月？王正月也。何言乎

① 蒙文通:《先秦诸子与理学》，广西师范大学出版社，2006 年版，第 152–153 页。

王正月？大一统也。”大一统之“大”，是“重”的意思[①]，大一统即重一统。至于“一统”之“统”字，《公羊传·隐公元年》何休注：“统者，始也，总系之辞。”[②]许慎《说文解字》解释说：“统，纪也。”又说：“纪，别丝也。”段玉裁注曰：“别丝者，一丝必有其首，别之是为纪。众丝皆得其首，是为统。”[③]段玉裁以“众丝皆得其首”释“统”，甚是传神，它清楚地表明，大一统之一，不是单一之一，而是合多为一，由众多整合为一统，但一统并没有消灭其间的多，而是使它们统之有宗而会之有元。刘家和进一步分析《公羊传》“一统”之内涵，认为“一统”“不是化多为一，而是合多（多仍旧在）为一。……但此‘一’又非简单地合多为一，而是要从‘头’、从‘始’或从根就合多为一”[④]。那么这里的“头”“始”或者“根”是什么？就是以亲亲、尊尊为社会基础而以分封制为主干的周礼。

从权力结构上看，春秋以前的大一统之合多为一，表现为周王与封国之间的政治关系。周王作为国家最高元首的地位和权力毋庸置疑，但主要表现在朝聘会盟或者对外征战的时候，至于平时的治权，则实际上为各封国的国君所拥有。国家主权是统一的，但国家治理是多中心而非单中心的，一个诸侯国就是一个治理中心[⑤]。从政体类型看，西周封建制界于邦联和联邦制之间，它比邦联更为紧密，因而能够完成国家主权的统一；但它比联邦制分权程度更高，因为诸侯甚至拥有自己的军队和军事指挥权。荀子曾经在《儒效》等篇中将其称为“兼制天下”的体制。吴稼祥认为，周朝以封建兼制天下具有显著的制度优势，它通过血缘权威和地域权威的结合，大大缓解了超大规模国家的治理本身所必然要求的集权压力，在保持国家统一的前提下提高了社

① 马卫东：《大一统源于西周封建说》，《文史哲》2013 年第 4 期。

②〔清〕阮元校刻：《十三经注疏》，上海古籍出版社，1997 年版，第 2196 页。

③〔汉〕许慎撰、〔清〕段玉裁注：《说文解字注》，浙江古籍出版社，1998 年版，第 645 页。

④ 转引自马卫东：《大一统源于西周封建说》，载《文史哲》2013 年第 4 期。

⑤ 吴稼祥：《公天下：多中心治理与双主体法权》，广西师范大学出版社，2013 年版，第 129 页。

会自治程度，激发了社会活力和创造力①。的确，从社会的自由与国家的统一两项指标看，周制为古代世界提供了一个极为难得的分权治理模式，超过八百年的王朝寿命也证明了其体制的优越性，而华夏民族轴心时代所焕发出来的光辉灿烂的精神创造力无疑是与有周的多中心治理体制息息相关的。

但是，由于分封制自身的逻辑，作为最大封国的周天子必然日趋削弱，因为再大的领地也禁不住天长日久的赏赐和分割，诸侯的命运同样如此。故政权下移是必然的趋势，而陪臣执国命也是不可避免的结果。因此，近五百年的春秋战国史就是封建制瓦解而郡县制确立和壮大的过程。这一过程自然充满了钱穆所说的"新军国"②之间的血战，而到了荀子时代，封建制度已成强弩之末，而那些较早采用郡县制的新军国之间的战争也接近尾声，强秦统一天下的前景已经清晰可见。荀子在这种背景下所设计的制度，正是一个由"天下一统"转向"统一天下"的制度，而统一的模式自然不是周制而是秦制。在荀子描绘的王制中，多中心的治道图景已经为完全单中心的治道所取代。他将周制中形成的一切具有社会自治性质的行为，全部统一到君权管理之下，将一切横向的关系统统纳入纵向的政治关系之中。他甚至将夫妻关系、父子关系等也垂直单向化，本着"从义不从父"（《荀子·子道》）的原则，将政治原则置于父子亲情之上，足以表明荀子所设计的王制社会集权化的程度。

因此，从政治制度形态上看，荀子将以中和为精神特质的西周之多中心的大一统转变为单中心治道的大统一，他是八百年封建制度思想的终结者。孔孟政治上之所谓保守，所要保守的内容之一正是周制中多元化的政治思想，而荀子之大统一也就意味着对传统多元化政治格局的否定。历史总是在悖论中前行，以郡县制来统一六国，从结束战乱看自然是个进步，但从社会分权和多元主义的视角来看，这又是

① 吴稼祥:《公天下：多中心治理与双主体法权》，广西师范大学出版社，2013年版，第155页。

② 钱穆:《国史大纲（修订本）》上，商务印书馆，1996年版，第82页。

一种退步，结果是一种新社会体制的形成，要理解它的性质，就不能不涉及荀子与法家的关系了。

二、治道模板

晚周政治发展的核心线索是从封建制到郡县制的转变，最为重大的政治事件则是中原外围的诸侯国，如韩国、魏国、楚国和秦国等，渐次强盛，它们的强盛多与一个新兴的学派——法家有关。被视为法家始祖的李悝，在魏国作《法经》，“尽地力之教”（《史记·孟子荀卿列传》），班固说他“相魏文侯，富国强兵”（《汉书·刑法志》）。吴起先在魏国“禽敌立胜”（《汉书·刑法志》），后到楚国“为楚悼王立法，卑减大臣之威重，罢无能，废无用，损不急之官，塞私门之请，一楚国之俗，禁游客之民，精耕战之士，……兵震天下，威服诸侯”（《史记·范雎蔡泽列传》）。申不害“学术以干韩昭侯，昭侯用为相。内修政教，外应诸侯，十五年。终申子之身，国治兵强，无侵韩者”（《史记·老子韩非列传》）。“受李悝《法经》以相秦”的商鞅为秦孝公变法，“移风易俗，民以殷盛，国以富强，百姓乐用，诸侯亲服，获楚、魏之师，举地千里”（《史记·李斯列传》）。可见，如果说春秋以前的治道典范源自儒家（如成康之治），春秋以后新崛起的势力却以法家为指导，精研富国强兵之道的荀子自然不会忽视这些重大历史事件，他本人到过以法家治国的秦国并对秦国的政教有过细致入微的观察：

> 秦人，其生民也狭厄，其使民也酷烈，劫之以势，隐之以厄，忸之以庆赏，遒之以刑罚，使天下之民所以要利于上者，非斗无由也。阸而用之，得而后功之，功赏相长也，五甲首而隶五家，是最为众强长久，多地以正。故四世有胜，非幸也，数也。（《荀子·议兵》）

荀子指出，秦国成功的关键在于使得人民要想获取利益和地位“非斗无由”，通过变法成功地将整个国家变成了一部战争机器，这正是秦国“四世有胜”原因所在。

荀子和应侯（范雎）之间还有关于秦国的如下对话：

> 应侯问孙卿子曰：“入秦何见？”孙卿子曰：“其固塞险，形势便，山林川谷美，天材之利多，是形胜也。入境，观其风俗，其百姓朴，其声乐不流污，其服不挑，甚畏有司而顺，古之民也。及都邑官府，其百吏肃然，莫不恭俭、敦敬、忠信而不楛，古之吏也。入其国，观其士大夫，出于其门，入于公门，出于公门，归于其家，无有私事也，不比周，不朋党，倜然莫不明通而公也，古之士大夫也。观其朝廷，其闲听决百事不留，恬然如无治者，古之朝也。故四世有胜，非幸也，数也。是所见也。故曰：佚而治，约而详，不烦而功，治之至也。秦类之矣。虽然，则有其諰矣。兼是数具者而尽有之，然而县之以王者之功名，则倜倜然其不及远矣。是何也？则其殆无儒邪！故曰：粹而王，驳而霸，无一焉而亡。此亦秦之所短也。”（《荀子·强国》）

这里荀子将秦“四世有胜”的原因联系到其民俗，他赞扬了秦国国民的淳朴畏法，将他们看作是古之民一样的典范；赞扬了秦吏的恭俭敦敬和忠信不楛，认为他们堪与古吏媲美；肯定了士大夫的明通而公，“无有私事”，认为他们就如同古代的士大夫一样；赞美了朝廷的行政效率，认为当今朝廷简直就像古时候的朝廷一样。他甚至将秦治作为治道的典范，赞叹其为“治之至也”。秦国不同阶层的人格风范在《荀子》中多次出现，说明秦治在其思想中的印象之深刻，并在客观上成为他设计理想治道的重要参照。但是，荀子是敏锐的，他同时发现了秦治的根本问题在于“无儒”，缺乏仁义而纯任法术。《商君书》将礼乐、诗书、修善孝弟、诚信贞廉、仁义、非兵羞战作为国家的六虱[①]，其无儒是必然的。于是，当李斯说秦国之兵加海内并“非以仁义为之”，而是因为“以便从事”时，立即遭到了老师的斥责：“非女所知也。”荀子又说：

① 高亨：《商君书注译》，清华大学出版社，2011年版，第116页。

> 彼仁义者，所以修政者也，政修则民亲其上，乐其君，而轻为之死。故曰："凡在于军，将率末事也。"秦四世有胜，諰諰然常恐天下之一合而轧己也，此所谓末世之兵，未有本统也。……今女不求之于本而索之于末，此世之所以乱也。(《荀子·议兵》)

荀子认为表面强大的秦军其实是"未有本统"，批评李斯舍本逐末，并断言表面上战无不胜的秦军已经是与全天下为敌的末世之兵，荀子成了最早预言秦国将灭亡的思想家。他同时给秦国开出一服"节威反文"的药方(《荀子·强国》)，但踌躇满志的秦国国君哪里还能听得进荀子的良言，他决意将自己的国策进行到底，直到"一夫作难而七庙隳"(《过秦论》)，需要汉代的政论家贾谊来替他进行深刻的历史反省，已为时晚矣。

荀子与李斯的师徒对话，为我们理解荀子的政治思想提供了一个难得的观察点，也将其政治设计的整体思路显露无遗。对荀子来讲，设计政体的指导思想与其说是"审周道"，不如说是"审秦制"，将秦制与儒家道德相结合。正是在此一目标下形成了荀子的治道理想：

> 儒者为之不然，必将曲辨：朝廷必将隆礼义而审贵贱，若是，则士大夫莫不敬节死制者矣。百官则将齐其制度，重其官秩，若是，则百吏莫不畏法而遵绳矣。关市几而不征，质律禁止而不偏，如是，则商贾莫不敦悫而无诈矣。百工将时斩伐，佻其期日而利其巧任，如是，则百工莫不忠信而不楛矣。县鄙则将轻田野之税，省刀布之敛，罕举力役，无夺农时，如是，则农夫莫不朴力而寡能矣。士大夫务节死制，然而兵劲。百吏畏法循绳，然后国常不乱。商贾敦悫无诈则商旅安，货通财，而国求给矣。百工忠信而不楛，则器用巧便而财不匮矣。农夫朴力而寡能，则上不失天时，下不失地利，中得人和，而百事不废。是之谓政令行，风俗美，以守则固，以征则强，居则有名，动则有功。此儒之所谓曲辨也。(《荀子·王霸》)

不难看出，荀子这里冠之以儒家之“曲辨”的治理图景，几乎是他前面所盛赞的秦治的翻版，所刻画的各阶层人物的精神面貌都十分近似，甚至有的用语都相同或相近（“忠信而不楛”“公道达而私门塞”等）。可是，荀子用了个点铁成金之法，在前面加上了“朝廷必将隆礼义而审贵贱”，以及“隆礼至法则国有常”，试图以此将它变成儒家的治道。

他在《君道》篇说：

> 至道大形，隆礼至法则国有常，尚贤使能则民知方，纂论公察则民不疑，赏克罚偷则民不怠，兼听齐明则天下归之。然后明分职，序事业，材技官能，莫不治理，则公道达而私门塞矣，公义明而私事息矣。……如是，则臣下百吏至于庶人莫不修己而后敢安正，诚能而后敢受职；百姓易俗，小人变心，奸怪之属莫不反悫。夫是之谓政教之极。故天子不视而见，不听而聪，不虑而知，不动而功，块然独坐而天下从之如一体，如四肢之从心。夫是之谓大形。《诗》曰：“温温恭人，维德之基。”此之谓也。

这里明确指出了他理想的治理模式的原则是“隆礼至法”，礼法结合。国家隆礼至法使得民众知道所遵循的客观准则，民众修己安正就能杜绝奸怪之属，再加以明分达治，就能实现天子无为而治的“政教之极”了。可见，隆礼至法的一个必要前提是要通过儒家的修身将百姓和官吏变成“温温恭人”，融合儒法的意图十分明显。但是，荀子的修身的重点并不是孔孟式的内在德性人格的成长，而首先是对礼法的敬畏和遵循，因为“学也者，礼法也”（《荀子·修身》），所谓“学至乎礼而止矣，夫是之谓道德之极”（《荀子·劝学》）。因此，荀子的治道理想隐含着一种人格理想，这一人格理想的原型深受他所称赞的“治之至也”的秦国的影响，而儒家的修身思想被借用来作为塑造这样一种畏法遵绳人格的手段。

在富国强兵方面如此卓有成效的秦制，却由于无儒而失去了“本统”，这似乎使得荀子深感不安，也启发他试图将礼义融合于秦制以弥补其根本缺陷。可是，儒家的道德软件如何植入一个如此僵硬的法家政体之中呢？为解决此一难题，他提出了颇有特色的治法和治人理论。荀子在《君道》中指出："有乱君，无乱国；有治人，无治法"，"法者，治之端也；君子者，法之原也"。君子是治道的本原，法是治道的把手，君子当政才是实现良治的关键。他在《君道》中又说"官人守数，君子养原"。那么，君子如何发挥治之原的作用呢？荀子接着说："故上好礼义，尚贤使能，无贪利之心，则下亦将綦辞让、致忠信而谨于臣子矣。如是则虽在小民，不待合符节、别契券而信，不待探筹、投钩而公，不待衡石、称县而平，不待斗、斛、敦、概而啧。故赏不用而民劝，罚不用而民服，有司不劳而事治，政令不烦而俗美。百姓莫敢不顺上之法，象上之志，而劝上之事，而安乐之矣。"（《荀子·君道》）这自然是孔子"其身正，不令而行"的理路，只要为上者本身率先垂范和不贪私利，民众就能辞让忠信和守法顺上。萧公权总结荀子的治人与治法思想具有两重含义："一曰徒法不能自行，二曰君子足以为治"[①]，点明了荀子融合儒法的意图，其说甚是。但他同时认为其"君子足以为治之义……皆与孔子之意合，而足见荀学之根本异于法家"[②]，则需要具体分析。

的确，荀子以治人为先是继承了孔子的德治思想，其治法却更近于以郡县制为基础的秦制。为了弥补秦制"无儒"的缺陷，荀子将治人置于治法之上，正是要在秦制的身子上安上一颗儒家的头颅，以让法家的体制服务于儒家的理想，这确实是一个前无古人的设计，而他所谓的治人（君主），则成了儒法之间沟通的桥梁，荀子的设计是否成功，端赖作为君主的"治人"能否胜任此一重大使命。

荀子的君主"势至重而形至佚"（《荀子·正论》），他不仅位于那个等级森严的官僚体系的顶点，全权负责"论德使能而官施之"（《荀子·王霸》），而且是作为治国之纲领的礼义的创立者，所谓"礼义者，治之始也；君子者，礼义之始也"（《荀子·王制》），君主被提高

① 萧公权:《中国政治思想史》(一)，辽宁教育出版社，2011 年版，第 109 页。
② 同上。

到前所未有的地位，《荀子·礼论》中说的“君师者，治之本也”表达了同样的意思。另外，荀子政制中也没有为君主设置任何约束条件。

孔孟的德治也是人治，但是，他们并没有完全将希望寄托在君主本人的道德自觉上。原始儒家曾经构建过对君权的三种制约形式：天命的、道统的和贵族的。天命的制约就是“皇天无亲，惟德是辅”（《周书·蔡仲之命》），道统的制约就是“以道事君，不可则止”（《论语·先进》），贵族的制约就是孟子在谈到贵戚之卿时说的“君有大过则谏，反覆之而不听，则易位”（《孟子·万章》）。显然，孔孟并不主张绝对的君权。可是，这三种制约在荀子那里统统消失不见了。荀子首先通过完全否定天命思想而放弃了这种基于古代宗教的制约形式。至于道统制约，尽管荀子引用过“《传曰》：从道不从君”（《荀子·臣道》）的话，可是荀子的道究竟又是什么呢？“道者何也？曰：君道也。君者何也？曰：能群也。”（《荀子·君道》）荀子似乎被当时的社会乱局吓怕了，他将群居合一上升为至高无上的目标，而没有考虑为这一目标的实现设定任何制约条件。在这种压倒一切的单一目标支配下，道本身蜕变为君道，君则成了道的化身。同时，他将礼义完全政治化，从理论上消解了道统的独立性，所谓的道统已经名存实亡，“从道不从君”又从何谈起呢？至于贵族的制约的基础已不存在，因为荀子的郡县制中连贵族的影子都没有了。从周制到秦制的关键在于抑贵族而尊君权，在这方面最为成功和彻底的是法家。孔子也尊君权并强调“礼乐征伐由天子出”（《论语·季氏》），但他要维系的是一个合多为一的大一统封建政体，贵族是其中不可缺少的组织力量，而君主的权力无疑是受到贵族制约的。但是，法家自春秋以降就致力于废贵族和世卿世禄而强化君权，从而使得封建制度下约束君权的社会力量被扫荡一空。李斯曾称引申不害之言曰：“有天下而不恣睢，命之曰以天下为桎梏。”[①]（《史记·李斯列传》）韩非亦称引申不害的话：“独视者谓明，独听者谓聪，能独断者可以为天下王。”（《韩非子·外储说右上》）申不害的君主集权理想，成为荀子政制设计的重要指导思想。在

① 蒙文通：《先秦诸子与理学》，广西师范大学出版社，2006年版，第145页。

封建制下受到三种约束的君权，经由法家和荀子的共同努力，最终演变成“独制于天下而无所制”[①]的君主集权。

由于荀子对君主没有任何制约的措施，甚至连天命的制约也解构了，剩下的只是一种关于君主的圣王理想，一个抽象的假说，所以他笔下的君主也显示出某些天神的特征：

> 天子者，势至重而形至佚，心至愉而志无所诎，而形不为劳，尊无上矣。衣被则服五采，杂间色，重文绣，加饰之以珠玉；食饮则重大牢而备珍怪，期臭味，曼而馈，代皋而食，雍而彻乎五祀，执荐者百人侍西房；居则设张容，负依而坐，诸侯趋走乎堂下；出户而巫觋有事，出门而宗祝有事，乘大路、趋越席以养安，侧载睪芷以养鼻，前有错衡以养目，和鸾之声，步中《武》《象》，趋中《韶》《护》以养耳，三公奉軶持纳，诸侯持轮挟舆先马，大侯编后，大夫次之，小侯、元士次之，庶士介而夹道，庶人隐窜，莫敢视望；居如大神，动如天帝，持老养衰，犹有善于是者与不？（《荀子·正论》）

这一段汉大赋式的描写，将传统社会君主的威势、奢华和光芒尽情铺陈渲染，他“居如大神，动如天帝”，诸侯百官尚有持轮挟舆、夹道拜瞻的机会，至于一般的庶人，只有望风隐窜的份儿了。这与孔孟笔下的君主形象已经不可同日而语了。孔子将君臣关系置于礼的规范之下，所谓“君使臣以礼，臣事君以忠”（《论语·八佾》），由于礼的规范是双向的，君与臣双方都处在礼的约束之中。孟子则认为：“人不足与适也，政不足间也，惟大人为能格君心之非”（《孟子·离娄上》），更强调“大人”依据儒家道统对君主的道德训诫与规范意义。可是，在荀子那里，由于“礼”在许多情况下事实上已经成为“法”，君臣之间双向的伦理义务已经被单向义务所替代。

这样一个君主，兼备儒家的礼仪和法家的威势于一身，能够成为实现儒家社会理想的工具吗？如前所述，荀子要求作为治之原的君主

① 萧公权：《宪政与民主》，清华大学出版社，2006年版，第71页。

好礼义、尚贤能、无贪利，不过是一厢情愿的假设，如果君主的个人爱好恰好相反，荀子没有告诉我们任何制约办法。荀子否定主宰之天之后，君主俨然已经变成了天。

那么，这样“居如大神，动如天帝”的君主，与民众的关系是什么样的？荀子说：“故曰：君子以德，小人以力。力者，德之役也。百姓之力，待之而后功；百姓之群，待之而后和；百姓之财，待之而后聚；百姓之势，待之而后安；百姓之寿，待之而后长。父子不得不亲，兄弟不得不顺，男女不得不欢。少者以长，老者以养。故曰：‘天地生之，圣人成之。’此谓也。”（《荀子·富国》）民众不但在道德上依赖于君主的教化，就连他们的力量、组织、财富、势力以至于寿命，都完全依赖于君主来成就。甚至是父子之亲、兄弟之顺和男女之欢，这些基于人之天性的人伦关系，也被荀子说成是君上的恩典，连人伦关系也被政治化了。如此一来，百官庶人除了敬节死制和忠信不楛之外，已别无选择。

荀子治道的最高理想是海内之众如同一人般供君主支使，这自然是化多为一的典范。他屡屡强调“亿万之众而抟若一人。如是，则可谓圣人矣”（《荀子·儒效》），“推礼义之统，分是非之分，总天下之要，治海内之众，若使一人”（《荀子·不苟》），惟有如此，才能取得“将死鼓，御死辔，百吏死职，士大夫死行列”（《荀子·议兵》）的效果，为孔孟儒学所珍视的个体人格价值和人道尊严已经销蚀殆尽。

正是在这样的前提下，荀子才意欲“息十二子之说”，因为“夫民易一以道而不可与共故，故明君临之以势，道之以道，申之以命，章之以论，禁之以刑。故其民之化道也如神，辨说恶用矣哉”（《荀子·正名》）。故荀子认为“君子行不贵苟难，说不贵苟察”（《荀子·不苟》），认为“言无用而辩，辩不惠而察，治之大殃也”（《荀子·非十二子》），感叹“今圣王没，天下乱，奸言起，君子无执以临之，无刑以禁之，故辨说也”（《荀子·正名》），所以才务要“息十二子之说”，主张“才行反时者死无赦”（《荀子·王制》）。这就关闭了一切社会舆论空间，标志着光辉灿烂的百家争鸣时代即将结束。

尤为值得注意的是，“息”其他各家的学说倒也罢了，荀子还用十分不堪的语言批判思孟学派，甚至将子夏、子游、子张等孔子第一代弟子说成是“偷儒惮事，无廉耻而耆饮食”（《荀子·非十二子》）的贱儒，令人瞠目。子夏、子游、子张皆列孔子七十二贤人之列，对孔子之道心悦诚服；孟子称“昔者窃闻之：子夏、子游、子张皆有圣人之一体”（《孟子·公孙丑上》）；荀子却用如此语言攻击他们，说明儒家内部的裂变已经到了水火不容的程度。何以至此？《商君书》将“《诗》、《书》、礼、乐、善、修、仁、廉、辩、慧”作为国家的十大祸患[①]，认为这是由于“法令不明，名分不定，天下之人得而议之”[②]，只要定名分，一法令，“以法为教，以吏为师”（《韩非子·五蠹》），天下自然太平无事。借用政治力量完成了思想言论上的化多为一，这是秦制以军事力量完成政治上的化多为一的必然结果。在荀子那里，我们已经看到了相似的理路：

> 故王者之制名，名定而实辨，道行而志通，则慎率民而一焉。故析辞擅作名以乱正名，使民疑惑，人多辨讼，则谓之大奸，其罪犹为符节、度量之罪也。故其民莫敢托为奇辞以乱正名。故其民悫，悫则易使，易使则公。其民莫敢托为奇辞以乱正名，故壹于道法而谨于循令矣。如是，则其迹长矣。迹长功成，治之极也，是谨于守名约之功也。今圣王没，名守慢，奇辞起，名实乱，是非之形不明，则虽守法之吏，诵数之儒，亦皆乱也。（《荀子·正名》）

王者制名是为了正名，正名是为了辨惑，辨惑是为了使民“壹于道法而谨于循令矣”，这与法家的以吏为师如出一辙。荀子的主观愿望是将儒家道德引入秦国政体，但是，为了与一种截然不同的权力结构相适应，他不得不对儒家道德进行脱胎换骨的改造，经过这番改造，他才发现子夏、子张和思孟的儒家都不是真正的儒家，只有荀学才是孔学之正宗。果真如此吗？

① 高亨：《商君书注译》，清华大学出版社，2011 年版，第 49 页。
② 同上书，第 198 页。

三、治人与治法

荀子的政治思想游走于儒家的道德和法家的政制之间，他力图通过二者的综合解决当世的政治困局，他为此而设计治人和治法两个基本点，试图以治人范导治法，以治法强化治人。但这两个基本点发挥作用的机理并不相同，其中基于秦制的治法是切实的和刚性的，而他理想中的治人则是软性的和或然的。按照荀子"有治人，无治法"(《荀子·君道》)的说法，治人是政制中的核心部件，但这个至为重要的核心部件，却面临两个极为不确定的问题：我们不知道它是如何产生的，也不知道万一它背离儒家道德将如何处置，而这两个问题恰恰是政治学的核心问题，即权威的来源和权力的制约问题。更有甚者，荀子的这种假设违背了他自己的人性预设，当他断言人性本恶时，他用的是全称而非特称，显然没有人可以例外，那么君主能够无条件地遵循儒家道德的假设是难以成立的。所以他的儒法互补的治道理论中蕴含着一个危险的漏洞：他所设想的治人是虚幻的，而秦国式的法家政体却是实实在在的，虚幻的圣君理念如何能够制约一种实在的集权体制呢？因为儒家式的道德教化的机制也无法起作用，所以他终究不能不依靠法家式的专制。荀子将良治的希望完全寄托于治人，指望其成为从法家政制到儒家王道的转换媒介，这一设计缺乏必要的人性论基础和现实保障。

于是，在他的政治价值和政治体制之间就出现了深层断裂，因为儒家王道与法家政制之间并不存在兼容性。政治体制是处理权力和利益的分配的机制，一种政治体制具有什么样的政治行为，不是取决于设计者的良好意愿，而是取决于它的权力结构。决定政治行为的是体制而非口号，一个法家式政体，绝不会因为贴上了一个儒家的标签就自动演变为儒家王道。

其实，荀子的治道并非孔子的礼治，而是孔子礼治的异化。孔子说："道之以政，齐之以刑，民免而无耻。道之以德，齐之以礼，有耻且格。"(《论语·为政》)这是孔子治道理想的经典表述，其中的

"政"，朱熹的《论语集注》解释为"谓法制禁令也"，也就是政府的政策法令，而刑则是违背政策法令的惩戒刑罚，政与刑都是具有强制性的政治措施，德与礼都是躬行示范的教化措施，教而化之，人有了内心的感动兴发，才会"有耻且格"。《孔丛子·刑论》中孔子答古今刑教的区别时所说的一段话，可与此相互发明："孔子曰：其为教，古之有礼然后有刑，是以刑省。今无礼以教，而齐之以刑，刑是以繁。"[①]孔子的话表明，礼的核心在于"教"，它显然是教化措施而非政治措施。可是，荀子礼论的特征恰恰在于将礼政治化，使其从教化性的措施变成了强制性的措施，使其变成了事实上的"法制禁令"。《荀子·性恶》篇说："故古者圣人以人之性恶，以为偏险而不正，悖乱而不治，故为之立君上之势以临之，明礼义以化之，起法正以治之，重刑罚以禁之，使天下皆出于治，合于善也。"显然，荀子认为礼之政治化的原因在于性恶，性恶使得道德缺乏内在依据，才不得不转向了强制性的刑罚，所谓的"明礼义以化之"只不过是由治人制定一些硬性的政策规定而已。因此，荀子的隆礼重法尽管打着礼治的旗号，却借助表面上的齐之以礼，走向了实际上的齐之以刑，因为礼一旦被诠释为强制性的政治规范，就必定蜕变为法。

从主观上讲，荀子试图用儒家道德约束法家式的体制，通过治人将治法引向公天下的方向。但由于他放弃了对法家体制的约束，加以法家体制向德政的转化缺乏必要的人性论基础，致使荀子思想中的儒法两种因素无法有机融合。实际上，儒家之仁爱无法融合于法家式体制，就像油脂不可能溶解于水。于是，儒家道德与法家体制的内在冲突，就成为荀学体系的基本矛盾。由于儒家的王道理想与法家体制无法兼容，它们的共生必将导向一个表里不一的社会，一个以儒家的道德为标榜而以法家刑治为内涵的二重性政治生态。由于荀子否定了人有自我完善的能力，他认为所谓的善并不是出于性，而是来自"伪"，即礼义的约束和积习，实际发生作用的只能是治人的严格督查、法制禁令的强制以及赏罚功利的引诱恐吓。这种治道与儒家所倡导的德治

① 傅亚庶：《孔丛子校释》，中华书局，2011年版，第77页。

实际上是矛盾的，所以，我们在荀子的政治学说中就读出了两种截然不同的气息：其论修身与为学则宽和温润，所谓“无不爱也，无不敬也，无与人争也，恢然如天地之苞万物”（《荀子·非十二子》）；但一谈起政教立即一派杀气，不但要“临之以势，道之以道，申之以命，章之以论，禁之以刑”，还要息十二子之说，视为“治之大殃也”。这种矛盾正是荀学学理上内在矛盾的必然。理解了荀子政治思想中儒法之间的基本矛盾，我们就可以理解荀子笔下的儒、臣、民之变异，以及由此引发的其著述中的一系列矛盾。

首先，道统与君统的矛盾。孔子明确将君统和道统区分开来，将道统置于君统之上，不但感叹“朝闻道，夕死可矣”，而且主张“以道事君，不可则止”（《论语·先进》），正因为有了这样的定位，才有了孟子的“格君心之非”与“易位”说。孟子依然将君主的权力置于国人的制约之下，这是一种古代贵族制下的权力约束形式，尽管稍显原始，但其中指向与意图是清晰无误的。从表面上看，荀子依然宣称“从道不从君”（《荀子·臣道》），认为大忠者“以道覆君而化之”（《荀子·臣道》），并将“谏、争、辅、拂之人”说成是“社稷之臣也，国君之宝也”（《荀子·臣道》），不过，这些并非荀子的发明，而是在重复孔子思想。实际上，这些“谏、争、辅、拂之人”及其所代表的精神都难以纳入荀子所设计的政治结构之中，因为“道”已经变成了“君道”，君也成了道的化身，而政体本身又是完全垂直型的，无论从权力结构还是精神与人格领域，都没有这样的谏诤之臣生存并发挥作用的空间。于是，我们在荀子的理论中发现了关于臣子的两种不同的肖像：一是源于孔学的以道自任的大臣，一是那种源于秦制的畏法而遵绳、敬节而死制的愚忠之臣，甚至是“迫胁于乱时，穷居于暴国，而无所避之，则崇其美，扬其善，违其恶，隐其败，言其所长，不称其所短”（《荀子·臣道》）的权术之臣。显然，二者具有完全不同的精神气质，但他们却在《荀子》中同时出现，因为前者是孔子之道所要求的，后者则是秦国的政制所必需的。荀子是实事求是的，他综合了儒法两种不同的政治思想，也就同时综合了两种截然不同的臣道。

其次，君本和民本矛盾。荀子说："天之生民，非为君也；天之立君，以为民也。"（《荀子·大略》）这是儒家的民本思想，可是，一涉及具体的政治体制，便会发现完全不同的情形。荀子将群而无分则争视为天下大患，认为"人君者，所以管分之枢要也"（《荀子·富国》），正是人君将民众从你争我夺的自然状态解救出来。所以荀子多次将君上说成是"民之父母"："君子者，天地之参也，万物之总也，民之父母也。"（《荀子·王制》）这里的"君子"，其实是君主，《君子》篇通篇讲的都是君主之道。"彼君子者，固有为民父母之说焉"（《荀子·礼论》），在荀子看来，由于君主对人民不仅"饮之食之"，而且"教之诲之"（《荀子·大略》），以至于说："父能生之，不能养之；母能食之，不能教诲之；君者，已能食之矣，又善教诲之者也。三年毕矣哉！"（《荀子·礼论》）君恩兼父母恩故超越父母恩之上，表明在他的思想中政治因素已经压倒了家庭和社会伦理。因此，从思想上看是民本，从本质上看，却又是实实在在的君本，这是法家体制对儒家民本思想的异化。

君本与民本问题与荀子的公私之辨有关。荀子受法家影响强调公私之辨，他盛赞秦国官员的"法度而公""明通而公""公道达而私门塞矣，公义明而私事息矣"（《荀子·君道》），《荀子·修身》篇更要求以"公义胜私欲"。然而，在一个法家式社会，究竟由谁来代表公，公与私之间的关系究竟应当如何辩证，荀子似乎没有仔细考虑。其结果，诚如黄宗羲所言："人君……以为天下利害之权皆出于我，我以天下之利尽归于己，以天下之害尽归于人，亦无不可。使天下之人不敢自私，不敢自利，以我之大私为天下之公……今也以君为主，天下为客，凡天下之无地而得安宁者，为君也。是以其未得之也，屠毒天下之肝脑，离散天下之子女，以博我一人之产业，曾不惨然。"[①]黄宗羲所言"以我之大私为天下之公"，正是"以君为主，天下为客"的必然结局。荀子设计的儒表法里的政治体制，由于缺乏对君权的基本约束，天下之"公义胜私欲"的目标注定难以实现，这大概也是自以为坚持

①〔明〕黄宗羲著、孙卫华校释：《明夷待访录校释》，岳麓书社，2011年版，第8页。

民本的荀子所未曾料到的。黄宗羲思想的深刻之处，就在于他打破了荀子儒法表里的政制设计的理路，揭示了其与儒家民本的内在矛盾。之所以如此，是由于黄宗羲突破了单纯的儒家道德理想主义的政治维度，将利益保障和权力结构问题正式引入了儒家政治哲学的视野，将君本与民本的对立以前所未有的形式展现在人们面前。荀子设计中并未给道德人格成长留下空间，他在《王霸》和《王制》篇中都要求农夫“朴力而寡能”，要农民“朴力”是可以理解的，但要求他们“寡能”则体现了法家的反智主义。他还说：“孝弟原悫，軥录疾力，以敦比其事业，而不敢怠傲，是庶人之所以取煖衣饱食，长生久视，以免于刑戮也。”（《荀子·荣辱》）庶人生活的意义只是为了吃饱喝足、长生久视和免于刑辱，由孔子所开出的人道价值与尊严不见了。

再次，师儒到官儒的矛盾。经过孔子与七十子的努力，儒者的人格内涵已经确定，儒者乃是儒家道统的承担者，“君子喻于义，小人喻于利”（《论语·里仁》）是儒者人格的基石，以道自任则是儒者的文化担当，而朝闻夕死和“杀身成仁”则是儒者的人格境界。荀子也肯定君子人格的意义：“志意修则骄富贵，道义重则轻王公，内省而外物轻矣”（《荀子·修身》），以及“君子贫穷而志广，富贵而体恭”（《荀子·修身》）等。但是，通观论述儒者人格的《劝学》《修身》《儒效》诸篇，他对儒的定义显然已经偏重了另一面向。《儒效》篇中，在回答秦昭王关于“儒无益于人之国”的提问时，荀子说：“儒者，法先王、隆礼义、谨乎臣子而致贵乎其上者也”，儒者成了忠于职守而又能“致贵乎其上”的模范公职人员。后文荀子又进一步说明了儒在本朝、下位和为人上所具有的政治功能，比较了君子和知者、辩者、农人、工人的差异，指出其职能在于“商德而定次，量德而授官，使贤不肖皆得其位”（《荀子·儒效》），这种基于行政功能对儒的定位倒是孔孟所不太强调的。荀子从富国强兵的目的出发，认为“儒术诚行，则天下大而富，使而功”（《荀子·富国》）。可见，荀子主要从行政和功利的角度来定义儒者，而内圣一面恰恰是被忽视的。孔子开辟了道在师儒的传统，可在荀子那里，儒已经从师儒变成了官儒。所以，他对儒的定义才令秦昭王称善（《荀子·儒效》）。荀子将儒者分为俗儒、雅儒和大儒，他在讲到大儒之效时首先引证的是周公，其依据则是周公的事功。曾经有人引用孔子评周公的话说："周公其盛乎！身贵而愈恭，家富而愈俭，胜敌而愈戒。"而荀子认为这"殆非周公之行，非孔子之言也"（《荀子·儒效》）。他用南面摄政朝诸侯证明周公非恭，用周公封七十一国而姬姓独居五十三人证明周公非俭，用辅佐武王诛纣证明周公非戒。其实，从周公发布的多篇文诰以及周公对天命那种恐惧戒慎的心态看，被荀子否定的说法并非与周公的品德不协调，倒是周公品德的真实写照。荀子却基于其过度外王化的大儒观将其否定了。孔子所规划的内圣外王相统一的儒者人格，在荀子这里主要已经演变为外王之儒。如果我们将孔子所开创的原始儒学看作是君子儒学，即以成就君子人格为最终目的的儒学，那么，荀学尽管也强调修身的意义，但是由于荀子已经将儒者过度体制化，体制儒学已经压倒了修身儒学的意义。如果我们把儒学的发展分为以人格养成为目的的君子儒学和以体制化为特征的官宦儒学，则荀子正是从前者向后者转变的关键人物。儒者地位的功利主义转向，使得他有时不免忘记了自己曾经强调过的儒者独立人格，而大谈人臣的"持宠、处位、终身不厌之术"（《荀子·仲尼》）。荀子勾画出一幅媚态十足的儒者图像，并不是偶然的，那恰恰是秦制中臣子人格的典范。考虑到荀学中儒家道德理想与法家式的专制制度的内在矛盾，其中出现如此背反的儒者形象就不足为奇了。

四、学派与影响

经过以上分析，我们可以对荀子究竟是儒家还是法家得出一个基本结论。荀学的学派归属自唐宋以来就争论不休，直到今天，荀子或被看作儒家，或被看作法家，或被说成是儒法之间的人物。韩退之对荀子有"大醇小疵"之说（《读〈荀子〉》）之说，这引致了理学家的批评。程颐认为韩退之"其言荀、扬'大醇小疵'，此非也。荀子极偏驳，只一句‘性恶’，大本已失”（《河南程氏遗书》卷十九）。朱子以为：“荀扬不惟说性不是，从头到底皆不识”，又说“荀卿则全是申韩，观《成相》一篇可见”（《朱子语类》卷一三七）。可见，程朱将荀子归入法家主要依据的是其性恶论，但是仅凭性恶论就断言荀子“全是申韩”似乎有些简单化，因为性恶论本身并不能说明荀子放弃了儒家道德的价值。

蒙文通曾从中国古代民族历史与学术流变之关系的角度，断言春秋以降所形成的东方儒家与晋、秦等北方法家不相容[①]，并对荀卿之学作了如下评论：

> 盖“性恶”“制天”之说，众莫能自拔于北方之习，囿于戎狄之化，不能契合于仲尼孟轲。自子夏居西河，荀卿起于赵，东方儒者之学得被于北方，而有北方之儒，此儒之异派也，不足以言邹、鲁之旨，未契于仁义之微。[②]

蒙文通从古代民族演化与学术变迁的角度，将荀学定于北方法家之学而归于儒家之异派，是一种值得注意的结论。

萧公权对荀学的定位颇显犹豫。他一方面认为“荀子欲以君长之礼义，救人性之偏险。若君道或缺，则暴乱随起。个人于此，方救死之不遑，岂能妄冀独善。故立政以前，无以修身，而政治生活之外，不复有私人道德生活之余地。荀子虽未明白肯定个人有绝对之政治义务，实已暗示法家之重国轻人之旨。史称韩非李斯并出荀门，然则荀子所以为孔门异端者，正其所以为法家先进也”[③]，认为“至荀子为人君立正名禁惑之法，则不啻始皇焚书之始作俑者”[④]，这基本是将荀子归入了法家。可是他同时又断言“荀子之政治思想以法为末，以人为本。故接近申商者其皮毛，而符合孔孟者其神髓也”[⑤]，与前面的结论未免有

① 蒙文通：《先秦诸子与理学》，广西师范大学出版社，2006 年版，第 151 页。
② 同上书，第 22 页。
③ 萧公权：《中国政治思想史》(一)，辽宁教育出版社，2011 年版，第 103 页。
④ 同上书，第 107 页。
⑤ 同上书，第 108 页。

抵牾之处。他在分析了荀子的治人与治法思想后，则说了下面一段话：

> 虽然，吾人不禁有感焉。孔孟重君主之道德而不重其权势，申商重君主之权势而不求其道德。荀子乃兼重之。集成其美，其说似臻尽善。然而一考其实，则当世之君或为其所及见者，齐则威、宣、湣，燕则子哙，楚则顷襄，赵则孝成，秦则昭襄。凡此诸君之中，无一可为荀子治人理想之根据者。及至秦汉以后，曲学之儒，窃取荀子尊君之义，赋以治人之说，阿君之好，极尽推崇。流风所播，遂之昏庸淫暴之主，不仅操九有之大权，亦得被重华之美号。以实乱名，贻害匪浅。此虽荀子所不能逆睹，而其立说之有未安，亦由此可依推见。尚不如孔孟专重君德，或可补封建之阙，申商倚任治法，或可防专制之弊。此后两千年间欲求荀子入秦所见之治，已不可多得，则荀子所图兼者或竟两害之欤？①

虽然萧公权说荀学符合孔孟之精神，但是，面对历史史实，他又不免发出了深深的疑问。不仅荀子生前身后符合他治人理想的君主寥若晨星，而且后世之昏暴君主还往往将荀子之说变成自我粉饰的工具。萧公权不禁疑惑这是否由于荀子之说存在“未安之处”。他用疑问的语气说道，荀子本来是想将儒家的德治与法家的法治结合起来，从而兼得其美，可是，实际的结果是既失去了君德可以补封建之阙的作用，又丧失了任法以限制绝对君权之效，岂不是由“两兼之”变成了“两害之”吗？萧公权以此疑问结束其分析，疑问来自他对荀学之学派归属的两种彼此矛盾的判断。

萧公权在荀子评价中的矛盾，某种意义上也可以说是荀说本身矛盾的反映。荀子的治人治法之论意在兼综儒法，其中儒与法的成分俱在，要客观判断荀学学派归属，应当超越单纯心性论的视角，从其学说本身中儒法两方面的内在关系之中进行更为深入的辨析，其中政治的视角尤其重要。

毫无疑问，荀子以孔子的正宗传人自居，他会说自己意在将战国

① 萧公权:《中国政治思想史》(一)，辽宁教育出版社，2011 年版，第 109-110 页。

晚期政治纳入儒家道德的轨道。荀子将治人置于治法之上的观点似乎也可以为之辩护。但是，孔子道德学说的核心是摄礼归仁，仁礼并重，通过对周文的创造性诠释将西周的礼乐制度奠基于仁道的基础之上，道德具有了超越于政治之上的意义进而指引政治，这便是孔子的德治的深层含义。可是，荀学摄仁归礼，隆礼义而杀诗书，以外在性的礼义作为道德的本质，而礼义又是圣王的制作，这就将道德外在化、形式化和政治化，实际上否定了孔学的基本进路，而使得对周文的理解退回到了孔子之前。此种礼义化的道德观同时消解了道德的独立性以及独立道德人格的可能，将道德问题完全纳入了政治轨道，而法家式的政治体系与孔孟式的道统意识、道德观念实难相容。另外，孔孟将道德追溯到天命和天道，主张“君子有三畏：畏天命，畏大人，畏圣人之言”(《论语・季氏》) 以及“尽心知性而知天”(《孟子・尽心上》)，使得儒家道德具有超越性意义而不同于一般的社会伦理，儒家道德某种程度上相当于西方的自然法，具有高于政治且能范导政治的意义。但荀子否定天命，主张天人二分，使得儒家道德和道统的超越性意义被消解。道德的异化和道统的消解，使得荀子的道德失去了自律的品格，但他所谓的德治实际上同样也被消解了。

如果说荀子礼义化的道德观导致了儒家道德的虚置和儒家道统的消解，他以秦制为模板所建立的法家集权政治却是铁一般的历史实在。这一虚一实之间，荀学的客观效果也就决定了。荀子身处分封制已成崩解之势的战国末期，秦制的胜利只是时间问题。鉴于荀子认定了秦制之大弊在于“无儒”，他便试图将儒家道德嫁接到秦国的国家机器之上，以解决儒家道德的传承问题，也由此顺应当时的客观时势。但是，儒家道德与秦制本身难以兼容，为此，荀子不得不对儒家道德同样进行新诠释，他隆礼义而杀诗书，建立了以礼义为基础、以隆礼重法和礼法互补为特征的思想体系。可是，经此一番改造，儒家的道德思想被强行植入法家的身体之后，已非本来面目，礼本身已经“法”化，成了与法本质上没有差异的外在的强制性的政治规范。荀子论述礼的起源说：

> 礼起于何也？曰：人生而有欲，欲而不得，则不能无求；求而无度量分界，则不能不争；争则乱，乱则穷。先王恶其乱也，故制礼义以分之，以养人之欲，给人之求，使欲必不穷乎物，物必不屈于欲，两者相持而长，是礼之所起也。(《荀子·礼论》)

有学者分析说："这一段说的虽是礼的起源，但他所注视的却是法——'物'的'度量分界'。如果把引文中的'礼'换成'法'字，不就成为法的起源论了吗？"[①]这是十分敏锐的观察，因为荀子的礼本质上与法是相近的。

因此，荀学的核心在于将孔子"合外内之道"(《中庸》)的道德改造为主要是外在化和形式化的道德，荀子的礼已非孔子的礼，而实际上等同于法家的法，而之所以必须进行这一改造，乃是因为只有这样它才能够与秦制彼此适应。吕思勉说"荀子专论礼，而精神颇近法家"[②]，其原因正在于此。不仅如此，荀子否定天命、主张性恶、重视刑罚、强调功利、国家至上、君权至尊等思想都与法家相一致[③]。因此，从天道观、人性论、道德观以及政治观等所构成的思想整体而言，荀学更近于法家而远于儒家。

分析至此，荀子对子游、子夏和思孟的刻薄之辞就不难理解了，因为不管是道德精神还是政治思想，荀子都与他们有深刻的分歧。正是此种分歧，荀子对同宗孔子的思孟学派以及子游、子夏的批评之激烈程度，远远超过对其他学派的批评。这是因为荀学对孔学的异变太大了，大到与被孟子称为"皆有圣人之一体"(《孟子·公孙丑上》)的子夏、子游、子张之学都难以相容的程度。但是，我们不禁要问，如

① 侯外庐、赵纪彬、杜国庠:《中国思想通史》第一卷，人民出版社，1957年版，第575页。

② 吕思勉:《先秦学术概论》，东方出版中心，1996年版，第84页。

③ 蒙文通说:"荀之《天论》《礼论》《性恶》皆邻于申商之途，而其所以立仁义者，实又出于老庄之旨，盖明不足以知孔孟之微，而彷徨以乱采索之旨，激而攻难孟子之义，亦可悲也。"其说可参。见刘梦溪主编:《中国现代学术经典·廖平 蒙文通卷》，河北教育出版社，1996年版，第523-524页。

果一种学说与子游、子夏、子张和曾子的学说对立到如此地步，它还是儒学吗？因为以上四子毕竟是亲炙孔子多年，名列七十二贤人，俱为正宗的孔学传人。事实上，不否定七十子中这些代表人物的正统地位，荀学就难以进入儒家的行列。但是，这种差异也迫使我们面对如下不容回避的问题：荀子和他们，哪一方更近于真正的儒家？

在《荀子》的最后一段，荀子的弟子这样描述他们的老师："孙卿迫于乱世，鰌于严刑，上无贤主，下遇暴秦，礼义不行，教化不成，仁者绌约，天下冥冥，行全刺之，诸侯大倾。"（《荀子·尧问》）这确是对老师充满同情的理解。但是，荀子的学术理想实现了吗？从以上分析看，答案倾向于否定的一方。应该说，荀子想在新的时代条件下传承儒家道德的愿望是不容否认的，他为此设计的那个庞大思想体系也显示出巨大的综合性和创造力，此一体系在后来的中国政治生活中发挥了重要作用。可是，荀子当初用儒家道德驯化法家体制的目标并未实现，荀学中儒法消长的结果，不是儒家道德驯服了法家的专制，反而是法家的专制异化了儒家道德，使得儒家的礼实质上蜕变为法家的法。因为法家政治是一种权力机制，不可能仅仅通过道德理想主义的思想加以驯服。

因此，综合荀子天道观、人性论、道德观以及政制设计诸方面看，我们无法将荀子列为正宗的儒家。但是，他与商鞅以及韩非等法家确有所不同，他主观上是想综合儒法，以儒家道德去弥补法家政制的缺憾。因此，就其思想体系的内涵看，我们不能将他看作是正宗的儒家，也不能称之为纯粹的法家，甚至也不能称之为法儒（法家化的儒家），客观上应将他定位为儒法（儒家化的法家）。所谓儒法，就是期望君主本人信奉儒家的道德价值而在政治上实行法家制度，进而使得儒家思想发生一系列异化，它是战国末期儒法合流的产物。儒家化的法家的特征在于以儒家的意识形态结合法家政治模式，儒家其表而法家其里，儒家之装潢而法家之精神，这是荀子将儒家道德学说引入法家制度后的必然结果。

荀子设计的这套儒法体制在中国政治史上发挥了重大影响，如果说秦以前的制度由文武周公奠基，由孔子作了系统阐发，那么秦以后的制度实际上更近于荀子的规划。汉宣帝所说的“汉家自有制度，本以霸王道杂之，奈何纯任德教”（《汉书·元帝纪》），无意间透露了中国两千余年间君主制度儒表法里之“天机”，这一制度的思想骨干与理路是由荀子确立的。谭嗣同所说的“故常以为两千年来之政，秦政也，皆大盗也！两千年来之学，荀学也，皆乡愿也。惟大盗利用乡愿，惟乡愿利用大盗”[①]，言辞虽有些偏激，并且我们也不能简单地把荀学说成是乡愿，但是，荀学的确堪称秦以后两千年儒表法里政治的思想代表，其与孔子在政治思想与设计上的差异是显而易见的。荀子综合儒法思想时所产生的矛盾，客观上使儒家思想发生了一系列异变。就此而言，宋儒断言荀学背离了儒家道统并非无的放矢。正是秦制和孔子思想的内在矛盾，使得秦以后“其间虽或不无小康，而尧、舜、三王、周公、孔子所传之道，未尝一日得行于天地之间也”（朱熹《答陈同甫》）。萧公权的疑问，即何以荀子意图中的“两兼之”变成了“两害之”，其根本原因也在于此。

① 中国科学院哲学研究所中国哲学史组编:《中国哲学史资料选辑——近代之部》（上），中华书局，1959年版，第350页。

附录

国教之争与康有为复兴儒学运动的失败

康有为发动的戊戌变法不仅是中国历史转向近代以后的第一次政治改革运动，同时也是近代以来第一次复兴儒学运动。这场复兴儒学运动不仅有完整的理论建构，而且有其创新性儒家组织设计，无论其思想深度、规模设计还是对后来的影响，都是罕有其匹的。可是，一场如此轰轰烈烈的复兴儒学运动最终却以失败告终，这与贯穿其中的儒学国教化密切相关，重新检讨康有为的国教活动之得失及其与复兴儒学运动成败之关系，对今后的儒学发展当是不无裨益的。

一、康有为复兴儒学运动的整体规划

自从董仲舒的“罢黜百家，独尊儒术”之后，儒家就已经与君主专制政体紧紧捆绑在一起了，这种结局或许不是孔孟所愿意看到的。孔子告诫弟子“从道不从君”，明确将道统置于君统之上，这无疑启迪了孟子对君主、社稷与民众之关系的讨论，进而得出了“民为贵，社稷次之，君为轻”的结论，并公然承认人民有通过革命推翻暴政的权利，惹得一千多年后的明太祖大发雷霆。这清楚地表明了原始儒家政治哲学与后儒之间的差异，也说明康有为用民主解释孟子的政治哲学并非空穴来风[①]，它起码说明孔孟政治思想中具有可以接引现代民主制度的元素，原始儒家的政治思想与民主制度并不构成对立的两极，并不截然对立的东西总是可以彼此通融的。萧公权曾这样评论康有为的解经方式：康氏的“解释常超越了字面，但那是对于经典意义的延伸而非否定。西方的影响使他的经解绝对的‘非正统’，但并不是‘非儒’”[②]，这是极有见地的观察。可是，在孔孟身后两千多年的君主专制政体中，得以发扬光大的并非原始儒家那些可以接引民主制度的思想元素，而是一套以儒表法里且政教合一为特征的君主专制政治形态。

儒家的意识形态化使儒学喜忧参半，官方的支持使得儒学向社会

① 康有为:《孟子微 礼运注 中庸注》，中华书局，1957 年版，第 20 页。

② 萧公权著、汪荣祖译:《近代中国与新世界：康有为变法与大同思想研究》，江苏人民出版社，1997 年版，第 81 页。

的传播大为加速，使其道德学说在社会各个阶层普及开来，但也使得儒家的发展受到了前所未有的限制，它只能“戴着镣铐跳舞”。作为历史上曾经的专制制度之一，君主专制对儒学的吸收与传播是有其明确的选择性的，它力图将儒学纳入它的意识版图之中，而对于儒学中与专制制度相对立的部分保持着高度的警惕，乃至怀有深深的敌意，朱元璋的删节《孟子》便是一个典型的例子。战国以后的儒家为了在君主专制体系中存活下去，不得不作出相当的调整。董仲舒意识到失去制度约束的君主专权的危险，想借助天命的权威来约束君主，“屈君以伸天”，为此，他不得不重新安排君与民的关系，“屈民以伸君”。这与《尚书》中民的政治地位显然不同，《尚书》以天为至上主宰，但天意是完全通过民心来开显自身的，所谓“天视自我民视，天听自我民听”“民之所欲，天必从之”等论断表明，天在很大程度上是一种虚设，它完全依靠民意来表达自身，在这种天民合一的政治思想中，民实际上被赋予了最高的地位，民心即天意。这种对民的定位比董仲舒要高得多，所以，汉代以后的儒学史其实是儒家与君主专制制度相博弈的历史，真正的儒者并未放弃儒家的根本价值，并努力从体制内部发挥制约君权的力量。

但是，这种体制内的定位同时也为它日后的危机埋下了伏笔。传统文化由儒、释、道三教构成，其中佛、道二教的出世品格使得它们的传播系统显示了相当的超越性和独立性，它们本身并不直接成为政治体系的一部分，它们的生存也拥有广大信众的支持而不必过度依赖政府的恩典。但是，儒教的教化体系则不同，它明显具有政教合一的特征，不但代表着礼制最高层次的国家层面的天地祭祀、孔子祭祀、国子监、科举制均由政府直接管理，即使各地的书院也多由地方政府资助建立，用以推动儒学义理的探讨和传播。儒教政教合一的组织体系的弊端是毋庸置疑的，它不是一个独立的组织体系，一旦君主制度崩溃，儒教的组织系统便会随之轰然倒塌，儒家便会成为无所附的游魂而陷于严重的生存危机。如果儒家不想成为君主专制的殉葬品，就必须与君主专制制度进行切割，最早意识到儒家的危机并试图使之从日渐衰朽的君主专制政体中剥离下来的正是康有为。

康有为是近代中国最早意识到西方的富强在于其法政制度的人，所以，戊戌变法伊始，矛头便明确无误地对准了君主专制制度。鉴于儒家道统在历史上与君主制的密切联系，如何保护儒学不至于倾覆成为康有为的重要心结。为此，康有为变法的理论建构与蓝图设计都有明确的考量。康有为的变法维新是一个全面改造中国社会使之现代化的系统工程，也是近代以来最初的儒学复兴方案，这一方案的规模和气度要远远超过后来的同类方案。这一方案对儒学复兴有一个整体的规划，包括儒学义理的重新诠释和儒家社会存在形态的重构两个方面，前一方面表现为康有为的今文经学体系，后一方面便是儒学的宗教化。对此，萧公权曾经作了这样的归纳："20年前，一位美国历史学者曾说：康有为是一位有能力而能独创的学人，在清帝国末叶，试图将儒学与专制政体分离，以求儒学的复苏。10年后，另一美国学者又谓康系一伟大的改革者，重建儒学，作为近代中国的宗教。"[①]上述说法大体概括了康有为复兴儒学运动的两个方面。

首先，作为今文经学最后的大师，康有为从公羊学的立场重新诠释儒家经典，建立起一个内容广博的儒学思想体系，以便为变法维新寻找理论支持。他借助公羊学重新阐释儒家的政治思想，根据公羊学的"通三统""张三世"之说，提出据乱世适合于君主专制，升平世适合于君主立宪，太平世适合于民主共和，成了托古改制的理论依据。在光绪二十七年到光绪二十八年间（1901—1902），康有为完成了五部重要儒家经典的注释，这就是《礼运注》《孟子微》《中庸注》《大学注》《论语注》，这些注解的特点是结合三世进化说和西方的现代民主观念来诠释儒家的社会政治思想，进而评判历史上从汉代到宋明的儒家学派。他在这些注解中认为儒学非但不与宪政民主制度相矛盾，反而可以成为后者的重要思想资源。康有为在推进变法维新的过程中所怀有的投鼠忌器的用心，促使他重新诠释儒家思想，目的在于将儒

① 萧公权著，汪荣祖译：《近代中国与新世界：康有为变法与大同思想研究》，江苏人民出版社，1997年版，第35页。

家道统从君主专制身上剥离下来，以避免玉石俱焚的结局，实现儒学在现代中国的复兴，以达到儒学复兴和政治转型一箭双雕的目的。

其次，重新诠释儒家经典只是康有为复兴儒学运动的一部分。他深知儒学不仅仅是一套心性之学，它的教化作用是通过一系列社会组织来实现的，而他所发动的变法维新势必严重冲击这些传统的社会组织，从而危及儒学的社会根基。为此，他同时发动了一个试图将儒家宗教化的孔教运动。他说："遍考遗经，大书特书发明大同之道者，惟《礼运》一篇。若此篇不存，孔道仅有小康，则君臣之义被攻，而孔教几倒。中国礼文，皆与空为缘，随之同尽，则中国为墨西哥矣。"[①]君主专制政体既倒，作为华夏文明精神基础的儒家将以何种形式在社会中继续存在下去？在思考这一问题时，基督教独立专业化的传教组织给他以启发，产生了将儒学改造成为建制性宗教的设想，他在上光绪皇帝书中也明确承认孔教会的模本就是基督教[②]。这自然是对儒教脱胎换骨式的变革，是一场名副其实的宗教改革运动，故其弟子梁启超称其为儒教的马丁·路德。康有为并非不知道儒教与佛耶等制度化宗教的差异，他多次申言历史上的儒教主要是教化之教，神道色彩相对淡薄，也曾经对儒教、佛教和基督教的特征和优劣详加比较，而他之所以决意要模仿基督教的组织形式革新儒教，在于他感到非如此儒家在改革后的社会中无法存活下去，所谓"空言提倡，无能为也"[③]。民国建立之后，儒教原来在官府、孔庙、学校和相关社会组织中的祭祀活动统统被废止，一切其他本土宗教与外来宗教皆依赖宗教自由的保护而大行其道，唯有作为中国文化主体的儒教被排除在宗教之外而遭到毁禁，儒家恰恰失去了生存与传播的自由，正应了康有为早年的忧虑。康有为建立孔教的主张在其变法运动的前期已经提出，在其生命的后半期，社会上的反孔运动越激烈，他建立孔教的努力也越执着，乃是一种出

① 转引自曾亦：《共和与君主：康有为晚期政治思想研究》，上海人民出版社，2010 年版，第 279 页。

② 干春松：《制度儒学》，上海人民出版社，2006 年版，第 109 页。

③ 康有为：《中国颠危误在全法欧美而尽弃国粹说》，汤志钧编：《康有为政论集》下册，中华书局，1981 年版，第 911 页。

于深沉危机意识的情不自已。

二、国教说与近代宪法原则的内在矛盾

《中华民国临时约法》援引西方近代宪法之成例，规定“人民有信教之自由”，首次将保护公民信仰自由的条款列入了中国第一部宪法。后来袁世凯废除《中华民国临时约法》，但新颁《中华民国约法》依然承诺“人民于法律范围内，有信教之自由”。公民信教自由的条文不能不对儒教的命运产生巨大影响，因为历史上孔庙皆由政府建立并管理，是政教合一的典型代表。所以，按照信仰自由的宪法精神，传统孔庙自然不具备继续存在下去的合法性，故民国初期第一任教育总长蔡元培下令废除孔庙丁祭、没收孔庙学田和禁止学校学生拜孔子，既取消了孔庙中的祭孔仪式，又取消了孔庙赖以维持的经济基础——学田，是晚清以来废除孔教运动中最为重要的措施。祭孔香火的中断意味着儒教的实际废除，这引起了康有为的严重忧虑和关切，他于1913年在《孔教会杂志》第一卷发表文章抨击教育部将孔庙学田充作小学经费的规定。所以当时就有人提出孔教运动实由上述废孔措施所起，虽不中亦不远矣。

1912年10月7日，孔教会在上海召开成立会议，陈焕章、沈增植、梁鼎芬、陈三立为发起人；1913年1月7日，内务部正式批准了孔教会成立，各地孔教会组织纷纷成立；1913年国会讨论制订宪法时，陈焕章、梁启超、严复等人便向参众两议院提交了《孔教会请愿书》，正式提出“于宪法上明定孔教为国教”。但是，国教倡议遭到多数议员的反对，1913年提案因未获法定三分之二支持被否决。袁世凯死后，1916年宪法修订继续进行，国教提案再度被否决。反对议员的主要法理依据是宪法中的信教自由条款，以孔教为国教和是否有违宪法中明文规定的信教自由条款，就成了孔教会与反对派的最大分歧。梳理和解读两边的理由，可以增进我们对这场争论的性质之理解。

国教的提倡者并不认为他们的主张是违背信教自由的，《孔教会请

愿书》中有如下的说明：

> 周秦之际，儒学大行，至汉武罢黜百家，孔教遂成一统。自时厥后，庙祀遍于全国，教职定为有司，经传立于学官，敬礼隆于群校。凡国家有大事则昭告于孔子，有大疑则折衷于孔子。一切典章制度、政治法律，皆以孔子之经义为根据。一切义理学术，礼俗习惯，皆以孔子之教化为依归。此孔子为国教教主之由来也。

又说：

> 或疑明定国教，与约法所谓信教自由，似有抵触，而不知非也。吾国自古奉孔教为国教，亦自古许人信教自由，二者皆不成文之宪法，行之数千年，何尝互相抵触乎？今日著于宪法，不过以久成之事实，见诸条文耳。①

可见，孔教会之所以要立孔教为国教，其参照系乃是中国数千年来的政教制度，尤其是汉武帝罢黜百家、独尊儒术以后的政教合一模式，搞清楚这一点对解读国教论者的思想至关重要。他们认为古代中国既奉孔教为国教，又允许人民有信仰道教、佛教等各种宗教的自由，完全不妨碍信仰自由。康有为本人在《中华救国论》中也有这样的论说，他依据的同样是中国两千余年的政教模式。②

应该指出，在传统中国的政教模式中，儒教与佛教、道教等宗教的相对和平共处，是有其特定缘由的。古代中国儒释道三教并称由来已久，儒教之义理与形态与佛道两教有显著不同。从义理上讲，儒教是入世的宗教而非出世的宗教，它关注的重点问题是在此世做圣贤，至于来世、鬼神等彼岸世界的问题，儒家一向抱着“六合之外，圣人存而不论”的态度，亦不求永生、复活等。如果说儒家解决了现实生活中大多数人的生存价值和道德规范问题，佛道两家则满足了人们对

① 中国科学院近代史研究所编:《孔教会资料》，中华书局，1974 年版，第 33-34 页。
② 康有为:《中华救国论》,《康有为全集》第九集，中国人民大学出版社，2007 年版，第 327 页。

彼岸世界的向往和追求，更加具有终极关怀的意义，对儒教教义过于重视现世的缺陷也是良好的补充。因此，教义上的互补性是三者能够和平共处的重要条件。另外，从宗教形态上看，儒教并非制度化宗教，而是杨庆堃所说的那种分散性宗教，它缺乏佛教式的统一的教团组织，儒教组织与现实社会的政治和社会组织合为一体，不同阶层的祭祀对象和礼仪制度也不完全相同。缺乏专业、独立和统一的宗教组织的儒教自然不易于与佛道两教发生冲突。但是，康有为的设想是参照基督教、佛教等制度化宗教的形式将儒教制度化，一旦儒教得以摆脱传统的政教合一的形态，其组织系统能够从政治和社会组织中独立出来，它必然会强化自身特色、强化其有关超越性问题的关怀，它与其他宗教之间的关系便会发生根本性改变。梁启超就曾以欧洲中世纪长期的宗教战争和宗教迫害来警告将儒教国教化的危险，他说："今之持保教论者，其力固不能使自今以往，耶教不入中国。昔犹孔自孔，耶自耶，耦俱而无猜，无端而划鸿沟焉，树门墙焉，两者日相水火，而教争乃起，是为国民分裂之厉阶也。"[1]中国近代以来的教民之争屡见不鲜，梁启超的担心显然是有感而发，并非无的放矢。

对国教说的最大挑战是它将使宪法陷于法理上的困境之中。传统中国社会的三教格局下，三教的关照重心有所不同，加以专制君主的绝对权力，佛道两教对儒术独尊的局面也只好接受。但是，以两千多年前的政教合一模式来证明当下的国教说，并不能构成充分的依据。在一个以宗法制为纽带的君主专制社会中形成这种政教模式，并不意味着它在现代同样合理和适用，因为君主专制社会并没有信仰自由的宪法规定，独尊儒术后形成的儒教在事实上的国教地位，并不会招致法理矛盾。但在有关信仰自由的内容明确载入宪法之后，再在宪法中规定某一种宗教为国教，事实上导致宗教之间的不平等，使得宪法内容相互矛盾，这自然是民国初期的许多议员不愿意看到的，故两次提

① 梁启超:《保教非所以尊孔论》,《饮冰室合集》第9册，中华书局，1989年版。转引自曾亦:《共和与君主：康有为晚期政治思想研究》，上海人民出版社，2010年版，第260页。

案均被否决。

启蒙运动以来，政教分离与信仰自由已经成为绝大多数国家的通例，康有为变法方案中津津乐道的日、英、美皆无国教之说，对此，康有为是这样解释的：

> 若日本盛强，虽宪法不以孔教著为国教，而举国风俗咸诵《论语》，奉其天皇诏敕，以忠孝为本，则不成文之以孔教为国教云尔。①

1890年10月30日，日本明治天皇颁布《教育敕语》，要求将忠、孝、信、和等儒家道德作为学校道德教育的主要内容，规定了儒家道德在维新以后的日本国民教育中的基础地位。日本的明治维新既完成了君主立宪式的政治制度改革，又没有废弃包括儒学在内的固有道德传统，这无疑给一向主张君主立宪制度的康有为留下了极为深刻的印象。但是，尽管明治天皇赋予了儒家道德重要的地位，《明治宪法》却并没有规定儒教为国教，其间的区别不容忽视。宗教是维系一国道德的重要力量，但并非全部。道德是宗教、政治、经济、教育、文化等多重因素作用的结果，它一旦形成就具有相当的稳定性，为整个社会的运行提供价值支撑。现代政府可以倡导某一种道德学说，但只应是教化而非强迫老百姓遵守，甚至也不宜直接向人民灌输宣传这种道德，因为这已经超越了宪政制度下政府的定位。政府所做的应该是率先垂范，通过自身的道德示范作用以完成教化的任务，这也是儒家向来强调的，所谓“其身正不令而行”“远人不服则修文德以来之”，皆是此意。日本维新以后并没有奉儒教为国教却继续倡导儒教道德，以此化民成俗，便既维护了固有道德又不与宪法精神冲突，无疑比国教说更为可取，而康有为以此论证其国教论，不但不相应，恰恰暴露了国教论自身的问题。

陈焕章又列举美国宗教影响社会政治的情形说：

①《拟中华民国宪法草案》，《康有为全集》第十集，中国人民大学出版社，2007年版，第83页。

> 美国虽无国教，而国家所行之典礼，如总统上任和国会开会等事，皆用耶稣教之仪式，未闻其用别教也。以耶稣之降生纪年，未闻其用其他教主之纪元也。夫美国之教门亦多矣，然其国典之仪式，则从耶稣教，虽天主教不能争也。……若其历任总统，皆耶稣教徒，而民间普通之礼俗，皆以耶稣教为主，盖不必言矣。[①]

陈焕章所言俱为事实，康有为师徒对于西方各国宗教对社会生活影响之观察，促成了他们的文化自觉，为他们的儒学宗教化提供了重要参考，就此而言，他们将儒学宗教化的努力不但体现了文化情怀，而且具有世界眼光，这比此后大半个世纪中几乎所有中国知识分子的反宗教意识要高明得多。但是，陈焕章此处的观察同样不足以证明他的国教主张的正确性。美国是一个深受新教影响的国家，从百姓日常生活到政治生活都打上了深深的基督信仰的烙印，托克维尔甚至说："在美国，宗教从来不直接参与社会的管理，但却被视为政治设施中的最主要设施。"[②]这听上去颇有些国教论者的意思，但是托克维尔指出，在美国的宗教与政治之间有一道不可跨越的鸿沟，美国的政府经常更迭，政府政策时常变化，政党之间的关系也随着利益关系的改变而不断改变，政治处理的总是具体、实际和短期的问题，反复无常是它的主旋律[③]。而宗教信仰所要提供的则是永恒的终极价值和永远的价值准则，永恒性与固定性是它的主要特色[④]，所以，美国人绝对不许宗教沾政治的边，同样也不许政治干涉宗教事宜，坚决阻断政治与宗教结合的任何可能[⑤]。结果，"在道德精神方面，一切都是事先确定和决定了的，而在政治方面，一切可任凭人们讨论与研究。因此，人们的精神

① 陈焕章:《明定原有之国教为国教并不碍于信教自由之新名词》，上海经世文社辑:《民国经世文编》第八册，国家图书馆出版社，2006 年版，第 5056-5057 页。转引自曾亦:《共和与君主：康有为晚期政治思想研究》，上海人民出版社，2010 年版，第 261 页。

②［法］托克维尔:《论美国的民主》上册，商务印书馆，2004 年版，第 339 页。

③ 同上书，第 346 页。

④ 同上书，第 338 页。

⑤ 同上书，第 346 页。

在基督教面前从来没有自由活动的余地”①，自然，他们在政治事务中享有充分的自由。因此，美国宪法并没有立新教为国教，更没有借助政治力量向民众推广。因为美国最早的殖民者乃是来自英国的虔诚的清教徒，他们的信仰融入他们的社会生活是不足为奇的，但这种影响是一种自然进程，是以习俗的形式体现出来的。他们本身就是从英国的残酷宗教迫害下死里逃生才来到美洲大陆的，亲身经历的苦难使他们深知国教制度的残酷与偏狭，所以这些虔诚的基督徒在他们最初的宪法上写下的不是保障国教地位的文字，而是保证信仰自由的神圣条款。由此可见，陈焕章对美国政教关系的理解恰恰没有像托克维尔那样抓住问题的实质。

那么，美国和其他现代国家如何确保他们的传统宗教信仰的存在和影响力的发挥呢？自然是通过社会化的教会组织。在政教分离的现代国家，教会是社会事业而绝不能成为政治事业，包括新教在内，所有教会都是民间组织，不管其对社会的影响力如何强大，都不具备政治强力，而政府站在客观中间立场为所有宗教提供平等的政策和服务。陈焕章曾说，既通过宪法规定国教又不限制信仰自由的政策是“最为中和”的②。此言差矣！由于国教规定与信仰自由和保障公民基本权利的宪法宗旨相冲突，像日本、美国那样既没有国教又遍布民间化、社会化教会的国家的宗教政策才是真正“中和”的。康有为将儒学宗教化的努力具有重大意义，代表了现代儒学的发展方向。但是，国教主张却和宪政的基本精神与原则存有内在冲突，这是康有为复兴儒学运动的致命伤，也是其儒教改革最终不能不归于失败的主要原因之一。

三、国教运动与帝制复辟势力的联合及其在现实操作过程中的异化

如果说国教论在理论上的困难在于它无法与信仰自由的宪法条款

①[法]托克维尔:《论美国的民主》上册，商务印书馆，2004年版，第338页。

② 上海经世文社辑:《民国经世文编》第八册，国家图书馆出版社，2006年版，第5121页。

彼此协调，民国以后国教运动更卷入了帝制复辟的过程，这使得问题变得更为复杂。

在民国初期，高度强调尊孔读经意义的，除了康有为，还有袁世凯。袁世凯从登上总统之位开始，就对孔子表现出极大的兴趣。他在总统就职演说中将传统纲常礼教总结为“忠”“信”“笃”“敬”；1912年9月20日，袁世凯发布《整饬伦常令》，声称“民国肇造以来，年少轻躁之士，误认共和真理，以放恣为自由，以蔑伦为幸福，纲纪堕丧，流弊无穷，请讲明孝悌忠信、礼义廉耻，以提倡天下，挽回薄俗等情”；1913年6月12日颁布“复学校祀孔令”，恢复被蔡元培禁止的学校祀孔仪式；又发布《尊孔崇圣令》；1914年2月7日发布“规复祭孔令”，规定“以夏时春秋两丁为祭孔之日，仍从大祭”；1914年9月发布《祭告孔令》，称“近自国体变更，无识之徒，误解平等自由之旨，逾越范围，荡然无守，纲常沦弃，人欲横流，几成为土匪禽兽之国”；1914年11月13日颁布的《箴规世道人心》的告令中宣布“忠、孝、节、义为中华民国的立国之精神”；1915年1月颁布《教育要旨》，以“爱国、尚武、崇实、法孔孟、重自治、戒贪争、戒躁进”为主要内容；1915年2月发布《特定教育纲要》，在中小学恢复读经并在大学设立经学院。袁世凯死后，《教育要旨》和《特定教育纲要》被教育部撤销，中小学读经再度被废止。

袁氏当国期间密集发布一系列有关尊孔读经的政令，表明袁世凯对孔子学说的高度倚重。政令中一再申述“纲常沦弃，人欲横流”的社会风气，反映了民国初年道德崩解的社会现实，也为我们理解民初孔教运动提供了一个必要的社会背景。应该说，试图以尊孔读经应对道德危机的设想本身并没有错误，问题在于政教之间的关系与各自定位。有关袁世凯恢复尊孔读经的真实意图，以总统令发布的《尊孔崇圣令》进行了如下说明：

> 近自国体改革，缔造共和，或谓孔子言制大一统，而辨等威，疑其说与今之平等自由不合。浅妄者流，至悍然倡为废祀之说，此

> 不独无以识孔学之精微，即于平等自由之真相亦未有当也。……天生孔子为万世师表，既结皇煌帝谛之终，亦开选贤与能之始，所谓反人之心既安，放之四海而准者……值此诐邪充塞，礼法荡然，以不服从为平等，以无忌惮为自由，民德如斯，国何以立。……根据古义，将祀孔典礼，折中至当，详细规定，以表尊崇，而垂久远。①

这里开始就说孔学与自由平等并不相矛盾，所强调者则是孔子的大一统思想和等级制主张，似乎是孔子的这些思想与自由平等不矛盾，这无疑透露出袁氏尊孔的政治意图，后文中的“礼法荡然，以不服从为平等，以无忌惮为自由”，同样清楚地袁氏昭示着要借孔子之学建立其政治权威的意义。因此，袁世凯之重视孔子具有明显的政治考量，上面所引其确定的中华民国的立国精神“忠、孝、节、义”，其中以“忠”为首位，而为孔子更加重视的仁、智却并没有列入其中。袁世凯推重孔子道德教化的重要指向是帮助他重建执政的合法性权威。尽管我们不能说袁世凯以孔子学说重整道德的说法毫无诚意，但鲁迅在《现代中国的孔夫子》中曾经说权势者们“在尊孔的时候已经怀着别样的目的”，应该是敏锐的观察。

袁世凯心目中孔学与自由、平等的关系究竟为何，是一个颇值得玩味的问题。上面否认孔学的大一统和倡等级与自由平等不合，那么，他心目中的平等自由又是如何呢？且看下文：

> 今人人嘴上谈“平等”一词，而平等之世在法律面前人人平等，并不意指等级之分应予取消，个人皆可否定法律……“自由”是另一华丽的现代词，但它是限制在法律范围之内的，在此范围内人是自由的……再者，共和也是一个雅致的词，但外国人对这个术语的理解，只是在国内有普遍的发言权，而不是全民都必须干涉政

① 中国第二历史档案馆编:《中华民国史档案资料汇编》第三辑，江苏古籍出版社，1991年版，第1-2页。

府行动。[①]

袁世凯对自由、民主等概念的评论，表明他内心深处对这些“华丽”“雅致”的现代术语很疑虑，甚至认为自由与等级制并不矛盾，表明了新旧思想错综复杂的现实，也隐约反映出他后来解散国会、恢复帝制的思想动因。

孔教会与袁世凯称帝之间存在微妙而复杂的关系，尽管康有为曾明确希望袁世凯支持尊孔读经，但孔教会主要人物康有为、陈焕章、严复都不支持袁氏称帝，康有为还专门致函袁世凯劝其退位，有学者指出严复参加“筹安会”亦属被迫，说明他们依然与复辟帝制保持相当距离，但是，一些地方孔教会团体确有劝进举动。[②]另一方面，袁世凯虽然支持尊孔读经，却并不完全支持孔教运动。这很可能是由于他意识到孔教国教化所面临的法理问题和种种现实阻力，反映了袁氏在此问题上的多方面考量。

但是，袁氏称帝对儒学的社会形象的影响是致命性的。袁世凯对尊孔读经的大力支持，不能不使人们对儒家与帝制的关系产生深深的疑问，如果孔学不是帝制的附庸，为何称帝的袁世凯会对它如此情有独钟呢？不幸的是，张勋复辟以及此间孔教会与张勋的关系，使得当时的社会更加坐实了儒学与专制不可分割的结论。

辛亥革命之后，盘踞各地的军阀割据势力成为民国初期政治生态中的重要力量，其中许多人大力支持孔教的国教化。1913年陈焕章等发布立孔教为国教的呼吁书后，张勋马上通电支持并就任孔教会曲阜总会事务所名誉所长。1916年重开国会后，张勋联合曹锟、张作霖发表“争孔教为国教电”，内称：

> 窃谓宪法为国家之根本，国教又为宪法之根本，问题何等重要，非另组特别制宪机关，直接取决于多数之民意，不足以称完

①［美］费正清编，杨品尔等译:《剑桥中华民国史 上卷：1912~1649年》，中国社会科学出版社，1998年版，第271页。

② 干春松:《制度儒学》，上海人民出版社，2006年版，第177页。

> 善。断不能用国会中寻常议事法则，以院内少数议员，三分之二之少数为多数，所能轻言规定者。……倘因之而发生种种问题，危及国家，为祸愈烈，安见宗教之战，不于我国见之！彼时虽欲重治反对者以误国之罪，亦已晚矣。①

为了通过国教条款，通电竟然称孔教可以违背三分之二多数赞成有效的原则，已经背离宪法精神；而对反对派议员“治以重罪”的威胁，更是令人有不寒而栗之感。这种威胁很快成为现实，1917 年 6 月 8 日，张勋带着辫子军进京，胁迫黎元洪解散了国会，在康有为参与下，正式拥戴溥仪复辟，孔教会核心成员均在新朝中任职，其中康有为任弼德院副院长。如果说在袁世凯复辟帝制的过程中，康有为等孔教会主要成员尚能与其保持适当距离，在张勋复辟的事件中他们则深深卷入其中。袁氏尊孔的结局是恢复帝制，张勋等人先是威胁要强行通过国教条款，后来干脆让辫子军推翻宪政恢复帝制，孔教会与帝制的关系此时确实是跳进黄河也洗不清了。

反思这一段历史，有一个问题盘旋在笔者脑海：让康有为和袁世凯接近进而最终和张勋完全走到一起的根本原因是什么？把康有为和袁世凯乃至张勋等同起来是不合适的，在康有为的行为背后，当有更为深层的思想动因，笔者认为，那就是古代中国流传了数千年之久的伦理政治模式。此一政教关系的基础是内圣外王之道，它力图通过内圣解决外王问题，将政治弊端的存在归结为修身功夫的欠缺，认为良治的实现不是依靠对权力的制度约束，而是依靠个人的德性修养。在这种政教模式下，政治的基础不是民意权威而是德性权威。将政治伦理化，同时将伦理政治化，是这一模式的基本特征，这就将政治的基础与伦理的基础完全等同了起来，孔子道德学说因此具有非同寻常的政治学意义。陈焕章第一次国教请愿书所说“一切典章制度、政治法律皆以孔子之经义为根据，一切义理、学术、礼俗皆以孔子之教化为依归”，正是此种政教模式的典型表达。陈焕章还引用《礼记·王制》

① 中国社会科学院近代史研究所编:《孔教会资料》，第 39-40 页。

中的话说:"'修其教不易其俗，齐其政不易其宜'。修其教，齐其政者，即确定国教之谓也。"[①]"修教"的目的在于"齐政"，清楚地说明了他心目中教的政治功能。宗教的本质是终极关怀，是生命价值的寄托，是最具有超越性的精神向度，在这里却主要被作为政治治理的措施。伦理政治模式是诱人的，对浸沁于内圣外王的相关经典并在具有浓郁人情味的家族氛围中成长起来的古代士人尤其如此。但是，伦理原则能够与政治原则完全合一吗？依靠内圣就能够解决外王问题吗？一个人仅仅通过修身就可以做好官？这一模式显然低估了人性中恶的力量以及制度制约的重要性。尽管政治问题的有效解决离不开一定的道德基础，但近代以来的政治史已经表明，确保政治清明的首要条件并非个体化的修身努力，而是以权力制约权力的民主制度。康有为师徒尽管在维新伊始就确立了宪政取向的改革目标，却对源远流长的伦理政治模式与民主立宪制度之间的原则差异缺乏明确的认知，而袁世凯、张勋等人则并没有真正理解和接受过现代民主理念，儒家的内圣外王之道也不过是其实现权力合法化的手段。所以，康有为主导的孔教会最终在伦理政治模式方面与张勋等人殊途同归了。因此，不论在袁世凯和张勋的帝制梦中，还是在康有为国教化的操作过程中，我们可以发现一个共同的政治文化基因：中国古代的伦理政治。清理这一充满着迷人色彩的中国式的政治文化模式，指出其温情面纱下的历史局限及其与现代民主的根本性差异，是中国政治完成现代转型的必修课。对于那些直到今天依然执着于儒教国教论，依然要将儒学意识形态化的人们，康有为国教运动的结局殷鉴不远！

四、结语

综合以上，康有为国教运动的失败具有多方面的原因，但孔教会本身理念、路径以及策略上的失误无疑是其中的关键因素。

---

① 上海经世文社辑:《民国经世文编》第八册，国家图书馆出版社，2006年版，第5121页。

首先，如上所述，“国教”的提法本身与民国宪法原则的内在冲突是孔教运动失败的首要原因。国教的定位将孔教置于与宪法理念相冲突的地位，以至于通过了国教条款便等于否定了民国宪法中信仰自由的根本精神，这自然招致了多数议员的反对，使得国教提议在国会中始终不能通过。孔教会在提出国教提案时，显然对这一问题的性质和严重性缺乏足够的认识。国教说的思想基础在于中国传统的伦理政治，试图以道德修养作为建立良治的功夫，将道德功能与政治功能完全混淆。宪制并不否定道德的作用，美国甚至对政治家的私德领域要进行最为严格的要求和检验；但是，政治合法性的主要基础是民意而非私德，伦理政治的基础是德性权威，而宪制的基础是民意权威，二者的基础具有原则性差异。

其次，受其政治理念和国教目标的影响，康有为在建立国教的过程中最后走向了政治路径，试图借助政治力量实现孔教国教化，最终与复辟帝制的政治势力走到了一起。其实，这并非他唯一的选择，当时还存在着建立儒教的另一条道路，我们可以称之为社会化道路，如果不将孔教定位为国教，也不走政治化的立教路径，而是将孔教定义为与其他宗教处于平等法律地位的社会组织，从而将重建孔教的努力诉诸社会大众，主要依靠民间力量来推动和达成儒家的复兴，结局必定会为之改观。可惜，这一社会化的孔教路径并未引起康有为师徒之注意。20世纪印尼孔教等海外建制化儒教的成功，都是走的社会化发展的路径。1913年第一次国教提案表决失败后，有人提议在十九条后加上“国民教育以孔子之道为伦理之大本”，经讨论后改为“国民教育以孔子之道为修身之大本”，有31人赞成后获得通过[①]，这说明当时多数议员尽管不赞成国教说，但依然赞成将孔子之道作为国人修身基础，因此，社会化发展孔教的可能性是客观存在的。

再次，从行动策略上看，国教提法本身将其他各派宗教置于对立面，进而引发了基督教、佛教、道教、伊斯兰教等全国性的抗议活动，其他各宗教呼吁宗教自由并反对立孔教为国教。基于各宗教反对国教

① 干春松:《制度儒学》，上海人民出版社，2006年版，第170页。

的巨大声势，袁世凯公开表态："自未便特定国教，致戾群情"，"至于宗教崇尚，仍听人民之自由"[①]，南方的孙中山也表态要尊重信仰自由[②]。国教提议在全国激起的反弹通过当时南北政治上两位最有影响力的人物的反应可见一斑。另外，在民国建立后，康有为为建立国教而站在民国的对立面，事实上不但没有达到目的反而损害了他企图保护的儒学传统，对此，萧公权曾有精辟的分析：

> 假如康氏放弃亡清而以共和的拥护者提倡近代儒学，也许有更多的成功希望。换言之，假如他与辛亥以后倡"太平"之说，即以民治为适当的政治结构，不依恋小康之说而认同王政，儒教的命运可能好得多，即使中华民国不可能受到他努力的益处。可惜他对清朝太重感情而不能改变政治信仰，又太迷于王政而不能改变思想立场。他对民主的热情描述，对自由、平等与民权的乐观看法，仍然是他大同乌托邦中的理论，而不拟实际运用。王政一直是他认为惟一适当的政府，特别要光绪皇帝及其合法继承人坐上皇位。他不自知他的忠诚与他分割儒学与帝制的理论相冲突。他在行动上表现出二者似乎不可分割。这样做，他使儒学运动受损，又无补于已倾覆的朝廷。[③]

萧公权还指出：

> 康氏自己或许在不知不觉中，不断地造成儒学的式微。在戊戌前夕，他勇敢地将儒学与专制分离；然而在政变之后，他以保皇会首领自居，自戊戌至辛亥，反对共和而主君主立宪，复于民国六年（1917 年）以及十二年（1923 年）两度参与复辟，使他的形象与帝制认同，因而被认为民国之敌。同时，他首倡儒教运动无意间使儒术复与王政结合，而有碍于此一运动，因此在主张共和者的眼中，

① 曾亦:《共和与君主：康有为晚期政治思想研究》，上海人民出版社，2010 年版，第 264 页。
② 同上。
③ 萧公权著，汪荣祖译:《康有为思想研究》，新星出版社，2005 年版，第 85 页。

儒学的信誉全失。我们便可以理解何以儒学被斥为政治民主与社会进步的障碍。①

萧公权的这些说法，是符合历史实际的持平之论。策略上的失误无疑与康有为本人的性格有关，梁启超曾说他本人的特点在于多变，而其师的特点在于不变，这无疑道出了康有为的一大特征。就其对中国历史的深远影响而言，康有为无疑是近代中国首屈一指的思想家和社会改革家，但是，当他走出书斋而步入政治的时候，他本人的一切——无论是思想、能力还是性格特征都得接受现实政治的检验，他本人的个性特征也不能不在历史的深处打上深深的烙印。

康有为发挥公羊学重新诠释儒学以及使儒学宗教化的企图，最初都是为了要使得儒学和专制政治切割开来，使得儒学在君主专制政体垮台后得以存续下去，作为民族文化的精神基础。康有为的变法蓝图，是想将宪制转型和儒学复兴同时并举，两不相碍，这样可以在促成社会现代转型的同时，既不导致传统的断裂，又避免巨大社会动荡带给民众的苦难。康有为变法运动的失败具有更为复杂的社会政治原因，不是我们这里要重点分析的。我们要强调的是，作为其变法运动一个重要构成部分的儒学宗教化走向国教的主张，在试图通过国会架构达成这一主张屡屡受挫之后，康有为力图通过和军阀势力联合推翻民国国会而恢复帝制，进而实现儒教国教化，这自然是完全违背历史潮流的。正如有的学者指出的，康有为的一些从前的政治社会主张发生过变化，但其尊孔主张始终未变，在现实运作过程中，康有为似乎逐渐背离了他最初将儒学与帝制切割开来的意图。在将孔教国教化的过程中，他逐渐与企图恢复帝制的政治势力接近，并与之完全合一，但他们的联合最终使得康有为的国教努力成为解决军阀政权合法性危机的手段，从而走向了他最初构想的反面，对于改革家康有为来说，这无论如何是一个悲剧性结局。社会运动宛如一条长河，改革家启动了它

① 萧公权著，汪荣祖译:《近代中国与新世界：康有为变法与大同思想研究》，江苏人民出版社，1997 年版，第 108–109 页。

却不能决定其流向和归宿，甚至改革者本人在哪里搁浅，都不是他所能够掌握的。“今宵酒醒何处，杨柳岸晓风残月”，失意词人柳永的这一名句，无疑道出了此间的悲凉韵味。

这绝非康有为的个人悲剧，此后，当陈独秀等人得出“孔教和共和乃绝对两不相容之物，存其一必废其一”[①]的决绝结论，将彻底清除儒家伦理以及孔子思想作为政治社会实现现代转型的首要条件，并视之为国民的“最后觉悟”时，立即在知识界获得广泛同情，掀起轩然大波，绝非偶然，孔教会诸公大概也是有口莫辩，因为这是从国教化的实际历程中所导致的结论。此后，五四运动中“打倒孔家店”的运动大兴，中国社会思潮在前所未有的激进主义中走向彻底的反传统，确定了此后中国社会大半个世纪的运行轨迹，儒家文化的命运由此而决定。

① 陈独秀:《复辟与尊孔》，庞朴、马勇、刘贻群编:《先秦儒家研究》，湖北教育出版社，2003 年版，第 114 页。